I0883967

Contenido

Descubra por qué y cómo desarrollar su programa de Escuela Dominical

La ESCUELA DOMINICAL ***EFECTIVA***

HENRIETTA C. MEARS

EDITORIAL PATMOS

La escuela dominical efectiva

Publicado por Editorial Patmos, Miami, FL EUA 33169

Publicado originalmente en inglés por Gospel Light, Ventura, California, U.S.A., con el título *Sunday School Changes Everything*

Traducido por Edwin Arce
Editado por Marcos Eduino
Diseño por Adrián Romano

ISBN: 978-1-58802-710-8

Categoría: Educación Cristiana

Impreso en Brasil | *Printed in Brazil*

PRÓLOGO

por el Dr. Thom S. Rainer

Conocí a Henrietta Mears poco después que me convertí al cristianismo. Bueno, no la conocí en persona, pero me introdujeron a su libro, *De qué trata la Biblia.*

Ese recurso se convirtió en un constante compañero, junto con mi Biblia.

Henrietta Mears se convirtió en mi heroína.

La historia de Henrietta Mears como Directora de Educación Cristiana en la Primera Iglesia Presbiteriana en Hollywood, California, es poco menos que milagrosa. Ella estableció una de las escuelas bíblicas más grandes en el mundo.

Escribió un currículo que estaba con tanta demanda que ella misma formó una casa editorial. Entre sus estudiantes estaban Richard C. Halverson y Bill Bright. Entre los que influyó profundamente está Billy Graham.

Una de mis citas favoritas proviene de Henrietta Mears: "No hay nada especial en proyectos pequeños. Cuando proyecto la obra del ministerio pienso en el mundo. Algo menos que eso no sería digno de Cristo ni de Su voluntad para mi vida." Ahora tenemos la oportunidad de volver a escuchar de Henrietta C. Mears. En esta obra nunca antes publicada, *La escuela dominical efectiva,* se demuestra su conocimiento y pasión por la escuela bíblica.

En algún lugar en medio de la conversación, la confusión y el debate, el valor de la escuela bíblica se ha perdido. ¿Sabía usted que una persona en una clase de escuela bíblica tiene cinco veces más probabilidades de ser asimilado y discipulado en la iglesia que una persona que sólo asiste a la adoración? ¿Sabía usted que la escuela bíblica aumenta la alfabetización bíblica y estimula el estudio personal de la Biblia? ¿Sabía usted que iglesias con organizaciones de escuelas bíblicas saludables son propensas a ser más saludables evangelísticamente?

La evidencia de la eficacia de la escuela bíblica está clara, sino abrumadora.

Sin embargo para muchos líderes de la iglesia, no está a la vanguardia. Por lo tanto es desvalorizada y minimizada.

Henrietta Mears devolverá su pasión por la escuela bíblica.

Aunque hace medio siglo que está con el Señor, sus palabras son frescas y poderosas. Lea este libro y sea inspirado. Lea este libro y sea educado. Lea este libro y sea desafiado. Lea este libro, aplique los principios y vea cómo la escuela bíblica verdaderamente puede cambiar el mundo.

Dr. Thom S. Rainer
Presidente y CEO
Recursos Cristianos LifeWay

EL DESAFÍO

Reconsiderar el potencial de su escuela bíblica

Por Damon DeLillo

No paso mucho tiempo pensando en la forma en que solíamos hacer las cosas. Como todos los que están en ministerio saben, toda iglesia tiene personas que nos hacen recordar "como siempre se ha hecho". En cambio, paso la mayor parte de mi tiempo pensando acerca de hacia dónde vamos y cómo hemos de llegar allí.

Cosas tales como, ¿cómo vamos a alcanzar a las familias que nunca consideran la iglesia una opción relevante? ¿Qué podemos hacer para preparar a los jóvenes para lo que han de experimentar en la universidad? ¿Cómo podemos ayudar a las familias para que Jesús sea el centro en sus hogares? Cuando me hago estas preguntas, generalmente no encuentro la respuesta en "como siempre se ha hecho".

Mientras que el contenido original de este libro fue escrito hace casi 60 años (se ha actualizado para reflejar las tendencias actuales y los cambios en la tecnología), no encontrará un libro sobre cómo las cosas siempre se han hecho o cómo volver a crear la escuela bíblica del pasado. Lo que si encontrará es un desafío para reconsiderar el propósito de lo que hacen el domingo en la mañana. Llámele a lo que hace escuela bíblica, pequeños grupos, estudios bíblicos u otra cosa; *La escuela dominical efectiva*, le ha de proporcionar un conjunto de principios para establecer un ministerio que ha de cambiar vidas. Fue escrito por alguien que reinventó la escuela bíblica cuando "como siempre se ha hecho" ya no estaba funcionando.

Cuando Henrietta Mears comenzó su ministerio en Hollywood, California, en la década de 1920, enfrentaba varios desafíos muy reales:

- Sesenta por ciento de los niños no asistían a ninguna iglesia.
- Menos de 15 por ciento de los niños que asistieron a la escuela bíblica no tomaron una decisión de seguir a Jesús.
- Jóvenes en sus primeros años en la universidad se fueron apartando de su fe a un ritmo sin precedentes, para nunca volver.
- La asistencia de la iglesia a través de los Estados Unidos de América experimentó un descenso en lugar de crecimiento.

Hoy día, la iglesia enfrenta desafíos similares. Año tras año, asistencia a la iglesia en denominaciones principales está en declinación. Está bien documentado que los jóvenes adultos están apartándose de la fe durante los primeros años en la universidad; la pregunta es si es 60 o 80 por ciento que se aparta y si alguno de ellos vuelve o no.

Esa cifra de 60 a 80 por ciento representa a los niños que vinieron a nuestras iglesias; sin embargo, sabemos que hay muchos miles de niños en nuestras comunidades (casi 45 millones en todo el país) que nunca llegan a nuestras iglesias en absoluto.

En medio de estos desafíos, parece que estamos experimentando un debate interno entre los líderes en el ministerio que Elmer Towns ha resumido como una especie de "crisis de identidad".

Hay gran discusión acerca de quiénes son realmente los que componen nuestros programas del domingo por la mañana.

¿Es educación religiosa para los niños de los fieles? ¿O formación para los que no han sido discipulado? O ¿es discipulado y evangelismo?

El libro que tiene en sus manos es parte de la respuesta a este debate.

Está basado en años de las mejores prácticas de ministerio que tienen el potencial para resolver algunos de nuestros asuntos más urgentes, tales como, cómo podemos llegar a la próxima generación y preparar a los niños para que tengan una relación permanente con Jesucristo. Representa un conjunto de ideas que ayudó a Henrietta Mears liderar una escuela bíblica que creció de 450 a más de 4000 en sólo tres años.

En este libro, usted encontrará una intrépida apreciación del estado del ministerio y recomendaciones para lo que necesita hacerse para cambiarlo, pero más importante aún, usted descubrirá que la iglesia todavía es perfectamente adecuada para llevar a cabo la misión que Dios le ha dado.

La escuela bíblica tiene el potencial de cambiarlo todo porque introduce a las personas a Jesús. Sin embargo, como una institución debe siempre estar cambiando para satisfacer las necesidades cambiantes de cada generación. Eso es incómodo para algunos de nosotros, porque significa que lo que siempre hemos hecho tal vez no siempre funciona, y lo que actualmente está funcionando puede que no funcione en el futuro. Debemos buscar nuevas formas para lograr la participación de la próxima generación. Según Henrietta Mears, debemos estar dispuestos a "adoptar y adaptar cada método que podamos descubrir para lograr que [la próxima generación] sienta que Cristo es más necesario que la propia vida y que Sus afirmaciones son primordiales."

Al leer este libro, usted encontrará varios ejemplos de lo que Henrietta Mears creía que fueron ingredientes invariables para un ministerio exitoso. Creemos que estos ingredientes pueden resumirse en cinco categorías principales: (1) Jesús, (2) la Biblia, (3) relaciones, (4) un plan detallado, y (5) cambio de vida.

Hemos destacado muchas de estas ideas utilizando los siguientes iconos:

Conocer a Jesús: Ministerio que cambia la vida comienza con el compromiso de una cosa: "ganar a personas para Cristo y un compromiso de vivir para Él." Ministerio debe llevar a las personas a Jesús. Eso es lo que hacemos. Necesitamos reafirmar esto hoy tanto como lo hicimos en el pasado.

La Biblia: La Biblia es una historia, la historia de Jesús. Creemos que todas las historias de la Biblia señalan a Jesús, y la escuela bíblica debe hacer lo mismo. Ministerios exitosos enseñan a la gente la Biblia en formas que son pertinentes para cada edad y etapa de la vida y en formas que son sensibles a las estaciones espirituales que Dios tiene integrada en todos nosotros.

Relaciones: Ministerios exitosos reconocen que el crecimiento espiritual ocurre mejor en el contexto de relaciones personales estrechas. Se trata de personas que llevan a otras personas a Jesús.

Plan detallado: Haga lo que haga, ya sea pequeños grupos, escuela bíblica o estudios bíblicos, grandes cosas empiezan con grandes planes. Ministerios exitosos tienen un plan desde la cuna hasta el adulto.

Cambio de vida: La meta del ministerio es vidas cambiadas. Se trata del aquí y ahora al igual que el futuro y la eternidad.

Su iglesia puede tener ministerio que cambia el mundo y transforma vidas.

Como Henrietta Mears escribió: "Hollywood no es el lugar ideal en la tierra para edificar una escuela bíblica grande y espiritual, pero Dios ha decidido que así sea... Si se puede lograr en Hollywood, se puede lograr en cualquier lugar."

Damon DeLillo
Director de ministerios a la familia, Ventura, California

PREFACIO

Cómo establecer una escuela bíblica eficaz

A sinnúmeros de forasteros, Hollywood es un sinónimo de "pecado", es la meca de la mímica, la fané de locuras.

Es la ciudad de la imaginación, un lugar de fantasías, la capital del mundo. Pero los residentes de esta bella ciudad conocen las montañas y el mar, la arqueada cúpula del cielo azul y el eterno resplandor del sol.

Los bosques y los florecidos desiertos han atraído a muchos santos así como a pecadores a este lugar, y es bueno recordar que los pináculos de las iglesias ensombrecen los teatros y estudios.

Uno de los más poderosos poderes de justicia en medio de esta mezcla del bien y del mal es la Primera Iglesia Presbiteriana de Hollywood, abarrotada de jóvenes.

A través de la década de 1930 hasta 1950 se vio un capítulo del romance de la moderna escuela bíblica del cual les contaré en este libro.

Muchas de las ilustraciones en este libro se tomarán de esta escuela porque me encontraba en el centro de este trabajo durante todos estos años.

Este libro está escrito para cada pastor y maestro de escuela bíblica, para cada director de educación cristiana y para cada líder de escuela bíblica o líder de jóvenes.

Este libro es para usted, ¡porque los jóvenes son nuestro principal activo!

Muchas personas sienten que es algo mágico lograr establecer una gran escuela bíblica.

Ruegan que les divulgue sus secretos. Me escriben pidiéndome que anote en pocas palabras, cómo se puede lograr. La respuesta puede resumirse en una palabra: ¡TRABAJO! Se deletrea como lo muestra el diccionario: T-R-A-B-A-J-O, y significa justo lo que dice. El desear y anhelar nunca ocuparán el lugar de duro trabajo. Hay ciertas cosas que son necesarias si desea establecer una mejor escuela bíblica. Si una iglesia está realmente decidida a aumentar su escuela bíblica, encontrará los medios para lograr su propósito, y trabajará para alcanzar sus objetivos. Aparte del trabajo como un ingrediente necesario para hacer crecer una escuela bíblica, una mayor fe en un Dios maravilloso también es de importancia primaria.

Jesús dijo que no podía hacer muchas cosas entre la gente en su día, debido a su incredulidad.

Establecer una escuela bíblica es un largo camino y hay muchas curvas y golpes a lo largo de la carretera, ¡pero vale la pena! Llevando a cabo los planes que les presento en los siguientes capítulos, creo que traerá resultados tanto numéricamente y espiritualmente a cualquier escuela bíblica.

¡Este libro es una historia verdadera!

Comience con un plan

¿Cómo se comienza una escuela bíblica? Lo primero que debe hacer es sentarse y hacer un plan.

Sueñe de lo que desea para su escuela bíblica. Usted debe planificar hoy para lo que desea que su escuela sea dentro de cinco años. Anote las mejoras que le gustaría hacer en su organización, con el equipo de maestros, en las lecciones y en el espíritu. No puede establecer un objetivo para la escuela bíblica hoy si no sabe lo que desea que llegue a ser dentro de 10 años.

Todo líder exitoso debe planificar el trabajo y trabajar el plan.

Y el plan debe ser viable. De hecho, sus logros no pueden superar los límites de su plan.

Cristo dejó a sus discípulos con un plan definitivo en Hechos 1:8. Un líder que se mueve por conjeturas sin planes prácticos definidos es como un barco sin timón. Tarde o temprano, aterrizará en los peñascos.

Todo líder exitoso debe planificar el trabajo y trabajar el plan.

Cuando entré en este campo, me senté una tarde y escribí en un cuaderno todo lo que deseé que fuera mi escuela bíblica.

Un programa por niveles, enseñando material que presentaría a Cristo y sus afirmaciones en cada lección, un personal docente capacitado, un nuevo edificio de educación, coros, clubes, un programa de campamento, una visión misionera, jóvenes entrenados para la hora, todos estos estaban entre los deseos expresados. Todos han llegado a dar fruto y muchos más.

Trace un plan, poniendo por escrito lo que le gustaría que llegara a ser su escuela bíblica para que pueda ministrar efectivamente a su comunidad. Un plan es esencial para la edificación.

¡Esta es su primera tarea!

Alcanzar a las personas

El tamaño de su escuela bíblica no necesariamente se mide por los números en su registro, sino por todos los jóvenes en su iglesia que deberían pertenecer a ella, sean pocos o muchos.

Algunos de nosotros que tenemos grandes escuelas bíblicas no podemos presumir de nuestros números, más bien debemos tomar en serio el hecho de que no estamos llegando a los cientos que todavía no han sido alcanzados en nuestras comunidades.

Su éxito depende del porcentaje que alcanzan, no en los números que tienen en sus registros.

Su éxito depende del porcentaje que alcanzan, no en los números que tienen en sus registros

Para un objetivo común

No se desanime mientras lee este libro y dice, "Oh, estos planes son para una escuela grande."

Todas las escuelas bíblicas, grandes y pequeñas, son iguales y deben someterse a las mismas pruebas en cuanto a eficiencia. Todas las escuelas bíblicas tienen la misma población principal: la juventud de hoy.

Todas tienen la misma meta y objetivo: ganar personas para Cristo y un compromiso de vida con él. Todas son sostenidas por contribuciones voluntarias de apoyo financiero, no hay impuestos que apoyen nuestros esfuerzos. Todas las escuelas bíblicas deben ser agrupadas, con clases separadas y cuidadosamente administradas.

Recuerde, un maestro y un niño pueden comenzar una clase, pero usted planifica para expandir mientras va alcanzando cada vez más a los no alcanzados. La escuela bíblica es un movimiento laico. En su mayor parte es en el proyecto de las personas.

Todas tienen la misma meta y objetivo: ganar personas para Cristo y un compromiso de vida con él.

En todo lugar

Hollywood no es el lugar más ideal en la tierra para establecer una escuela bíblica grande y espiritual, pero Dios ha decidido que así sea. Aquí Él ha plantado una escuela bíblica poderosa cuyo lema es "Supremo Cristo".

Humildemente creemos que hombres y mujeres van a decir, al observar este milagro moderno de una gran escuela bíblica en el corazón de la ciudad de fantasía, "Si se puede lograr en Hollywood, se puede lograr en cualquier lugar."

La mayor competencia que el mundo puede ofrecer está a un tiro de piedra de las puertas de este edificio.

Los jóvenes están en subasta, se vende al mejor postor en esta ciudad, sin embargo, nuestra escuela bíblica está llena de una multitud de jóvenes felices.

Evalúe su escuela

Desarrolle pruebas para demostrar la eficacia de su escuela. ¡Sea honesto en su evaluación!

1. ¿Cuenta usted sus números?

Descubra si está alcanzando a cada niña o niño desconectados de la iglesia en su comunidad.

No tenga temor de contar números, siempre y cuando sean los números de los que todavía planifica alcanzar.

Números fueron contados en el día de Pentecostés, y el número registrado ese día fue de 3000. Cristo contó los 5000 a quienes les dio de comer. Números representan las personas por quienes Cristo murió. Permítanos creer que cualquier iglesia en cualquier comunidad en los Estados Unidos puede crecer.

Podemos crecer más y mejor. La mejor manera de alcanzar el número incalculable de niños y niñas en el país es alcanzando a los que están en su comunidad. Esto puede significar que tienen que comenzar haciendo un escrutinio de su vecindario.

2. ¿Enseña la palabra de Dios?

La Biblia es la semilla de vida que da vida. Nacemos, somos alimentados, iluminados, equipados para el servicio y respaldados por la Palabra de Dios. Todos los jóvenes deben aprender y practicar cómo usar este manual y brújula.

¿Está presentando la Palabra de Dios a cada vida y corazón?

Otras cosas pueden ser buenas, pero esto es lo mejor. ¡Siempre debe especializarse en lo mejor!

¿Está presentando la Palabra de Dios a cada vida y corazón?

3. ¿Está ganado para Cristo?

¿Se les está presentando a los niños y niñas un Salvador viviente en la escuela bíblica? Esto es de extrema importancia. La infancia es el tiempo cuando Dios ha hecho los corazones tiernos.

Llene los corazones de los niños a una edad temprana con el conocimiento de un Salvador personal que tiene un plan para sus vidas. Busque todos los medios para ganarlas para Cristo.

Todos los intentos de reclutar jóvenes en el servicio del Señor y todos los programas que profundizan la vida espiritual y fortalezca la fe de los jóvenes son necesarios. Haga esto antes de que un mundo traicionero los enrede en sus estándares de vida destructivos del alma.

Busque todos los medios para ganarlas para Cristo… Si los niños no son llevados a Cristo mientras todavía son jóvenes, el trabajo de evangelizarlos se hace cada vez más difícil.

Si los niños y niñas no son ganados para Cristo e integrados en la vida de la iglesia, dejarán la escuela bíblica y es probable que se pierdan para siempre.

Si los niños no son llevados a Cristo mientras todavía son jóvenes, el trabajo de evangelizarlos se hace cada vez más difícil

Es probable que adolescentes que no se ganan para Cristo se aparten de la iglesia y entren a un mundo lleno de todo lo que les apartará más y más de Cristo. Establecerán sus vidas sin Dios y la iglesia. Cuando los jóvenes que no han tomado una postura de Cristo llegan a universidad, es tremendamente difícil ganarlos de nuevo a la iglesia, porque han aprendido a vivir sin Cristo.

Es bueno recordar que el punto culminante de conversión viene antes de la edad de 14. Después que las personas llegan a los 20 años de edad, la probabilidad de aceptar a Jesús es cerca a cero. El tiempo es de suma importancia para nuestras escuelas bíblicas.

4. ¿Recluta jóvenes para el servicio?

¿Está ayudando a los más jóvenes encontrar el plan de Dios para sus vidas? Los dejamos salir a mar desconocido, pero deben saber que cada uno de ellos es responsable ante Dios de su vida y que el Señor tiene un plan para él o ella en este mundo.

¿Qué es más emocionante que encontrar el plan de Dios en su vida?

Varios centenares de personas jóvenes de nuestro departamento universitario han recibido el llamado de Dios en sus vidas y hoy día se dedican a tiempo completo a las vocaciones de la iglesia, tanto local como en el extranjero.

Cientos más han encontrado que la voluntad de Dios les ha llevado a sus profesiones y sus empresas y el ministerio de la enseñanza.

Cristo ha comisionado a oficiales en Su servicio.

5. ¿Tiene espacio adecuado?

Debemos tener un lugar para cada niño y un niño en su lugar si hemos de mantener y edificar.

Evalúe sus instalaciones. ¿Son atractivas las instalaciones para los jóvenes en su comunidad? A veces una lata de pintura hará maravillas. Cortinas pueden dividir una habitación grande en aulas individuales. Con un poco de trabajo de carpintería, los sótanos pueden ser convertidos en instalaciones para los departamentos. Revise lo que tiene y sea audaz en su pensar.

Cuando nuestra escuela bíblica creció de unos 450 a 4000 en el espacio de tres años y medio, tuvimos que construir pantallas en cuartos; usar cortinas como divisorios; utilizar cada espacio disponible, debajo las escaleras, los armarios y las oficinas; uniendo residencias y casas colindantes.

Hicimos crecer nuestra escuela bíblica con lo que teníamos

a la mano. Finalmente, construimos un edificio de educación para cubrir nuestras necesidades.

Esto fue un sueño hecho realidad. Nada es tan emocionante como tener que derribar los divisorios, construir en un anexo, transformar un balcón en una habitación o armar una carpa. ¡Todo aquello que indique crecimiento emociona a la gente!

6. ¿Tiene un horario para todo lo que se ofrece?

Es nuestro deber hacer todo lo posible para introducir cada generación a Cristo. Para lograr hacer esto cuando estaba en la Primera Iglesia Presbiteriana de Hollywood, los maestros realizaron una escuela bíblica de varios niveles, cuidadosamente administrada en dieciocho departamentos cada domingo.

Durante la hora del culto de la iglesia, aparte se reunía una iglesia para primarios, un grupo de juveniles y dos grupos de guardería para niños preescolares estaban en sesiones. Todas las clases para adultos se reunieron a las once.

Y el coro de los jóvenes asistía al culto de 9:30 y luego disfrutaban del privilegio de una hora de estudio durante el servicio de las once.

Es nuestro deber hacer todo lo posible para introducir a cada generación a Cristo

Hoy día, muchas iglesias ven necesario tener dos cultos el domingo por la mañana con el fin de programar todo lo que ellos ofrecen. Esto les permite intercalar los componentes de su programa de escuela bíblica.

Estudie su programa y luego cree un itinerario que lo acomode.

7. ¿Tiene un programa balanceado?

Al evaluar su programa de la escuela bíblica, ¿es meramente un surtido de ideas, o tiene un plan completo de largo plazo?

Domine el arte de crear un programa. Su éxito aumentará al definir y equilibrar su programa.

Escuche una emisora de radio y observe cómo cada minuto cuenta. Equilibre su programa. No corra a los extremos.

Verifique que puso el énfasis adecuado en asistencia, adoración, enseñanza, mayordomía, misiones, vida social y evangelismo. Esfuércese siempre para lograr un programa balanceado exitoso, recordando que nada prospera como el éxito. A todos les gusta pertenecer a una creciente preocupación.

Esfuércese siempre para lograr un programa balanceado exitoso, recordando que nada prospera como el éxito. A todos les gusta pertenecer a una creciente preocupación

Mejore en todas las áreas

¿Cómo puede establecer una mejor escuela bíblica? Pocos de los que lean que este libro se sentirán como si su escuela bíblica es tan buena como puede llegar a ser. Mientras que sería imposible calcular el bien que ha sido realizado para la escuela bíblica a través de los años por el gran ejército de fieles, sin paga y, en su mayor parte, trabajadores poco apreciados, al mismo tiempo hay una enorme necesidad de mejorar nuestros métodos y planes si deseamos establecer una escuela que satisfaga las necesidades de los jóvenes de cada generación sucesiva.

Comience con responsabilidad

Por demasiado tiempo hemos culpado a la juventud por no estar interesada en Cristo y la iglesia cuando la culpa es nuestra.

Demasiadas veces, hemos presentado a nuestro glorioso Cristo de manera monótona, sin interés.

El mundo constantemente estudia la psicología de los jóvenes con el fin de descubrir qué cosas les interesa y capta su atención.

El mundo tiene algo que venderle a esta generación y hace todo lo posible para hacer atractivas sus ofertas.

Permítanos, como líderes cristianos, estudiar la situación de nuestros jóvenes en su relación con la iglesia y mirar esa relación desde su punto de vista.

Permítanos adoptar y adaptar cada método que podamos descubrir para que los jóvenes sientan que Cristo es más necesario que la vida propia y que sus afirmaciones son primordiales.

Permítanos adoptar y adaptar cada método que podamos descubrir para que los jóvenes sientan que Cristo es más necesario que la vida propia y que sus afirmaciones son primordiales

Reconozca las necesidades

Las necesidades a continuación son algunos de los temas que serán discutidos en este libro.

Necesitamos mayor número en nuestras escuelas bíblicas. Las pérdidas en los últimos años han sido impactantes.

No estamos alcanzando a los jóvenes. Y demasiados niños en Estados Unidos no reciben ningún entrenamiento religioso en absoluto.

Salgan a sus vecindarios y toquen las puertas. Salgan en las urbanizaciones y los complejos de apartamentos, las principales carreteras y los caminos secundarios y motiven a los jóvenes a entrar.

Necesitamos mejor equipo. "Cualquier cosa" no es suficiente para establecer una escuela bíblica.

Instalaciones más amplias, aulas de clases separadas y mejor equipo deberían ser los objetivos. Hoy día, los modernos edificios escolares les ofrecen todo esto a los jóvenes.

La escuela bíblica pobremente equipada es un contraste triste en comparación. Siga mejorando su equipo. Necesitamos dedicar más tiempo a los jóvenes.

Una hora de clases el domingo no es suficiente. Debemos añadir actividades extracurriculares para los días de la semana. Necesitamos mejor enseñanza, lo que significa maestros capacitados.

Noventa por ciento del éxito de cualquier escuela bíblica recae en los maestros.

La Biblia es el libro que más mal se enseña en el mundo. Si no lo hacemos atractivo, el joven ha de dejar la escuela bíblica y la iglesia lo perderá para siempre.

Necesitamos mejor literatura, regresar a la enseñanza de la Palabra. Este es el libro de texto que nos ha dado Dios.

El analfabetismo espiritual de América es atroz. Nuestros jóvenes conocen poco de la palabra de Dios.

Necesitamos organización. Una escuela bíblica no se lleva a cabo por si sola. Debe haber un conjunto de metas y objetivos. Deben fijarse metas y establecerse objetivos para lograr lo que deseamos.

¿Están construyendo un gallinero o un rascacielos? Se puede hacer cualquier cosa en su escuela bíblica si su meta es un gallinero. Pero para edificar un rascacielos es necesario transformar sueños en poderosos planes.

Necesitamos métodos más actualizados para atraer a la juventud moderna .

Piense de manera positiva

No es nuestra intención tratar con la teoría de la enseñanza de la psicología como tal. Las librerías están llenas de excelentes libros de textos a lo largo de esa línea. Este libro ha de presentar algunos planes prácticos y factibles que cuando aplicados, han establecido una de las escuelas bíblicas más grandes de los Estados Unidos y han traído nueva vida a cientos de personas literalmente.

Con cada declaración y cada sugerencia que ofrezco, digo, "Se puede hacer porque se ha hecho." ¡Usted puede hacerlo!

Es nuestro deber evangelizar a cada generación. Sólo podemos salvar a América salvando a sus hijos. Parece una tarea imposible poder llegar a quienes no han sido afectados por ninguna iglesia. Pero se puede lograr.

Cristo nos ha comisionado. Es la tarea de la Iglesia.

Hay suficientes iglesias sobre este gran país, no sólo para llevarlo a cabo, sino también para lograr la tarea con éxito.

Cristo nos dijo dónde comenzar: "Dejad los niños venir a mí" (Marcos 10:14). La mayoría de nuestro tiempo se lo pasamos tratando de exhortar a los hombres y mujeres a que vengan.

Jesús comenzó su movimiento con los jovencitos. Sí, con los niños pequeños. Cuando se salva un niño, no sólo se salva un alma, pero también ganamos una vida.

¿Se ha dado cuenta que aproximadamente dos tercios de los

miembros de la iglesia se convierten durante la niñez? ¿Y que un alto porcentaje de los miembros de la iglesia vienen de los niños en la escuela bíblica? Puede ser que diga, "Esto no es cierto en nuestra iglesia." Sí, lo es.

En algunas iglesias grandes del centro de la ciudad, puede ser que los miembros no llegan a través de su escuela bíblica, pero esas mismas personas que están llegando han sido alcanzadas en otras escuelas bíblicas en el pasado.

Ganar a un niño para Cristo es nuestra tarea más importante hoy en día.

Jesús dijo, "Mirad que no menosprecies a uno de estos pequeños" (Mateo 18:10).

La Biblia dice, en palabras del más sabio de los hombres, "Acuérdate de tu Creador en los días de tu juventud, antes que vengan los días malos, y lleguen los años de los cuales digas: No tengo en ellos contentamiento" (Eclesiastés 12:1).

Ganar a un niño para Cristo es nuestra tarea más importante hoy en día

Planifique para incluir

En la escuela bíblica, debemos tener un lugar y un plan para cada hombre, mujer y niño. Debemos tener un interés en toda la vida diversificada de nuestros jóvenes si deseamos retenerlos.

En la escuela bíblica, debemos tener un lugar y un plan para cada hombre, mujer y niño

¿Por qué entregar nuestros jóvenes al mundo y permitir que las agencias fuera de la iglesia ganen potestad sobre ellos cuando deben pertenecer a Cristo y la iglesia?

Para todas las edades de ambos sexos

La escuela bíblica es para todas las edades de los niños, jóvenes y adultos, tanto hombres como mujeres.

Demasiadas escuelas bíblicas son sólo para niños, preadolescentes y jóvenes. Debemos tener personas desde la cuna hasta la tumba. Ningún departamento debe ser más fuerte que el otro. Nuestro objetivo es prosperar a lo largo de todos los frentes.

¿Cómo podemos establecer una escuela bíblica para todos?

A menudo hay una escasez de varones y hombres. El departamento de secundaria a menudo se compone de dos varones y veinte niñas. ¡Esto no debe ser!

Los varones no vendrán a una clase si son dominadas por las jovencitas. He oído a mis jóvenes universitarias decir, "Oh, tienen preferencia por los varones".

¿Mi respuesta? "Sé que si tuviéramos un gran grupo de varones guapos, tendríamos un montón de hermosas jovencitas".

Y esto ha sido cierto. Cada maestro debería poner a prueba la virilidad de su mensaje por los varones y hombres que atrae.

¡No pierda a los varones en la escuela bíblica! Retenga a los varones de la clase de preadolescentes y la escuela superior. ¡Vele por los varones en los departamentos de los universitarios y los adultos!

Haga arreglos para el compañerismo

Cuando estaba en la Primera Iglesia Presbiteriana de Hollywood, los clubes para todas las edades de niños y niñas, desde los preadolescentes hasta los universitarios tanto hombres como mujeres, jóvenes adultos y jóvenes casados, llenaron los días de la semana. Todos los miércoles por la noche hubo cuatro servicios de oración, club bíblico de la intermedia y la secundaria, compañerismo de los jóvenes universitarios y el servicio de entre semana para los adultos.

Los equipos de atletismo de la iglesia, compuestos sólo de aquellos que asistían a la iglesia, se llevaron varios trofeos en la ciudad. Las "noches de alabanza" de la escuela superior, los universitarios y jóvenes empresarios, sólo cantaban himnos religiosos y coros, y se realizaban después del servicio en la iglesia del domingo por la noche en casas suficientemente grandes para acomodar a la multitud de jóvenes.

Esta clase de unidad ofrece un maravilloso tiempo de camaradería y compañerismo cristiano y es un tiempo cuando el talento de un grupo puede ser descubierto y utilizado. Debe usar la gente talentosa o ha de perderla.

Nuestro deber es enlistar vidas para el Señor y Maestro, y toda oportunidad debe aprovecharse para llevar a cabo esta tarea tan importante.

Cree un espíritu de fraternidad y camaradería en su iglesia. Esto es de suma importancia.

El joven irá donde están sus propios amigos; por lo tanto, creo que el instrumento más fuerte que podemos utilizar para retener a los jóvenes en Cristo y la iglesia es el compañerismo cristiano.

Este fue el programa de la iglesia primitiva (vea Hechos 2). Busque que la iglesia sea el centro de la vida de cada joven. Si esto sucede, cada joven hará todo lo posible para estar en la iglesia cuando se abran las puertas.

Un joven piloto escribió acerca de la iglesia: "¡Me encanta ese montón de ladrillos que hay en aquella esquina de Hollywood!

Fue allí donde encontré a mi Dios. Fue allí donde encontré a mis amigos. Fue allí donde encontré mi propósito para vivir." Sí, hoy día, la iglesia y su Señor deben significar todo para nuestros jóvenes si es que queremos retenerlos.

Escuche como dice cada joven, "úseme o me ha de perder". Porque no hemos hecho lo anterior, hemos sufrido las consecuencias.

Cuántos padres dicen, "¡he perdido a mi hijo! Está involucrado con la gente equivocada. No puedo hacer nada con él."

Logremos que nuestros jóvenes se involucren con la gente adecuada. ¡Permita que la gente sea la iglesia!

Cristo comprendió el poder del compañerismo en la vida. Se dice de su relación con sus discípulos, "Él estableció a doce, para que estuvieran con Él" (Marcos 3:14, con énfasis).

Esta fue una gran fraternidad de la clase más alta de compañerismo.

Grupos de expresión

El domingo en la tarde, en la Primera Iglesia Presbiteriana de Hollywood, se reunían cuatro grupos de expresión bajo una cuidadosa supervisión. Éstos incluyeron estudiantes de la escuela superior de segundo y tercer año, colegiales y embajadores (jóvenes empresarios y profesionales).

Equipos de jóvenes organizados y entrenados en evangelismo salieron por todas partes del sur de California a celebrar reuniones en otras iglesias, en los campamentos o en las misiones.

De este esfuerzo nació un equipo de evangelismo mundial. Durante un verano, jóvenes fueron a Europa, África, Grecia, Japón o América del sur; y este ministerio de jóvenes llevó nuestra iglesia a adoptar un nuevo objetivo misionero. Grupos de estudios bíblicos se reunían varias noches en las casas durante la semana por toda la ciudad. Muchos de los que no asisten a la iglesia son atraídos a ellos a través de este compañerismo.

Eventos sociales

Eventos sociales que reunían los estándares de excelencia y de entretenimiento cristiano e interés para los distintos grupos de edades, animan la vida de todos los departamentos en la Primera Iglesia Presbiteriana de Hollywood.

El presidente del cuerpo estudiantil de una de nuestras grandes universidades del sur de California una vez dijo: "No tenemos nada en el campo universitario que sea tan bueno como las actividades sociales que presenta nuestro departamento."

Programas de servicio

Grupos de teatro presentan programas misioneros, los dramas de Navidad y los banquetes del día de las madres, y sirven de innumerables maneras para embellecer muchas de las funciones celebradas en la Primera Iglesia Presbiteriana. Los jóvenes están ansiosos por servir. Sólo necesitan motivación, y todo lo que les hace sentir que sus talentos son necesarios es muy gratificante.

Programas de campamentos

Lleve a sus jóvenes a conferencias y campamentos de verano igualmente a retiros durante la primavera e invierno. Nada podrá darles mayores beneficios. Esto le ministra a la necesidad de cada grupo por edad. Es aquí donde los jóvenes y los mayores de edad pueden tener experiencias verdaderas que lleguen a la cima de la montaña.

En la Primera Iglesia Presbiteriana, los campamentos han

ayudado en el crecimiento espiritual de las personas de todas las edades a través de los años. Pruebe estas cosas con sus jóvenes. Estos campamentos obran milagros en atraer a los jóvenes a Cristo y la iglesia y retenerlos ahí.

Viajes misioneros

De la congregación de la Primera Iglesia Presbiteriana de Hollywood, miles de jóvenes han salido al extranjero por todo el mundo. En los últimos 20 años, ellos han salido del departamento universitario de la iglesia al servicio a tiempo completo para el Rey como pastores, misioneros, directores de educación, trabajadores de niños y niñas, evangelistas, cantantes, directores de campamentos, autores de literatura cristiana, secretarios de la junta de la iglesia, directores de instituto, capellanes, maestros en las escuelas cristianas y, por último pero no menos importante, esposas de ministros.

Un cálido compañerismo cristiano es la atmósfera en la que obra el espíritu.

Aceptación

Descubrimos que cuando presentamos las afirmaciones de Cristo en formas nuevas y desafiantes, los jóvenes responden rápidamente tanto a lo que es justo como lo harán a lo que es malvado. Cristo es la gran atracción. Jesús dijo, "Y yo, si fuere levantado de la tierra, a todos atraeré a mí mismo" (Juan 12:32). Permita que pasemos nuestro tiempo y genio presentando a Cristo para que nuestros jóvenes conozcan la verdad de la declaración de Jesús cuando dijo, "Más buscad primeramente el reino de Dios y su justicia, y todas estas cosas os serán añadidas" (Mateo 6:33).

Los jóvenes no serán tentados a montar un vehículo antiguo cuando se les invita a viajar en uno de último modelo. Si el cristianismo sólo viaja en vehículos anticuados, no podemos censurar a los jóvenes por encontrarlo poco atractivo.

El día de la tecnología electrónica está aquí. ¡Los jóvenes desean viajar sobre las alas del último aparato!

Que sepan que el Cristo del cielo, es el único que puede separarlos de las cosas mundanas de la vida.

Permita que pasemos nuestro tiempo y genio presentando a Cristo para que nuestros jóvenes conozcan la verdad de la declaración de Jesús cuando dijo, "Más buscad primeramente el reino de Dios y su justicia, y todas estas cosas os serán añadidas." (Mateo 6:33)

Continuidad

Todo lo anterior señala hacia una cosa: la escuela bíblica del presente debe convertirse en una institución mucho más eficiente que tenga continuidad.

Las sesiones deben ser prorrogadas a un programa durante la semana, ya que ningún niño puede recibir toda la instrucción cristiana y capacitación que necesita en una hora el domingo por la mañana.

La iglesia debe estar preparada para alcanzar y traer a los muchos millones de niños que carecen de instrucción religiosa de todo tipo.

Capacitar a los líderes del mañana

La Iglesia está siendo desafiada a hacer un gran trabajo con el fin de entrenar la clase de personas que se necesitan en el mundo de hoy. ¡La iglesia debe entrenar su propio liderazgo o morirá!

Sam Walter Foss, en su poema "The Coming American," (El americano que viene) escribió:

> *Tráigame hombres que se asemejen a mis montañas,*
> *tráigame hombres que se asemejen a mis llanos;*
> *hombres con imperios en sus propósitos*
> *y nuevas eras en sus cerebros.*

Hoy más que nunca, el mundo necesita liderazgo cristiano, liderazgo del más alto calibre para satisfacer las exigencias del momento.

El mundo busca liderazgo en todos los campos.

Se debe suministrar esta demanda. Esto significa que debemos tener escuelas de capacitación dinámica para toda nuestra juventud, justo lo que no ejemplifican el promedio de las escuelas bíblicas.

Los jóvenes hoy día están dispuestos a pagar el precio de liderazgo. Y están buscando una escuela de formación para la vida.

Si la iglesia no logra darles a los jóvenes lo que están buscando, saldrán a buscarlo en otro lugar.

¿Cómo deseamos que sean los líderes del mañana? ¡Entrénalos hoy! Haga hoy lo que desea para el mañana.

El escritor alemán Emil Ludwig, en La Conquista Moral de Alemania, manifestó una gran verdad cuando escribió en cuanto a cambiar la actitud de alemanes tras la Segunda Guerra Mundial:

> *La educación debe comenzar con los niños de cinco años. Nadie puede salvar a la juventud de Hitler de hoy, sino los varones de catorce años. Pero a partir de los cinco años un período de quince años de educación debería ser suficiente... El espíritu de cualquier comunidad sigue el espíritu de su generación más joven... Aquellos que tienen cinco años hoy podrán vivir para ver, como hombres y mujeres jóvenes, su nación libre de regreso al mundo.*

El sociólogo británico Benjamin Kidd dijo, "usted puede cambiar completamente la civilización en una generación." Lo que deseamos en la nación debemos ponerlo en nuestras escuelas, el hogar y la iglesia.

Tenemos que añadir la tecnología actual al aula de clases. La incorporación de los avances tecnológicos hará una impresión fuerte y duradera en nuestros jóvenes.

Haga de la escuela bíblica una prioridad

La iglesia debe cambiar su actitud sobre la educación cristiana de sus jóvenes. Si la iglesia va a sobrevivir debe ganar, educar y capacitar a sus niños y jóvenes para Cristo y el servicio cristiano.

La educación cristiana del niño debe ser tan importante en la iglesia como la educación secular en la escuela.

El lugar correspondiente

La escuela de la iglesia debe recibir el lugar que le corresponde, como el brazo de la enseñanza de la iglesia.

Cuando la iglesia cree totalmente que su mejor oportunidad es con sus jóvenes, entonces la escuela bíblica y cada otra institución alcanzando a los jóvenes recibirá debido reconocimiento y ayuda.

Demasiadas veces la escuela bíblica es simplemente tolerada. Debemos reconocer que la escuela bíblica es la iglesia desempeñando su tarea educativa de enseñar y capacitar a los que van a ser sus futuros miembros y líderes de la iglesia.

Muchas iglesias han considerado que cualquier cosa es suficiente buena para los niños. Un viejo piano que no puede mantenerse afinado es depositado en el departamento de primaria. Sillas cuyos espaldares se han desvanecido son bastante buenas para el departamento de preadolescentes. Todo aquello que no puede utilizarse en otros lugares es suficiente para la escuela bíblica. El equipo en muchas escuelas bíblicas se parece a un surtido de la tienda local de segunda.

Aunque la escuela bíblica es la "mina de oro" de la iglesia, durante mucho tiempo se ha considerado un asunto aparte. Ha sido confiado a algunos fieles que estaban dispuestos a invertir sus vidas, semana tras semana, trabajando contra viento y marea para traer a Cristo a los jóvenes y los jóvenes a Cristo.

Se podría hacer lo que deseaban siempre y cuando no interfirieran con el programa de la iglesia. (¡Los jóvenes nunca deben interrumpir los servicios de la iglesia!)

¡La escuela bíblica debe recibir su legítimo lugar en la vida de cada iglesia si cada iglesia es continuar siendo una entidad viviente!

Personal capacitado

Demasiadas veces se da el caso de que en la escuela bíblica, la lección de la palabra de Dios es impartida por un maestro que ha aceptado la clase porque no había nadie más dispuesto a tomarla. De hecho, enseñar en la escuela bíblica es la única enseñanza que una persona emprenderá sin entrenamiento. ¡Imagínese un piloto ofrecerse volar un avión cruzando el Atlántico sin nunca antes haber tenido una lección de vuelo! ¡Y aún los hombres y las mujeres despreocupadamente intentan llevar nuestros maravillosos jóvenes en el barco de la escuela bíblica a través del océano de la vida sin saber nada sobre el arte de la enseñanza!

La nueva escuela bíblica debe tener maestros capacitados, educadores dignos, entrenados en sus tareas. Necesitamos un esfuerzo decidido para preparar a maestros. Los pastores deben entregarse a esta tarea. El propósito de este libro es ayudar en esta inmensa tarea.

Dar prioridad a Cristo y a los niños

Primero Cristo

Pero incluso con hermosos edificios, equipo y maestros, la nueva escuela bíblica no tendrá más éxito que su antecesor a menos que presente a sus alumnos al Señor Jesucristo como Salvador y Señor de sus vidas. Ha habido muy poco énfasis en este mensaje vital.

Demasiadas veces, la escuela de la iglesia ha intentado enseñar las cosas que la escuela pública está comisionada a hacer. A menos que la escuela bíblica logre que Cristo sea el centro de su vida y actividad, nunca ha de atraer y mantener a los jóvenes.

Los jóvenes quieren realidad, no religión; y a Cristo, no "cristianismo". Los niños reciben educación religiosa pero poca educación cristiana.

Los niños después

No hemos dado suficiente importancia a nuestros niños. ¿Nos hemos dado cuenta del valor y las posibilidades de la niñez?

Nuestras iglesias han gastado millones en construir grandes santuarios, instalación de escenarios y vidrieras y lo último en la tecnología, que son para disfrutarse una vez a la semana, pero ¿cuánto ha invertido la iglesia promedio en sus niños, en sus niños pequeñitos?

¿Cuánto gasta su iglesia anualmente en la escuela bíblica? ¿Ha considerado estas preciosas joyas de más valor que los ladrillos y las piedras?

Deberíamos tener a cada niño cristiano en América en la escuela bíblica. Esta es una tarea colosal, ¡pero es nuestra! ¡Podemos hacerlo!

INTRODUCCIÓN

La escuela bíblica es un gran trabajo

Enseñar es un trabajo. Instituir una escuela bíblica puede ser clasificado como gran trabajo porque es un trabajo de Dios.

No solo estamos lidiando con problemas de tiempo, sino también de eternidad.

Ninguna junta de directores en el mundo está llevando a cabo una tarea tan importante como la nuestra en la escuela bíblica. Aquellos que administran las grandes empresas puede ser que traten con millones o miles de millones de dólares, pero el tiempo llevará todo eso a su fin.

Lo que estamos haciendo es de eterno significado. Estamos preparando vidas no sólo para este mundo, sino también para el mundo que está por venir. Debemos estar impresionados con la magnitud de nuestra tarea.

Si establecer escuela bíblica es un gran trabajo, consideremos cómo llevarlo a cabo, porque ningún trabajo en este mundo puede llevarse a cabo con éxito a menos que haya alguien que entienda cómo hacerlo. Este es el motivo de la trágica situación que existe hoy en nuestras escuelas bíblicas, los líderes no están capacitados.

Nosotros, como educadores cristianos, hemos comenzado la ejecución de un gran trabajo, sin embargo, seguimos siendo novatos en nuestro campo.

Poner la "escuela" de regreso en escuela bíblica

Comenzar en la escuela bíblica con la idea de que los niños de la escuela deben recibir entrenamiento religioso. Poner la "escuela" en la escuela bíblica.

Usted sabe que una escuela debe tener maestros así como estudiantes, que sólo buenos maestros producen una buena escuela bíblica, y que los buenos maestros deben ser entrenados.

Marion Laicrance dijo "Al igual que las plumas de la flecha, es el entrenamiento para los maestros,"; y el autor y ministro cristiano Dr. P. H. Welshimer dijo, "Todo maestro puede tener éxito si está dispuesto a pagar el precio, preparación."

La necesidad de capacitación para el maestro

He aprendido que decir que los maestros nacen, no se hacen, está tan lejos de la verdad en cuanto a decir lo mismo de los médicos, abogados, ministros e ingenieros.

Sin embargo, esto es cierto: algunas personas nacen y están dispuestos a pagar el precio de la buena enseñanza.

El Dr. Athearn, un perito maestro estadounidense y pionero de la educación religiosa, escribió:

> *La sociedad... insiste en que la justicia no será frustrada por juristas inexpertos; ella custodia los cuerpos de su ciudadanía del "curandero" inexperto; que excluye al charlatán del aula, que las mentes de nuestros niños no pueden ser mutiladas y lisiadas por obreros no calificados; pero las almas de los niños han quedado desprotegidas de negligencia en las manos de los obreros bien intencionados pero inexpertos en el campo de la educación religiosa.*

Extraño, no es, que aquellos padres que muestran indignación porque a sus hijos se les está enseñando lectura, escritura y matemáticas: por maestros incompetentes de escuela pública, se sientan tranquilamente y no plantean una interrogante sobre la capacidad de los maestros de la escuela bíblica para instruir a sus hijos en el conocimiento correcto de un Dios quien al conocer bien es la vida eterna.

Exigimos un diploma antes de que un médico pueda ejercer la medicina, que un maestro de escuela pública pueda educar y una enfermera pueda atender a otros, pero no exigimos nada a nuestros maestros de escuela bíblica.

No pensaríamos de enviar misioneros a un país extranjero sin entrenarlos primero en idioma y las costumbres del otro país, pero dejaremos que cualquiera enseñe a nuestros niños y niñas.

La necesidad de un método

No existe tal cosa como llevar un ministerio sin un método. Todos tienen un procedimiento que debe seguirse para completar con éxito un trabajo.

El método es simplemente la manera de llevar a cabo trabajo, el plan sistemático a seguir para tener éxito en una tarea. Nadie construye un cobertizo sin un plan. El plan puede ser pobre, pero hay un plan. Todo aquel que está administrando una escuela bíblica, sea una de 25 o 250 o 2500 alumnos, lo está haciendo con algún método. ¡No olvide esto! ¿Bajo qué método está administrando su escuela? ¿Es anticuado, obsoleto o vago, o puede respirar de lo nuevo, lo fresco y bien planificado?

Debemos ser honestos en considerar nuestras debilidades, o no podremos mejorar no importa cuántos libros sobre la educación cristiana se estudian.

Al admitir sus problemas y enfrentarse a ellos directamente, la batalla está ganada a la mitad.

La mayoría de las personas se niegan a mirar sus problemas en la cara. Cuando miran los obstáculos que les enfrentan, buscan excusas para sí mismos. Se niegan a tratar con las situaciones existentes que podrían mejorarse.

La necesidad de resistencia

De hecho, la educación cristiana es un campo muy amplio y no se puede ejecutar por los débiles o los totalmente inexpertos. Es una tarea difícil porque no tiene fin. Este gran proceso de evangelización y educación es uno de los cuales nunca podemos descansar.

Significa un maratón de resistencia física, de agudeza mental, de valentía moral y de fortaleza espiritual.

Es una tarea para individuos fuertes, no débiles. Hubo un tiempo cuando hombres como el gran príncipe mercante John Wanamaker dedicaba gran parte de su tiempo fuera de sus obligaciones comerciales a su trabajo en la escuela bíblica. Ese tipo de inversión de tiempo hizo historia espiritual. Tenemos que hacer historia otra vez.

La necesidad del Espíritu Santo

Obreros en nuestras escuelas bíblicas no necesitan avergonzarse de su dependencia en el Espíritu Santo. Los maestros de la escuela bíblica deben conocer su tema, observar a sus alumnos y luego hacer algo al respecto. Entre más dependan los maestros en el Espíritu Santo, más se desearán realizar ellos mismos como instrumentos aptos para que Él los use. Desearán conocer cómo creó Dios la mente humana. Querrán sondear las profundidades del corazón humano. Querrán conocer las leyes que rigen su acercamiento a los estudiantes que fueron creados para ser templos del Dios viviente.

Operar de acuerdo con las leyes de Dios

Hay leyes en el mundo espiritual, así como en el mundo físico. Dios estableció las leyes para ambos. Es nuestra incapacidad para trabajar según las leyes de Dios que ha caracterizado a gran parte de lo que se ha hecho bajo el nombre de la enseñanza de la escuela bíblica.

Un automóvil de alta potencia es de ningún valor al propietario a menos que el propietario conozca las leyes para manejarlo. Un niño de cinco años de edad que intenta conducirlo puede terminar muriendo, porque el niño no entiende los principios simples que rigen su uso. La necesidad de operar un vehículo según lo que se nos dice en el manual del propietario es necesario.

¿Ha estudiado la manera que operan de leyes espirituales en la vida de un niño? Las debemos obedecer si queremos tener éxito.

Por ejemplo, existe la ley de alimentación. Un bebé debe ser alimentado con leche. Ciertas vitaminas son necesarias si el cuerpo está creciendo. No puedes alimentar al bebé con carne, porque un bebé no puede digerirla.

Así también un cristiano debe ser cimentado con "la leche de la Palabra". Si usted intenta alimentar a un nuevo creyente con la carne de la doctrina, él o ella moriría; no significa nada para el nuevo cristiano.

No podemos ir en contra de las leyes de la naturaleza y vivir; tampoco podemos ir en contra las leyes de Dios en la vida espiritual y prosperar. En la educación cristiana, debemos operar según las leyes de Dios.

En la vida

Nosotros podemos estudiar la vida del niño porque, como toda la creación de Dios, está bajo sus leyes y las leyes de Dios son inmutables y universales.

Ciertas causas siempre han de producir ciertos resultados cuando las condiciones son normales. Se podrán conocer las leyes básicas de la vida. Esto significa que podemos tener derecho a esperar algunos resultados en una vida donde operan ciertas leyes. También nos recuerda que el trabajo descuidado e ignorante con una vida joven produce resultados desastrosos. Un error con una vida no puede solucionarse completamente. Hay un mejor tiempo en la naturaleza para sembrar y cosechar. Si se pasa el mejor momento, los resultados vendrán con mayor esfuerzo y con menos éxito, si alguna vez se obtiene éxito. Medido en el dial, una hora a la semana para preparar una vida para la eternidad es un tiempo demasiado breve para permitir el desperdicio de un momento perdido o un trato descuidado de un alma.

En crecimiento

Sólo el Espíritu Santo puede hacer efectivo nuestro trabajo, pero él siempre opera conforme a las leyes de Dios. Entre el maestro y Dios existen condiciones que deben cumplirse antes de que Él pueda trabajar. Igualmente importante, existen condiciones entre el maestro y el estudiante que deben ser consideradas. No hay nada misterioso en la manera en que Dios trabaja. El agricultor puede no entender completamente cómo Dios saca de las diminutas semillas que se siembran, los campos de grano; pero el agricultor sabe ciertamente que si se obedecen las leyes de la siembra en la primavera y el riego y cultivo en el verano, puede esperarse una cosecha en el otoño. Esto no es una cuestión de azar; ninguna posibilidad está implicada en él. La ley está en función. Un agricultor sabio trabaja con las leyes de Dios, no en contra de ellas.

Entrenamiento

Dios dice, "Instruye al niño en su camino, y aun cuando fuere viejo no se apartará de él" (Proverbios 22:6). Esta es una de las leyes de Dios. Tampoco hay ningún misterio en esta ley. ¿Qué pasa entonces? ¡Los niños se han alejado de Dios por miles! Es obvio que no hemos hecho lo que Dios nos ha dicho que hagamos; por lo tanto, no estamos recogiendo la cosecha.

"Instruye al niño". Los niños no han tenido formación religiosa en estos últimos años. Hemos producido una generación de analfabetos espirituales.

Un segmento creciente de la población de América no está en contacto con ninguna iglesia, y millones de nuestros niños no reciben ninguna instrucción en nuestras escuelas bíblicas. Las estadísticas muestran que un gran porcentaje de la juventud en nuestros centros penitenciarios hoy día provienen de familias que no han sido alcanzadas por la religión.

J. Edgar Hoover, el primer director de la Oficina Federal de investigaciones, una vez dijo:

> *El hogar sigue siendo el fundamento de nuestro orden social, y la nación nunca será más fuerte que el hogar. El creciente problema juvenil en el crimen proviene directamente del hogar. Lo único que los*

> *delincuentes juveniles tienen en común es la falta de entrenamiento en el hogar. No existe ninguna agencia para la formación del carácter que pueda tomar el lugar de un buen hogar... La trágica condición es debida a la falta de conciencia, que a su vez proviene de la falta de la formación religiosa. Hay una conexión necesaria entre el crimen y la decadencia de fe y la práctica religiosa. Cuando los hombres no conocen a Dios o su justicia, no respetan sus leyes. La manera de hacer de América un lugar seguro de la delincuencia, la manera de hacer que su gente sea moral, es un retorno a la religión.*

En otras palabras, Hoover reiteró la ley de Dios: "Instruye al niño en su camino". Hemos entrenado a nuestros jóvenes en todo excepto las cosas de Dios. La generación actual puede hacer hazañas, pero no saben cómo orar. Pueden navegar barcos, pero nunca han sido instruidos en cómo trazar el curso para sus vidas. Entrenar lo abarca todo en el proceso educativo. Entrenar significa más que decir. Le hemos dicho a la juventud durante siglos, y les hemos "insultado" demasiadas veces. Nuestro método de enseñanza ha sido uno de transmisión. ¡Comencemos a entrenar a los jóvenes!

Entrenar lo abarca todo en el proceso educativo. Entrenar significa más que decir. Le hemos dicho a la juventud durante siglos, y les hemos "insultado" demasiadas veces. Nuestro método de enseñanza ha sido uno de transmisión. ¡Comencemos a entrenar a los jóvenes!

Aprenda acerca de la enseñanza utilizando el ejemplo de Jesús

Una de las mejores maneras para aprender a hacer algo es siguiendo el ejemplo de otra persona. ¿Quién puede enseñarnos acerca de la enseñanza? Aprendamos del Señor Jesús. Si vamos a la parábola de Cristo sobre el sembrador en Mateo 13, vemos que Jesús ha arrojado mucha luz sobre el tema entero de la enseñanza. Hay tres cosas que debe considerar:

1. El sembrador: el maestro
2. La semilla: la Palabra
3. La tierra: el alumno

Cada elemento tiene su lugar en el campo de la enseñanza cristiana: el sembrador es necesario para realizar la tarea; la semilla es necesaria si va a haber una cosecha; y la tierra hace una diferencia en la cosecha. Examinemos en nuestro estudio los tres factores importantes en el proceso de siembra. El sembrador inteligente hace uso de un conocimiento de los suelos, las semillas y las estaciones en la planificación de una abundante cosecha. El sabio sembrador no carga árboles de naranjas de la soleada California y trata de plantarlos en el helado Alaska; tampoco hay un intento de sembrar algodón en el suelo frío y húmedo de Maine. De igual manera el maestro debe considerar las diferentes necesidades de cada niño si ha de tener éxito.

El sembrador es el maestro

Entrenamiento

Cada maestro debe entender el arte de la enseñanza. Un maestro de escuela bíblica debe tener conocimiento del material que se va a enseñar, de los niños que les toca enseñar y su vocabulario y del propósito de la lección. Hoy día, para dar una clase en la escuela bíblica sin ninguna preparación y entrenamiento en el arte de enseñanza no tiene excusa, ya que información para entrenar a maestros de la escuela bíblica está disponible fácil y sencillamente. Aparte de los libros y manuales de las editoriales cristianas, toda la información es accesible en Internet. Y algunos currículos de escuela bíblica también incluyen artículos y consejos para entrenar a los maestros.

No permita que le falte entrenamiento a su personal de la escuela bíblica, porque significará demasiadas pérdidas. Ninguna escuela bíblica puede ser dirigida y enseñada y llevada al puerto del éxito sin expertos. ¡Esté dispuesto a entrenar a su propio liderazgo!

Herramientas

El sembrador debe tener herramientas que puedan utilizarse para ayudar a preparar el suelo para la siembra. De igual manera el maestro debe tener libros y otros recursos que puedan utilizarse para ayudar en la preparación de los corazones de los alumnos para ser receptivos a la palabra que se plantará. Nadie piensa en entrar en el campo de la medicina, ingeniería, odontología o cualquier otra profesión sin libros de texto de información sobre el tema elegido. Uno gasta enormes sumas para adquirir el conocimiento de la profesión.

¿Qué libros están en la biblioteca que usarán sus maestros? Si no pueden comprar muchos libros, use la biblioteca pública. La constante demanda de ciertos libros a menudo significa que la biblioteca los agregará a su colección. Se comenta que Abraham Lincoln sacrificó todo lo demás para comprar un libro. ¿Y usted? Hoy día es posible acceder a muchos recursos de enseñanza en línea, así que si le es posible, tenga disponible una computadora con conexión a Internet para su uso por los maestros.

Debe tener buenos libros y otros recursos, para la palabra más importante en el vocabulario de un maestro "preparación". El maestro preparado tiene éxito. El maestro no preparado fracasa.

El maestro preparado debe, sobre todo, tener un conocimiento de y poseer un ejemplar de la Biblia. Invierta en una buena Biblia para cada maestro, una que se pueda marcar y escribir en ella.

Muchos maestros dependen de su material para su lección, en lugar del libro. También debe tener una buena concordancia para el uso de los maestros. El estudio de la Palabra y el estudio temático ayudan a que las presentaciones de los maestros iluminen y resplandezcan. También tenga disponible para los maestros un atlas de la Biblia. Anime a los maestros a conocer las tierras de la Biblia. Con esta referencia a la mano, los maestros podrán lograr que la historia de la Palabra de Dios se vuelva viva. Añada un comentario a la biblioteca. Al leer un comentario sobre el material de la lección los motivará para el estudio continuo.

Alumnos

La escuela bíblica existe para los alumnos, y todo sobre una escuela bíblica exitosa debe girar en torno a los alumnos.

Debemos tener maestros capacitados para enseñarles. Debemos tener un edificio para alojarlos. Debemos buscar los medios para mantener su interés.

De hecho debemos planificar para satisfacer sus necesidades desde el día que nacen hasta el día que mueran. Esta es nuestra tarea como maestros.

Debemos planificar para satisfacer sus necesidades desde el día que nacen hasta el día que mueran para cada hombre, mujer y niño

Nuestros alumnos también son el modo de probar nuestra enseñanza. Nuestra enseñanza se ha de probar según afecta a cada estudiante. Recuerde que aquel estudiante desatento, ruidoso y problemático necesita la escuela bíblica tanto como la necesita el angelito de la clase. Queremos que cada uno sea enseñado. Sí, Cristo dijo que había más gozo en el cielo sobre la recuperación de una de las ovejas descarriadas que sobre todas las demás que estaban a salvo en el redil, así que debemos planear nuestras lecciones desde el punto de vista de aquellos que necesitan más ayuda. Y es cierto, no habríamos tenido el predicador de Pentecostés si Cristo no hubiera trabajado con Pedro cuando era poco prometedor. Pero debemos enseñar a todos.

¿Cómo puede la escuela bíblica ministrar a todos? No trate de enseñar a todos por igual. Todos somos diferentes. El hecho de que cada período de la vida humana está marcado por diferentes rasgos obliga al maestro a una variación en el tratamiento. Al igual que un niño preescolar no puede tratarse de la misma manera que un preadolescente; tampoco se puede tratar a un hombre o a una mujer de la misma manera como un niño en edad preescolar.

Credenciales

Raramente se les pide las credenciales a los maestros de escuela bíblica. Los maestros de escuelas públicas no son cuestionados si han de enseñar, sino más bien si saben enseñar.

Nuestra petición en el proceso de reclutar maestros de escuela bíblica es invariable, "¿puede tomar una clase?" Los bondadosos hombres y mujeres, en contra de su voluntad, responden, "tomaré la clase hasta que usted pueda encontrar a alguien más". Si el maestro de matemáticas se ausentara, ¿puede imaginar al director por el vecindario tocando puertas y pidiéndole a extraños?, "¿puede venir a la escuela y enseñar la clase de matemáticas ya que la maestra regular está enferma?" ¡Absurdo! El director notifica a la oficina del superintendente de la necesidad, y envían a una persona capacitada.

La pregunta que debemos hacer y a la que debemos responder no es "¿puede tomar una clase?", sino "¿puede enseñar?" ¿Cuál es su preparación? ¿Está enseñando una clase de adolescentes porque no hay nadie que la tome, o la está enseñando porque ama a los niños y cree que son un gran campo en el que puede sembrar la palabra de Dios y esperar una cosecha? No hay un campo misionero más grande que la escuela bíblica.

Muchos de nosotros no podemos llegar a otras tierras para llevar las buenas noticias, pero todos nosotros podemos encontrar un lugar en un campo que ya está listo para ser cosechado. Si no podemos ganar los niños de América para Cristo, ¿por qué debemos esperar ganar a los niños de otras naciones para el mismo Cristo?

La semilla: la palabra

La Palabra es la semilla. Esto es lo que nosotros, como maestros, sembramos. Dios nos ha dado su Palabra, pero hay una falsa impresión de que toda la Palabra de Dios puede ser adaptada a cada edad. Yo creo que la Biblia enseña claramente que la Palabra contiene "leche" para bebés, "pan" para jóvenes y "carne fuerte" para los hombres.

Toda la Biblia no es para todos al mismo tiempo. Creo que sería imposible adaptar la enseñanza en el Apocalipsis, por ejemplo, para que un niño de seis años lo entendiera.

Supongamos que llevemos a un niño a la escuela de primaria y en el pupitre que le fue asignado el niño encontró un libro de texto de álgebra y un libro de química.

Usted se los llevaría a la maestra y expresaría que su hijo no podía entenderlos. "Oh", probablemente la maestra diría, "adaptaremos el material para que su niño pueda entenderlo". ¡No puede hacerse! Está fuera del alcance de la experiencia y el conocimiento del niño.

Por lo tanto hay porciones de la palabra de Dios más allá de la experiencia del niño, pero hay mucho que está al alcance de los niños para que nada tenga que sustituirse de la Biblia al enseñar a todo niño. La semilla es la Palabra; esto lo sabemos. Pero la buena semilla puede perderse en el suelo incorrecto.

La Palabra es la semilla. Esto es lo que nosotros, como maestros, sembramos. Dios nos ha dado su Palabra

El suelo: el alumno

Cuando el sembrador sale a sembrar, el sembrador no sólo conoce la semilla, sino también el suelo. Ningún agricultor intentará cultivar plantas tropicales en la zona frígida. El arte de la siembra está en poner la semilla correcta en contacto con el suelo adecuado. Como maestro de escuela bíblica, usted tiene en su mano una Semilla Viva, que es la Palabra de Dios. Esta dará una gloriosa cosecha si es plantada en el suelo adecuado. Su éxito como maestro exige un conocimiento de la naturaleza humana. ¿Cómo podemos adaptar nuestra enseñanza si no conocemos la edad a la cual debe ser adaptada? Esta es su responsabilidad como sembrador. Ningún maestro puede enseñar sin conocer a sus alumnos, al igual que el agricultor que no puede cultivar sin estudiar el suelo.

Recuerde, el maestro es el sembrador, la Palabra es la semilla y el corazón del niño es el suelo. ¿Están colocando las semillas cuidadosamente en suelo que ha sido cultivado con la oración y el Espíritu? ¿Comprenden el campo en el cual están esparciendo la semilla? Este campo en el que están sembrando cada semana es el corazón de niños y niñas, jóvenes y hombres y mujeres. ¿Están recogiendo la cosecha? ¿Por qué no? Usted sabe que la Semilla es buena; debe ser que no entienden el suelo. ¿Qué conocen acerca de la edad de su clase? Este conocimiento determinará su éxito o fracaso en enseñarles. No es suficiente conocer la Palabra y ser un sembrador que está dispuesto. Debe conocer el suelo, o su cosecha será un fracaso.

Como maestro de escuela bíblica, usted tiene en su mano una Semilla Viva, que es la Palabra de Dios. Esta dará una gloriosa cosecha si es plantada en el suelo adecuado

Muchas personas piensan que los niños son pequeños hombres y mujeres. Esta es una idea muy falsa. Son absolutamente diferentes de los adultos, físicamente, cognitivo, emocional, social y espiritualmente. Constantemente están creciendo y cambiando. Los niños se abren como las flores. Se desarrollan como los lirios del campo. En el mundo del niño, un año puede marcar la diferencia en sus intereses y capacidades. Los niños son todos iguales, y a la vez son diferentes. Al "considerarlos... cómo crecen," descubrimos lo que necesitan (Mateo 6:28; Lucas 12:27).

Nunca ha habido un tiempo cuando tantas personas estudian la vida humana como hoy. El psicólogo, el psiquiatra, el empresario, el político, el maestro y los padres están inscritos en la universidad de la vida. Están tratando de descubrir cómo se desarrolla la vida, cómo puede influenciarse, cómo puede ser motivada. Una vez que podamos reconocer las etapas del desarrollo, por consiguiente lograremos adaptar las lecciones de escuela bíblica.

Entrenar a los niños en nuestro entorno

Entrenar a los niños consiste en los dos procesos de relatar y enseñar, pero va más lejos. Proporciona al estudiante con la capacidad de implantar y lograr en la vida, la aplicación a la vida cotidiana de los principios bíblicos aprendidos. La Palabra de Dios nos dice que no debemos solamente ser oidores de la Palabra, sino hacedores. Por lo tanto, el entrenamiento de los niños debe tener una elevación ascendente. "Entrenar".

Un joven en desarrollo es como una vid buscando un enrejado. Si no se le proporciona a la vid una estaca que pueda trepar y a la cual pueda aferrarse, entonces se extenderá a lo largo de la tierra. Esto es lo que le ocurre a muchos jóvenes hoy día. Extienden sus tentáculos de sus sentidos y deseos y al no encontrar nada en que aferrarse, se arrastran por el suelo. Coloque al Señor Jesucristo como una estaca en el centro de la vida de un joven y verá cómo Su presencia va a realzar al niño. La personalidad del niño se quedará integrada alrededor de este gran

Salvador y edificador de hombres.

Ponga la cara de un niño entre sus manos y levántela hacia el cielo. Permita que cada niño vea al Salvador, " a su Hijo unigénito, para que todo aquel que en él cree, no se pierda, más tenga vida eterna." (Juan 3:16). Permita que la luz de la Palabra resplandezca en el corazón de cada niño.

Coloque al Señor Jesucristo como una estaca en el centro de la vida de un joven y verá cómo Su presencia va a realzar al niño

Como se mencionó anteriormente, Dios dice que debemos enseñar a los niños. Cristo pone gran énfasis en el niño. Jesús "Y tomó a un niño, y lo puso en medio de ellos" (Marcos 9:36).

En contraste, es probable que echemos a los niños a cualquier esquina del edificio de la iglesia de manera que no estorben. Debemos colocar a cada niño donde Cristo lo puso si hemos de tener éxito en nuestra enseñanza, en medio nuestro.

Hoy día se pone gran énfasis sobre la necesidad de la formación del individuo. El entrenamiento debe progresar con los años del individuo y de acuerdo a la experiencia del individuo. Debemos lidiar con individuos. Los niños no nacen en multitudes; tampoco mueren en masas. Cada uno nace con un derecho divino. Siga a un niño y vea como el niño pasa desde la infancia a la niñez y por lo tanto de la adolescencia a la juventud y adulto. Los niños no son adultos pequeños. Son una "especie" aparte, pero carecen de los conocimientos y la experiencia de sus antecesores.

Físicamente todavía están creciendo. Cognitivamente y emocionalmente aún están aferrando. Espiritualmente todavía están tanteando. ¡Deles una oportunidad! Cada uno necesita ser entrenado individualmente.

Recuerde siempre que en su clase puede haber un niño con un anhelo para descubrir los secretos de la naturaleza como un Washington Carver. O puede haber una niña soñando de aventuras en la vida como una Amelia Earhart. O tal vez puede haber quien anhele tener comunicación con el vasto mundo en la parte exterior y más allá como un Alexander Graham Bell. Puede haber uno que anhele servir como un General MacArthur o una Florence Nightingale.

Comience ahora a edificar una escuela fuerte y creciente. No se conforme con lo que tiene. ¡Establezca una meta!

Sí, la escuela bíblica es un gran trabajo. Puede ser que su escuela bíblica sea pequeña en números, pero es de suma importancia en cuanto se refiere a la juventud de hoy. No hay fin a lo que puede lograrse en cualquier escuela bíblica en cualquier comunidad de este gran país nuestro. Comience ahora a edificar una escuela fuerte y creciente. No se conforme con lo que tiene. ¡Establezca una meta! Voy a intentar ayudarle con su tarea.

Notas

Marion Laicrance y P. H. Welshimer citado en Edwin W. Thornton, Common Sense: *A Study of Mind and Method* (Cincinnati, OH: The Standard Publishing Company, 1913), p. 110. http://www21.us.archive.org/stream/commonsensestudy00thor/commonsensestudy00thor_djvu.txt.

Luther Allan Weigle y otros, *The New Standard Teacher Training Course: Disciples of Christ Edition* (St. Louis, MO: The Christian Board of Publication, 1917), pp. 329-330. https://books.google.com.ar/books?id=PSxFAAAAYAAJ

PARTE 1

La escuela dominical para niños

Como se indicó anteriormente, la escuela dominical existe para sus estudiantes. Así que, el estudio del alumno es lo más importante a tratarse en este libro. Todo se basa en el corazón humano, la tierra en la cual el maestro de escuela dominical siembra la verdad.

Mientras el niño crece desde la infancia hasta la edad adulta, hay tres períodos distintos de desarrollo que se atraviesan: infancia, jóvenes y adultos, que tienen características tan definidas que pueden ser fácilmente marcadas. Todos son parte del campo de siembra de nuestra escuela dominical.

Aunque esta sección del libro se centra en la escuela dominical para niños desde el nacimiento hasta los 12 años de edad, cada maestro debe estar familiarizado con las características de cada grupo de edad que compone su escuela dominical; entonces sabrá qué organización debe edificar, qué clase de maestros debe tener y donde los debe tener.

Periodo del desarrollo	**Nombre del Grupo de Escuela Dominical**	**Edades**
Niños	Sala de cuna	Nacimiento –2
	Párvulos	2–3
	Principiantes	4–5
	Primarios e Intermedios	6–10
	Preadolescentes	10–12
Jóvenes	Intermedia	12–14
	Secundaria/Media	14–18
	Universitarios	18–25
Adultos	Jóvenes Adultos Profesionales	25+
	Parejas Jóvenes	25+
	Adultos	35+

1

Sala de cuna

(Edades hasta los 2 años)

Cómo se comienza con el niño? La siembra comienza en la sala de cuna.

Muchos de ellos tienen sólo un rollo de papel de botines azules en lazos rosados, una lista de nombres pero sin niños en realidad. Puede que usted se pregunte, "¿por qué deben los padres traer a sus bebés a la escuela dominical? Sólo son mucho trabajo y ocupan mucho espacio." Bueno, los queremos allí porque los papás y las mamás tienen que traerlos. Y para las parejas jóvenes, la persona encargada de la sala de cuna es importante, porque esa persona puede ayudar a asesorar a los padres cómo enseñar a sus hijos. Tenga cuidado de cómo comenzar.

Estas pequeñas personas son como pedacitos de arcilla en las manos de todos aquellos que tienen un papel en la enseñanza. La arcilla es tan suave que puede moldearse en cualquier forma que queramos. Cuando los niños son pequeñitos, absorben el mundo de las emociones y actitudes de la gente: de seguridad o temor; de verdad o engaño; de devoción y lealtad o abandono y traición. Anhelan protección de aquellos que están más cercanos.

Cuando lloran por las noches, debemos consolarlos. Cuando tienen hambre, debemos darles de comer. A estos pequeños les encanta ser abrazados. Los cálidos brazos de padres son su comodidad. Expertos en el desarrollo infantil nos dicen que los dos primeros años se encuentran entre los más importantes en la vida de una persona. Estos primeros años influyen poderosamente en todo el desarrollo subsecuente del niño. Las actitudes hacia uno mismo y otros se forman muy temprano y luego se pueden cambiar sólo con gran dificultad.

El cuidado afectuoso en la sala de cuna establece maravillosas bases de confianza, afecto y seguridad, todo lo cual será de ayuda para que los niños sean receptivos a la instrucción de Dios.

Cuando Jesús pone a nuestro cuidado cada uno de estos preciosos bebés, nos dice lo que la princesa egipcia le dijo a la madre de Moisés cuando la llamó para amamantar al bebé: "lleva a este niño y críamelo, y yo te lo pagaré. Y la mujer tomó al niño y lo crió." (Éxodo 2:9). Cada bebé es prestado de por vida a los padres, y son los guardianes y maestros que ayudarán a aumentar el valor de ese préstamo. Tome en serio las palabras que Mamie Gene Cole escribió en "The Child's Appeal" (El Atractivo del Niño):

Yo soy el hijo.
Todo el mundo espera mi llegada.
Toda la tierra observa con interés
  para ver en lo que me convertiré.
La civilización está en juego,
  Pues lo que soy, el mundo del mañana será.

Yo soy el hijo.
He venido a su mundo, del cual no sé nada.
Por qué he venido, no lo sé;
Cómo he venido, no lo sé.

Tengo curiosidad; Estoy interesado.
Yo soy el hijo.
Tienen en su mano mi destino.
Determinarán, en gran parte, si debo tener éxito
o fracasar.
Oro, que me den esas cosas que hacen de la felicidad.
Por favor, enséñenme, que soy una bendición para el
mundo.

Goethe dijo una vez: "sólo lo mejor es suficientemente bueno para el niño". Y Kate Douglas Wiggin, el autor de *Rebecca of Sunny Brook Farm*, dijo: "cada niño nacido en el mundo es un nuevo pensamiento de Dios y una siempre fresca y radiante posibilidad". Nos haría bien en tomar en serio las palabras de todos estos escritores.

Nunca olvide que cuando los padres llevaban a sus hijos a Jesús, él consideraba que el bendecir a los niños era un acto tan importante que se molestó cuando vio que sus discípulos los rechazaron. Que nuestra actitud hacia estos pequeños y sus familias sea de vital importancia. ¡Nunca permita que nadie de su personal de sala de cuna crea que su trabajo no es importante! La sala de cuna puede parecer un ministerio "pequeño", lejos de los ojos del público, pero puede ser uno de los más vibrantes ministerios en su iglesia que cambia vidas. Deje que los pequeños vengan y permita que el amor de Jesús fluya a cada familia a través de su ministerio.

Qué esperar

Los bebés sanos llegan en una amplia gama de tamaños y exhiben múltiples comportamientos y personalidades. Y mientras que todos los niños crecen físicamente siguiendo un patrón bastante predecible, lo que sigue aquí debe ser considerado como general en la naturaleza.

Nunca debe impacientarse porque cada niño no logra lo mismo al mismo tiempo. Recuerde que Dios hizo a todos los niños y que cada niño nació por amor.

Desde el nacimiento hasta seis semanas

Los bebés recién nacidos pueden dormir hasta 20 horas al día. Sus respuestas son principalmente reflexivas: chupar, agarrar y sorprendente.

Aunque los recién nacidos cambian de humor fácilmente y están muy conscientes y sensibles a su entorno (especialmente el "sentido" emocional de los alrededores), el dormir y comer son la orden del día. La distancia visual óptima de los recién nacidos es de 8 a 10 in (20,5 a 25,5 cm), y con sus ojos seguirán objetos que se muevan de manera lenta.

Según los recién nacidos vayan madurando, llevan sus manos a la boca y también llevaran a la boca objetos colocados en sus manos. Los bebés en esta edad tienen poco control de sus cabezas.

De seis semanas a seis meses

Alrededor de seis semanas de edad, los bebés empiezan a mostrar curiosidad por alcanzar o llegar a tocar objetos que les interesan (a menudo lleva los objetos a la boca) y a notar y separar los dedos. Sus ojos son capaces de concentrarse en una variedad de distancias; a menudo los bebés a esta edad se observan las manos, una sonrisa o un móvil durante un período sostenido de tiempo.

Cuando los bebés son capaces de voltearse, estarán riéndose y experimentando como hacer otros sonidos. Se sonríen con facilidad, y generalmente un breve y suave cosquilleo les da risitas. Generalmente tienen un buen control de la cabeza, y les gusta patear y retorcerse. Ya para los cinco y medio meses de edad, la mayoría de los bebés reconocen las voces y los rostros de sus padres. También casi doblan el peso de lo que pesaron al nacer.

De seis a ocho meses

Los bebés pueden sentarse alrededor de los seis meses de edad. Generalmente pueden voltearse del estómago hacia la espalda y firmemente empujar sus piernas cuando se le aplica presión. Ahora que su gama de la visión se amplía, quieren alcanzar (y tal vez incluso rodar) para agarrar objetos pequeños y dejar caer, lanzar o golpearlos.

A los bebés a esta edad les encanta jugar con un niño mayor o un adulto. Dado que estos bebés ya saben claramente quién es un extraño y quién no, espere algo de ansiedad debido a la separación de sus padres o familiares. Los dientes pueden comenzar a salir a esta edad, junto con un poco de fiebre, dolor de oídos y dolor de dentadura puede acompañarlos.

Los que gatean, ahora son capaces de explorar un mundo nuevo. Desde la taza de café hasta el cesto de basura, no hay nada que no les interese. Una vez dominen arrastrarse, puede esperarse que comiencen a halar, a ponerse de pie e intentar escalar.

Esto va en escala hasta "navegar", caminar un poco mientras que se sostiene de algo y, finalmente, a caminar (y caerse). Mientras los que gatean avanzan hacia la infancia, sus mentes crecen a pasos agigantados. Bebés en esta edad observan todo al igual que un científico observa las cosas con intensidad.

Lo que puede parecer actos de descubrimiento al azar, golpear, probar y mirar, sirven para informar a estos pequeños exploradores de la naturaleza de su mundo.

¡Continúa la dentición!

De ocho a catorce meses

Los niños pequeños sienten curiosidad por todo. Desean experimentar en la escalada, de pie y agarrándose (de pie mientras se sostiene sobre algo) hasta que aprenden a caminar, aunque lo hacen con torpeza.

Exploración de objetos, generalmente ocurre metiéndoselo en la boca, les ayuda a conocer su mundo; y activamente apilando, insertando y abriendo las cosas. También fijan su mirada atentamente en algo que ha cautivado su interés. Los niños pequeños aprenden a responder a una variedad de palabras y oraciones.

Aunque muestran afecto por personas familiares, son tímidos con extraños. Ya para los 12 meses de edad, su peso es el triple de lo que pesaron al nacer. ¡Siguen desarrollando más dientes!

De catorce meses a dos años

Los niños pequeños de esta edad caminan bien y a menudo corren. Ahora utilizan objetos con propósito: apilar, abrir y/o lanzarlos; y demuestran evidencia de razonamiento en la solución de problemas. Son propensos a mostrar frustración cuando no se satisfacen sus deseos. Disfrutan de conversaciones con los adultos, sus respuestas varían desde palabras sueltas a oraciones completas. Muestran un fuerte apego a los que regularmente los cuidan.

Qué hacer

Debe haber al menos un encargado para cada dos bebés. Esto hace posible mantener una estrecha vigilancia sobre la seguridad de cada niño, así mismo dar a cada niño atención individual. Si es posible, el mismo encargado debe cuidar a los mismos niños semana tras semana. Esta continuidad es especialmente importante cuando los bebés comienzan a distinguir entre extraños y amigos.

Cuando llega un bebé, comparta un saludo amistoso con el niño y sus padres. Su amable actitud y cálida simpatía transmiten una potente primera impresión de lo que es la familia de su iglesia.

Recuerde que para los padres primerizos, entregar su bebé a un extraño por cualquier motivo puede ser estresante. Si para ellos está claro que la sala de cuna es un lugar limpio, agradable y seguro, tanto los padres y el niño serán propensos a tener una experiencia positiva que querrán repetir. Los padres son influenciados profundamente por la reacción de sus hijos al estar en la iglesia.

Los padres jóvenes que no están profundamente comprometidos con asistir a la iglesia a menudo son influenciados para continuar por el calibre del cuidado y la atención y la respuesta positiva que reciben de su bebé. Los padres están buscando que los encargados sean fiables, confiables y sensibles.

Hable y vele al niño; preste atención a cualquier comentario que hagan los padres. Después que se registren, tome un momento para hablar y cantarle al niño. Para que los bebés mayores tengan interés en una actividad, comience usted mismo a hacer la actividad. Si el bebé llora, hable con el niño y cántele primero a él o ella.

Si fuera necesario, sostenga al niño. Para el niño, esta puede ser la primera vez que esté alejado del padre o la madre. Por eso es tan importante que haya muchos brazos de adultos disponibles que muestren afecto en la sala de cuna. Acepte a cada uno de estos pequeños en nombre de Jesús, como si vieras a Jesús de pie a su lado.

Cuando es hora de cambiar o mover a un bebé, no recoja el niño sin previo aviso; por el contrario, háblele tranquilamente sobre lo que va a suceder.

Nunca subestime el poder de mostrar respeto con afecto por cada pequeña persona a través de la serenidad de su voz, actitud relajada y acciones apacibles. Tales "invisibles" actos pequeños de afecto, pueden pasar inadvertidos, pero edifican la estructura invisible del Reino de Dios, incluso entre los más jóvenes. Es probable que lo pasen a los bebés que cuidan.

Recuerde que debe observar, preguntar y acostumbrarse a los variables intereses y actividades de los niños. Su entusiasmo por las actividades relacionadas con el tema sugerido en su currículo y su interés en cada niño son lo que hacen de este un momento de aprendizaje eficaz.

Desde el nacimiento hasta seis semanas

Los recién nacidos necesitan un lugar tranquilo para dormir y amamantar. En la sala de "despertar", coloque coloridos móviles y cuélguelos de tal manera que los bebés pueden verlos.

Un cambio ocasional de escenario y hablarle suavemente, mecer y reconfortar acompañan a la alimentación, el cambiarlos y prepararlos para dormir debería mantenerlos felices y contentos.

Asegúrese de sostener la cabeza de un bebé de esta edad, incluso si parece tener buen control. Recuerde que es necesario sacarle los gases cuando le den de comer a un recién nacido.

De seis semanas a seis meses

Los bebés de entre seis semanas y seis meses de edad les gustan tener objetos colocados dentro de su punto de vista. Un espejo montado alrededor de 7 in (18 cm) de sus cabezas, donde los bebés pueden ver el reflejo, les fascina. Coloridos cuadros y juguetes también pueden proporcionarles interés. Dele tiempo a estos jovencitos en posiciones distintas de aquélla en que normalmente duermen. Cuando estos bebés logran voltearse, estarán listos para más cambios de escenografía y más juego y conversación con los adultos. Cuando están cerca de los seis meses de edad, disfrutarán pasar tiempo frecuente a solas. Un asiento infantil u otro dispositivo que pone al bebé donde puede ver lo que está pasando de cerca son útil, aunque tal dispositivo debe ser usado por sólo un tiempo limitado cada día.

De seis meses a ocho meses

Una vez que un bebé pueda sentarse, intente jugar al cucú-tras u otro juego sencillo con él o ella; o intente presionar suavemente los pies del bebé para que el niño pueda retroceder. Proporciónele una variedad de pequeños juguetes seguros (cascabeles, bloques de tela o vinilo, envases, etc.) y otros objetos para descubrir. Cuando interactúe con un bebé, describa sus acciones o respuestas a las suyas, enlazando a los dos.

Para el que gatea, es importante darle libertad para explorar dentro de los límites seguros. Proporcione amplio espacio para que gateen sin riesgos. Los colchones de la cuna y las almohadas lavables firmes pueden proporcionar una variedad de superficies seguras para que puedan arrastrarse, trepar y sentarse. Cuadrados de muestras de alfombras pueden proporcionar texturas interesantes para arrastrarse sobre ellas. Su tranquila y feliz interacción con los bebés en el piso les ayuda a aprender maneras de explorar y comunicar. Cuando tenga que corregir o dar indicaciones, habla en términos positivos. En vez de, "Pablo, ¡No hales el pelo de Marcos!" diga, "Pablo, dale una caricia al pelo de Marcos. Se siente suave. Aquí tienes un corderito que también puedes acariciar". Proporciónele pelotas y juguetes que los bebés de esta edad puedan manipular y empiece a contarles historias simples y breves.

De ocho meses a catorce meses

Para los niños curiosos, un entorno seguro para la exploración es primordial y uno haría bien en estar siempre atentos a sus actividades. Una gran variedad de juguetes, juegos que se cargan y se descargan, juguetes para apilar y rellenar, bolas de 8 a 24 in (20,5 a 61 cm) y así sucesivamente deben procurar a estos activos exploradores. Se sienten más cómodos interactuando con gente conocida, así que sería mejor una consistencia de los guardianes. Hable con ellos y empiece a compartir con ellos libros con páginas gruesas y rígidas.

De catorce meses a dos años

Los niños mayores necesitan una combinación de firmeza y flexibilidad con ternura. Estos jovencitos se divierten jugando con juguetes que se empujan y se halan y juguetes de plástico de personas y animales.

También pueden disfrutar de juguetes grandes y estables (caballos que se mecen, juguetes en los que pueden treparse, etc.) en el cual los niños pequeños pueden sentarse y moverse. El papel y crayones grandes que no sean tóxicos pueden introducirse para jugar. Se le puede proporcionar envases de plástico y goma para que puedan experimentar con desparramar. El vocabulario crece, así que las conversaciones se hacen más fáciles y más natural.

Cómo enseñar acerca de Dios

Sí, estamos tratando con niños en la sala de cuna, pero además de las necesidades de alimentarlos, cambiarlos y mecerlos, los bebés también pueden empezar a aprender sobre el amor de Dios. Mientras nadie piense que es de vital importancia publicar cartas de los directores y conceptos teológicos en la pared del cuarto de los niños, es fundamental pensar lo que los bebés pueden aprender.

El objetivo de la enseñanza en la sala de cuna no es lograr que un bebé diga "Dios". Por el contrario, nuestro objetivo es enseñar a cada bebé lo que puede conocer del amor de Dios.

El objetivo de la enseñanza en la sala de cuna no es lograr que un bebé diga "Dios". Por el contrario, nuestro objetivo es enseñar a cada bebé lo que puede conocer del amor de Dios

Tal enseñanza se logra con cada mirada, palabra y acto mientras estén en presencia de un bebé o niño pequeño. Trabajo en el vivero es Ministerio tan seguro como si estaba dando una clase de teología a los adultos. Trabajar en la sala de cuna es ministerio igual como si estuviera enseñando una clase de teología a los adultos. Recuerde que usted representa a Cristo a cada persona bajo su cuidado y que el aprendizaje para estos jovencitos ocurre todo el tiempo, como parte natural de la vida.

Usando un currículo con temas mensuales y actividades de aprendizaje de la Biblia le ayudarán a traer consistencia a sus esfuerzos para ayudar a los más pequeños aprender acerca de Dios y su amor.

¿Qué le comunica al bebé que parece llorar cada vez que lo sostienes? ¿Se pone usted tensa al levantar el niño, se indispone usted mismo contra lo inevitable? ¡Ese bebé siente su tensión! Un bebé es muy sensible a esas cosas sutiles. ¡Su actitud le dice al niño lo que siente por él o ella!

Por el contrario, cuando sus palabras, miradas y acciones son relajadas y amables, cariñoso y agradable, no sólo enseña a cada bebé que puede confiar en gente en la sala de cuna de la iglesia, pero también comienza a establecer una base para la confianza de ese niño en Dios.

La actitud en que llena las necesidades de un bebé influye grandemente en el desarrollo de la personalidad del niño. Según el bebé lo asocie con experiencias agradables y que con cariño satisface sus necesidades, él o ella también forma opiniones edificantes sobre la confianza y de ser amado que afectará toda su vida. Por esta razón es importante, siempre que sea posible, cuidar a los mismos bebés cada vez que estás en la sala de cuna.

Continuidad del cuidado significa que el bebé se vuelve familiar con una persona, estableciendo confianza y comodidad con el bebé. Hablando con los bebés y niños pequeños de Dios y de Jesús es también un recordatorio para usted mismo sobre su propósito en servir en la sala de cuna. Su ejemplo en ministrar a estos pequeñitos ayudará a los padres a comenzar a desarrollar estas mismas habilidades para comunicar las verdades espirituales a sus hijos.

Tiempo a solas

Afectuosamente, jugar juegos simples con los bebés (como pedalear suavemente las piernas del bebé y diciendo, "¡Érica,

Dios hizo las piernas fuertes!"). Puede cantar canciones cortas y simples sobre el amor de Dios, inclusive al bebé más joven. Recuerde que ningún niño se preocupa por su calidad vocal. Al cantar, su suave voz relaja, calma y enseña confianza. Según el bebé vaya escuchando su nombre asociado con el amor de Dios, comenzará a asociar el cántico, a sí mismo, Dios y el amor. Estas experiencias edifican un fundamento para la fe en el Padre perfecto que ama a todos sus pequeños.

Según el bebé vaya escuchando su nombre asociado con el amor de Dios, comenzará a asociar el cántico, a sí mismo, Dios y el amor. Estas experiencias edifican un fundamento para la fe en el Padre

Los niños disfrutarán escuchar breves historias de la Biblia y versículos, y canciones cortas y sencillas acerca de Dios y de Jesús. Use los nombres de los niños pequeños a menudo y muéstrele que disfrutan estar con ellos. Los niños entienden frases repetidas, cortas y directas, incluso si no hacen ninguna respuesta verbal.

Haga juegos con los dedos tan frecuentemente como se muestren interesados. (Para que los niños muestren interés en una actividad, haga el juego con los dedos una o dos veces usted mismo. Nunca pregunten, "¿quieres hacer el juego de dedos?" Simplemente hágalo una o dos veces, y usted verá interés en algunas caras a la tercera vez).

Los bebés y los niños más pequeños también disfrutan mirar libros con usted. Los libros para bebés y niños pequeños principalmente necesitan imágenes, no palabras.) Con un libro de ilustraciones y un niño en su regazo, está en posición para mirar las láminas y hablar con el niño de las láminas en el libro. "¡Mira, Elisa! Hay una manzana grande y roja. Me gusta comer manzanas. Dios hizo las manzanas para que comamos".

Conversación guiada

La conversación guiada le ayudará a hacer la conexión entre el tema del estudio de la Biblia y las acciones del niño. Conversación guiada es simplemente una conversación informal pero planificada en la que se buscan oportunidades para enlazar lo que los niños están haciendo al tema del estudio de la Biblia durante el mes. Relacionar las actividades del niño con el tema bíblico ayuda al niño a entender la relación entre lo que está haciendo y lo que dice la Biblia. Cuando los niños están concentrados en una actividad o están jugando juntos, no abandone el área. Ubíquese al nivel de los ojos de los niños, escuchando y observando. No es necesario interrumpir las actividades de un niño o forzar la conversación. Utilice las oportunidades que surjan de manera natural para introducir algún comentario o pregunta. "Veo que construiste una torre con los bloques. Dios hizo las manos, para que puedas construir". "Estamos poniendo los animales en el granero. Dios hizo los animales".

Con el tema bíblico del mes en mente, usted está listo para escuchar, observar y comentar en maneras que ayudarán a cada niño a entender más acerca de cómo el amor de Dios y la Palabra de Dios se refieren a su mundo.

Currículo

Aunque pueda parecer innecesario usar currículo en la sala de cuna, en realidad hay varias razones por la cual utilizar un plan de estudios es una muy buena idea. *En primer lugar*, el currículo está diseñado para ayudarle a usted, el maestro/encargado, a usar el tiempo que pasa con los pequeños en la sala de cuna para edificar fundamentos espirituales. Currículo proporciona ideas para usar mientras interactúes con cada bebé o niño pequeño uno a uno, jugando, hablando, cuidando, cantando y haciendo juegos con los dedos, enseñando de manera que cada niño se familiarice con el nombre de Dios y su amor.

En segundo lugar, utilizando currículo también le beneficia a usted, el encargado, tanto como al niño. Cantando y hablando acerca de Jesús son recordatorios de gran alcance que lo que está haciendo no es sólo cuidarlos, sino también ministerio en su verdadero sentido. Lo mismo es cierto para los padres. Los padres necesitan comenzar a hablar cómodamente sobre Jesús con sus hijos. El modelo que la iglesia provee de cómo cuidar y "enseñar" a bebés y niños pequeños está diseñado para ayudar a los padres a sujetarse al hecho de que ellos pueden y deben hacer las mismas cosas en casa.

Cantando y hablando acerca de Jesús son recordatorios de gran alcance que lo que está haciendo no es sólo cuidarlos, sino también ministerio en su verdadero sentido

En tercer lugar, currículo le proporciona ideas y palabras que ayudan a hacer la enseñanza natural efectiva. Puesto que la mejor clase de enseñanza para los bebés y niños pequeños es principalmente uno a uno, no espere que los bebés o niños pequeños se queden sentados en un círculo, tener un tiempo de grupo o incluso que sigan interesados en lo que está haciendo por mucho tiempo. Pero mientras se sienta en el suelo a hablar y jugar con dos o tres bebés, haga uso frecuente de las ideas de conversación y las canciones sugeridas en su currículo. Planifique para proporcionar al menos una o dos de las actividades relacionadas con el tema. Escuche las porciones de la música, repitiendo las mismas canciones con frecuencia. Los sonidos, palabras, acciones y, sobre todo, los sentimientos que se crean en este ambiente informal fluirán en un patrón natural de enseñanza y aprendizaje que eventualmente aumentará la comprensión del niño sobre Dios, Jesús y la comodidad afectuosa que se encuentra en la gente alrededor de él o ella en la iglesia.

En cuarto lugar, utilizando un currículo con temas mensuales también ayuda a dar continuidad a las actividades en la sala de cuna, especialmente cuando los que los cuidan cambian con frecuencia.

Cómo usar la música

La música puede ser un regalo maravilloso para compartir con los bebés y niños pequeños. Música puede crear un estado de ánimo, promover la familiaridad y comodidad, hacer que los niños se familiaricen con conceptos acerca de Dios, aumentar destrezas de lenguaje y audición, proporcionan la base para las actividades que requieren fuerzas, la lista es interminable. ¡Las canciones son divertidas para los niños y los que velan por ellos!

Canciones que se repiten

Si cantas la misma canción de "Hola" y "Adiós" cada semana, los niños se familiarizan con ellas. La repetición crea seguridad para un niño pequeño. Estas canciones también enseñan a los niños sobre lo que viene después, y hacen de la sala de cuna un lugar más cómodo. Una canción para indicar cualquier nueva actividad puede facilitar la transición.

Trate de cantar una canción espontánea cuando vea que un niño está molesto. La canción no necesita rima, y puede sólo tener dos o tres notas. Por ejemplo, "veo que a Jenny se le cayó la galleta. Está bien; iré a buscar otra" cantado con una melodía simple (de una canción conocida) puede reorientar al niño y evitar las lágrimas. Se reconoce la situación, utiliza el nombre del niño y le dice al niño que usted lo ayudará. La misma canción puede usarse una y otra vez, sustituyendo el nombre de otro niño y otra situación.

Piense en maneras que utilizará la música mientras vele por los niños. El currículo de la sala de cuna le puede proporcionar una o dos canciones que refuercen el tema de cada unidad. Póngala para que los niños la escuchen. Apréndala bien para cantarla espontáneamente durante todo el mes en el momento oportuno durante la sesión. Aunque es raro que los niños más pequeños canten con usted, a ellos les encanta que le canten; y su voz, aunque un poco fuera de tono, para ellos está bien.

Música grabada

Si usted tiene una colección de música disponible para utilizar, tómese tiempo para planear cómo y cuándo la usará, teniendo en cuenta la edad y las necesidades de los niños, así como los niveles de actividad y el ruido que quiera. Si pones música grabada de fondo, apáguelo antes de que se convierte en ruido de fondo y los niños pierdan el interés. Incluso la música tranquila puede aumentar el nivel de tensión, si los niños tienen que elevar sus voces para ser escuchados por encima de él.

En lugar de poner música grabada para todo el grupo, considere el uso de música en pequeños grupos de dos a tres niños a la vez. Provea un espacio adecuado para que los bebés o niños pequeños puedan moverse y siéntese usted mismo en el suelo, con un reproductor de música en una mesa de tamaño infantil. Permita que los niños salten y se muevan en respuesta a la música; cuando pierdan interés, invite a otros niños a participar.

Usar canciones suaves para ayudar al bebé relajarse e irse a dormir es tan natural como respirar. Tales canciones no sólo han de consolar a los más pequeños sino también comunicar el amor de Dios y de igual manera calmar su espíritu. Las canciones grabadas de cuna pueden tocarse a un nivel de volumen bajo en el dormitorio. Siempre esté atento para verificar si la música calma o anima el ambiente en la sala y ajuste la música según sea necesario.

Cómo llegar a las familias

En la sala de cuna, el único miembro de una familia en que a menudo podemos enfocar es el bebé o niño pequeño. Pero cada niño es parte de una familia a la que nosotros también debemos ministrar; familias con niños pequeños necesitan el ánimo y el apoyo de los demás en el cuerpo de Cristo para que el crecimiento en su caminar con Dios pueda ser una realidad para toda la familia. Así que establecer relaciones sólidas con la familia del bebé es parte esencial del ministerio a los niños.

Establecer relaciones sólidas con la familia del bebé es parte esencial del ministerio a los niños

Aprenda acerca de la familia

Mientras que la familia de un niño puede consistir de dos padres, tenga en cuenta que también puede estar tratando con otros tipos de familia: padres solteros (madre o padre), familias compuestas (padrastro/madrastra), familias extendidas con funciones de cuidados primarios (abuelos, tías), las familias sustitutas y otros. Utilice los registros de su sala de cuna para familiarizarse con la familia de cada niño. Una vez que conozca a la familia, esté alerta para buscar maneras para relacionarse con ellos.

Establezca relaciones en la iglesia

Cuando un padre lleva a un bebé o niño pequeño a la sala de cuna, su saludo cordial y un comentario personal de o sobre el niño envía el mensaje, "usted y su niño son importantes para nosotros. ¡Nos preocupamos por ustedes!".

Los padres se sienten cómodos cuando saben que los maestros en la sala de cuna ven a sus hijos como individuos. Cuando los padres llevan al niño, haga una o dos preguntas para mostrar su interés en el bienestar del niño. ("¿Qué tipos de juguetes disfruta más?" "¿Qué nueva destreza ha desarrollado en esta semana?") Cuando los padres recogen a los niños, comparta algo que el niño disfrutó. Si su iglesia utiliza un formulario o nota para comunicarse con los padres acerca de los cambios de pañal, la alimentación y así sucesivamente, de vez en cuando lea uno en voz alta a los padres (si el tiempo lo permite) y agregue sus observaciones. Utilice los momentos informales alrededor de la iglesia para hablar con miembros de la familia. No tiene que ser extrovertido, simplemente expresar interés.

Establezca relaciones durante la semana

A menudo, tiempo para hablar con los padres antes o después de una sesión es limitado. Así que tome unos minutos durante la semana para fortalecer la conexión con cada familia. Considere, llamar, enviar un correo electrónico o por escrito a cada familia durante la semana, comunicarse de la mejor manera que crea necesaria según la situación de cada familia.

Por ejemplo, si un niño lloró durante la sesión en la sala de cuna, pregunte, "¿Qué sugerencias tiene para ayudar a que Barry se sienta más seguro en la sala de cuna?" Si el niño pasó un buen rato, comparta con los padres algo que le llamó la atención. Si acaso el niño mordió, golpeó o haló el pelo de otro niño, pida consejos sobre la mejor manera de redirigir la conducta del niño. (Tenga en cuenta que al tratarse de un comportamiento problemático, acérquese al padre con el entendimiento de que el padre lo conoce al niño mejor que nadie y por lo tanto es probable que sea la mejor fuente de información sobre la conducta del niño. Sea muy cuidadoso de no parecer estar criticando al niño o al padre).

Otra manera de establecer la relación es invitar a la familia a involucrarse en otros ministerios que probablemente sean de interés para las familias con niños pequeños.

Grupos de estudios y clases para adultos, incluyendo clases para padres, programas para que los padres puedan salir a solas, cooperativas de niñeras y grupos para que los niños puedan jugar, convivios, y hacerse voluntario en la sala de cuna, todo lo que su iglesia ofrezca, lleva la familia a una relación más profunda con el cuerpo de Cristo.

Cómo organizar la sala de cuna

Todavía nadie ha encuestado a los bebés y niños pequeños para investigar lo que les gusta o no de una sala de cuna; pero observando cuidadosamente el comportamiento de los pequeños, podemos comenzar a "pensar como un bebé" sobre el entorno en la sala de cuna y el modo en que podría satisfacer mejor las necesidades de los bebés y niños pequeños.

Mire el salón desde la perspectiva de un niño

Una vez que empecemos a pensar como un bebé o niño pequeño, el siguiente paso debería ser ver el salón con los ojos de un bebé o niño pequeño. Literalmente, sentarse en el suelo de la sala de cuna en varios lugares diferentes y mirar el salón desde esa perspectiva. ¿Cómo huele la alfombra? ¿Está limpio el piso? ¿Son firmes o blandas, las almohadas de piso?

¿Cuántas cosas existen para que los niños se puedan agarrar y levantarse o trepar? ¿Qué cosas hay donde puedan meterse y salir? ¿Dónde descansan? ¿Hay espacio para que los niños se arrastran sin ser atropellados? ¿Hay dónde caminar sin ser derribados? ¿Qué lugares recónditos pueden alcanzar los niños (especialmente donde no se puede limpiar con la aspiradora) o lugares más altos? ¿Dónde pueden los niños treparse? ¿Existen diferentes texturas para tocar? ¿Variedad de sonidos para escuchar? ¿Lugares para estar tranquilo así como lugares para estar activos y hacer ruido?

¿Hay cosas interesantes para mirar en las paredes al nivel de los ojos de los niños? ¿Son seguros para que los niños los toquen? ¿Son libres de clavos, tachuelas y grapas que los niños podrían meterse en la boca?

¿Existen diversos lugares (cunas, balancines, sillas de rebote, mantas en el piso, etc.) para que los niños se queden por un tiempo? ¿Tendrán los niños que permanecer en un solo lugar durante mucho tiempo? ¿Pueden los niños desplazarse libremente si quieren? ¿Es seguro el suelo para explorar?

¿Parece atrayente o prohibido el estante de juguetes? ¿Ofrecen los juguetes un montón de maneras de explorar? ¿Qué cosas pueden los niños empujar? ¿Halar? ¿Apilar? ¿Manipular? ¿Recoger? ¿Descargar? ¿Tirar? ¿Pueden los niños meterse estas cosas en la boca y sacársela con facilidad? ¿Habrá un adulto que asegure que el juguete que cualquier niño ponga en su boca esté limpio antes que otro bebé se ponga el juguete en la boca?

¿Llegan los niños a explorar cosas "desordenadas" como la arena, agua o plastilina?

Siga mirando alrededor. Mirar el salón desde la perspectiva de un niño le ayudará a pensar en las partes de un entorno de una sala de cuna que son importantes para un bebé o niño pequeño. Luego podrá adaptar el salón para satisfacer las necesidades de los jovencitos.

Establecer áreas de actividad para una sala de cuna de gran tamaño

En una sala de cuna de una iglesia grande donde hay muchos niños y adultos en el mismo salón, designe ciertas actividades para que cada adulto provea a los niños durante toda la sesión. Por ejemplo, puede colocar un maestro/a cerca de varios libros, mirando y hablando de ellos con los niños interesados. Otro adulto puede sentarse cerca de un área abierta del salón con un reproductor de música, tocando una o dos canciones de acción y haciendo los movimientos sugeridos con niños en esa área del salón. Sin embargo, conforme avanza la sesión, los adultos deben estar listos para moverse a donde está la acción. Flexibilidad es la clave.

Notas

Sheryl Haystead, *Nursery Smart Pages: A Guide for Nursery Directors and Caregivers* (Ventura, CA: Gospel Light, 1997).

2

Párvulos

(Edades de 2 a 3 años)

El Señor Jesús nos enseñó la gran importancia del niño. Siempre tenía tiempo para estos pequeños. Los tomó en sus brazos y dijo, "Dejad a los niños venir a mí, y no se lo impidáis; porque de los tales es el reino de los cielos" (Mateo 19:14).

Lo más llamativo del encuentro de Jesús con estos pequeños no es que interrumpió una reunión de adultos para tomar tiempo para algunos niños. Tampoco es sorprendente que él levantó a los niños físicamente y les demostró amor. Lo extraordinario de este incidente son las palabras de Jesús. La mayoría de adultos dirían algo como "Deje que los niños vengan a mí y no se lo impidan, porque algún día crecerán y llegaran a ser importantes".

La importancia y el valor de los niños

Jesús vio algo en la infancia además el futuro. Reconoció la importancia y el valor en la etapa de ser niño, pues le dijo a los adultos que estaban esperando en la multitud que los niños son importantes para lo que son ahora, "porque de los tales es el reino de los cielos". Nosotros los adultos siempre parece que estamos mirando hacia el futuro. Este empuje para la preparación le roba la infancia de gran parte de su esencia, mientras los padres y maestros instan a los pequeños apresuradamente a través del presente en busca de un futuro más significativo.

El futuro—ahora

"Sé que es difícil que un niño de tres años se siente en silencio a escuchar, pero tengo que empezar a prepararlo para más tarde cuando tenga que quedarse quieto".

"Si va a ser un éxito en la vida, tendrá que ir a la universidad. ¡Y para asegurarme de que esté adelantada en la escuela, voy a enseñarle a leer antes de que ella empiece el primer grado aunque nos mate a los dos!"

"Si un niño va a crecer con aprecio por los grandes himnos de la iglesia, nunca es demasiado joven para enseñarlos."

Estas y muchas declaraciones similares se utilizan en varias ocasiones por los padres y maestros que están seriamente preocupados por ayudar a los niños pequeños para que se preparen para las demandas y futuras funciones. Desafortunadamente, estos adultos bienintencionados a veces hacen más daño que bien, porque en su visión de largo alcance del crecimiento, han perdido de vista el valor de lo que es solo ser un niño.

Los niños son más que personas en transición, esperando alguna fecha futura de significado real. Las cualidades que vienen por ser joven no son defectos o imperfecciones; por el contrario, la infancia es una etapa marcada y determinable del desarrollo.

Puede ser que piense, *Pero un adulto tiene tantas capacidades y logros más allá de los de un niño. Seguramente los años productivos y responsables de la edad adulta son más importantes que los de la infancia y la niñez.* Pero ¿qué experiencias como adulto podrían reemplazar la risa de los niños que alegran los corazones de todos los que escuchan? ¿Cuántas horas de labor serían necesarias para llegar a igualarla sonrisa de una niña o niño? Qué estéril sería este mundo si los niños no estuvieran presentes para añadir sus alegrías y tristezas únicas.

El valor—ahora

¿Alguna vez se ha visto un padre profundamente a sí mismo que cuando sostiene a un niño recién nacido y mira a sus ojos? Todos los escritos y la investigación de la humanidad no podrían proporcionar las ideas que vienen con observar las experiencias de un niño comenzando en su propia aventura. El entusiasmo fresco del niño por todo lo visto, las honestas preguntas del niño y la simple lógica se combinan para pelar las escamas de nuestros incrustados ojos adultos.

¿Cuál es el valor de un niño, como niño? ¡Incalculable!

Esto no es una apelación para intentar detener el progreso de madurez. Esto es simplemente un llamado a reconocer que sólo porque una fase de la vida es breve y es reemplazada por otra más sofisticada, no debemos apresurarnos y pasarla por alto; porque si evitamos las etapas fundamentales de la infancia, echamos abajo cada etapa del desarrollo posterior de algunos de sus mejores ingredientes.

Sólo porque una fase de la vida es breve y es reemplazada por otra más sofisticada, no debemos apresurarnos y pasarla por alto; porque si evitamos las etapas fundamentales de la infancia, echamos abajo cada etapa del desarrollo posterior de algunos de sus mejores ingredientes

La mejor preparación para cualquier fase de la vida es completar correctamente la anterior. La segunda capa de pintura siempre debe esperar para la primera se seque. La cosecha nunca comienza cuando aparecen los primeros brotes verdes en la primavera. La vida humana tiene un doloroso vacío cuando se le oprime la infancia.

¿Es esto lo que Jesús tenía en mente cuando tomó a un niño pequeño en sus brazos y dijo: "Les aseguro que a menos que ustedes cambien y se vuelvan como niños, no entrarán en el reino de los cielos" (Mateo 18:3)? ¿Hay un lugar en nuestras casas e iglesias para que los niños sean niños? Sinceramente, ¿los aceptamos como son, no como deseamos que fueran?

¿Reflejan "¡Bienvenidos!" los salones y materiales que proporcionamos al joven aprendiz? ¿Son amistosos los adultos que rodean a los niños y comprenden profundamente de lo que estos años especiales se tratan?

¿O simplemente vemos a los pequeños en términos de su potencial, persistentes hasta que tengan edad suficiente para realmente importen? ¿Es el objetivo de la iglesia en proveer ministerio de los niños un medio para atraer a sus padres o de prepararse para la iglesia del mañana? ¿Es nuestra meta entrenar a los niños a actuar como adultos en miniatura porque su ruidosa espontaneidad podría de alguna manera destruir nuestros sagrados pasillos?

W. C. Field retorció muchas risas de su famosa frase, "Quien odia a los perros y los niños no puede ser malo". Pero, ¿alguna vez conoció a una persona que quiera vivir en un mundo donde todos comparten el disgusto del señor Field de los niños?

Es mucho mejor seguir el patrón del Señor Jesús con los niños. Su respuesta de amor para los niños nos deja ver el sentir en su corazón del valor de una joven vida.

La niñez no es una enfermedad para ser curada o soportada.

Es una parte de la vida humana ordenada por Dios con valor y significado que continuamente enriquece las experiencias de quienes hayan olvidado lo que es ver el mundo desde un punto de vista fresco y natural.

Características según el nivel de edad

Físicamente

Los párvulos son muy vivos y animados. Sus cuerpos están activos. Son niños que se pasan retorciéndose, con ojos abiertos e interrogantes que necesitan amor. A los niños de tres años edad les encanta saltar y correr y trepar y caminar de puntillas y marchar. Disfrutan de juegos con los dedos. Les gusta llenar botellas y vaciarlas, poner cosas en cajones y sacarlas. Ellos no pueden estar quieto por mucho tiempo. Usted encontrará que no pueden mantenerse en una línea recta con otros niños, porque deben moverse para poder equilibrarse.

Los niños de tres años pueden hacer cosas con sus manos. Con bloques pueden construir torres y casas y trenes; pueden ayudar a vestirse; se pueden lavar sus propias manos. Y es increíble ver cómo pueden correr un triciclo. Gozan de enhebrar cuentas, armar rompecabezas simples y jugar con plastilina. Pueden empezar a usar tijeras.

Los niños de dos años de edad no son tan seguros dando pasos, aunque corren por todos lados constantemente. Aunque sus músculos grandes están en desarrollo, los músculos de sus pequeñas manos y dedos todavía no están desarrollados; pero pueden hacer garabatos en un papel, tirar una pelota, pasar las páginas de un libro, construir con bloques y comenzar a hacer las cosas mencionadas anteriormente. Disfrutan de canciones simples con movimiento y actividades donde usan sus músculos grandes. Necesitan espacio para rondar y actividades de tiempo a solas. Los niños de dos años de edad también están a en el proceso de entrenamiento para ir al baño.

Cognitivas y emocionales

Los niños de dos y tres años de edad con entusiasmo están tratando de descubrir lo que hay en el mundo que les rodea. Quieren manejar todo lo que ven, porque están aprendiendo lo que son las cosas.

Los niños de dos años de edad suelen desarrollar un vocabulario de entre 200 y 300 palabras, que comienzan a armar en oraciones muy simples, y el hablar como bebé comienza a desaparecer. Un niño de dos años con frecuencia utiliza "no" como una forma de definir su identidad separada. El vocabulario de un niño de tres años puede estar cerca de 1000 palabras, y usted encontrará que hablarán en frases más largas. Son capaces de escribir parte de su nombre y generalmente pueden identificar colores. Por supuesto, los niños a esta edad entienden muchas más palabras de las que usan.

Las palabras de la Biblia no están en el vocabulario de los párvulos, a menos que se las enseñen. Este es el privilegio del maestro de la escuela dominical mientras el niño aprende a hablar. Enseñe a estos niños en edad preescolar a que hablen del Padre celestial y a orarle. Y siendo que la capacidad de atención de los párvulos es relativamente corta, cuando se hable con los niños de esta edad use oraciones cortas y sencillas. Ellos pueden sentarse y escuchar historias sencillas y suelen disfrutar volver a contar una historia o actividad, lo que aumenta su sentido para dominarlo.

Pueden aprender rimas, canciones y juegos con los dedos. Los niños de tres años pueden esperar durante cortos períodos de tiempo y pueden mostrar más simpatía por los demás. *La curiosidad natural de los niños en esta edad es su mejor ayuda en el aprendizaje, ya que aprenden mucho a través de sus sentidos.* Su curiosidad les llama la atención en tocar las cosas y escuchar sonidos y probar y ver lo que son las cosas. Les encanta desarmar cosas y volver a armarlas. Están ansiosos de hacer las cosas sin ayuda.

Si dibujan, es con grandes trazos de los crayones. Póngale un caballete y déjelos expresarse con grandes trazos de movimientos. Consígase un rollo de papel y permítales tener todo el espacio que necesitan para dibujar.

Los párvulos están aprendiendo rápidamente. Son maravillosos imitadores. Si papá cruza su rodilla y lee el periódico, su hijo será rápido para tomar una pequeña silla y tratar de equilibrarse mientras trata de colocar una de sus gorditas rodillas una sobre la otra y el papel de periódico, frecuentemente al revés, pero es como el de papá. De hecho, intenta hacer todo lo que usted hace. Si la madre cocina o se sienta a leer un libro, entonces el niño debe cocinar o sentarse a leer un libro como mamá. Esta imitación se lleva a cabo en la escuela dominical del preescolar, asimismo los maestros deben estar conscientes de todo lo que hacen. Tanto los padres como los maestros son desafiados a dar al Señor Jesucristo control de sus propias vidas para que puedan ser ejemplos de amor y paciencia y vida cristiana. Los padres y maestros no pueden enseñar misericordia a menos que la demuestren.

Socialmente

Los párvulos tienen limitaciones sociales y lentamente están aprendiendo a vivir y jugar con otros. El maestro del párvulo que se da cuenta de las limitaciones sociales de estos niños está mejor preparada para lidiar con problemas de disciplina, que se manejan mejor con la distracción y redirección en lugar del razonamiento. Los niños de dos años de edad sólo tienen un conocimiento casual de otros niños. Son más propensos a ignorar a otros niños y seguir sus propios intereses. Un día Billy puede empujar Judy fuera del camino como si fuera un objeto inanimado. El próximo domingo puede hablar con ella y abrazarla. "¡Es mío! ¡Es mío!" es un grito constante de los niños de dos años de edad, y se irán a los extremos para reclamar la propiedad de un juguete. No tienen ni idea de cómo compartir con otros niños, pero están empezando a comprender lo que significa tomar turnos. Cuando hables con ellos, trate de estar a nivel de sus ojos y hablar de lo que ve que está haciendo para ayudarles a reconocer que usted se ha fijado en ellos y que los ama (esto también se aplica para los niños de tres años de edad).

Los niños de tres años han progresado más. Todavía disfrutan jugar solos, pero también pueden jugar con otros, aunque todavía no son habituales en compartir y tomar turnos. Ahora buscan la aprobación de los adultos, y esto les ayuda a tener disposición para compartir. Ellos entienden el significado de "espera hasta que le toque el turno". Sin embargo, a veces, igual que los niños de dos años, pueden ir a los extremos para apoderarse de las cosas que sienten que les pertenecen.

Los niños de tres años ponen gran atención a los adultos. Ellos escuchan a los adultos a ponen atención a sus rostros, mirando para ver si los adultos aprueban o desaprueban. En este momento, están dispuestos a aceptar algunas sugerencias.

Estos niños anhelan mucho amor y afecto. No tenga miedo de mostrar amor por ellos. Diles que los ama. Su demostración de afecto no ha de afectarlos negativamente. A menudo usted encontrará que los niños criados en un hogar de crianza o en una casa donde la disciplina es severa y sus relaciones son frías los niños son mucho más tímidos que los que han tenido atención personal. Los niños quieren sentir que pertenecen. El amor les da una sentido de seguridad.

No es raro encontrar que los niños actúan muy diferente en el hogar de que lo hacen en la escuela dominical. Comparar notas con los padres. Descubra las fortalezas y debilidades de cada niño. Un niño que es naturalmente muy tímido no debe tener demasiada atención impuesta a él o a ella. Un niño tímido será mucho más feliz y se ajustará más rápidamente al grupo al dejarlo solo y hablarle muy poco.

El niño audaz se maneja mejor evitando que sea el centro de interés. Si el niño no coopera, considere usar a otro niño como ejemplo.

Si el niño es perezoso naturalmente y no colabora, sería mejor dejar que él o ella siga su propio ritmo. Esta característica puede observarse en un niño de dos años de edad, pero no será mucho tiempo antes de que él o ella sea un niño bullicioso de tres años.

No es prudente dar órdenes directas a los párvulos. Si lo hace, encontrará que demasiadas veces será desobedecida o desafiada. Por el contrario, exprese su petición en la forma de un deseo o una sugerencia con tacto. De esta manera usted puede evitar un conflicto directo con el niño.

Probablemente el mayor problema en el párvulo es el niño que habitualmente ataca, aprieta y empuja a otros niños. Esto es a menudo es una indicación de una necesidad más profunda de lo que aparece en la superficie. Para poder afrontar eficazmente estos problemas de conducta, el maestro debe estudiar al niño que los exhibe, aprendiendo sobre el entorno familiar y buscar encontrar la razón de los comportamientos.

Sin importar el problema del niño y sin importarla personalidad del niño la oración ayudará al maestro a lidiar con el niño, siempre recordando la promesa, "Si a alguno de ustedes le falta sabiduría, pídasela a Dios, y él se la dará, pues Dios da a todos generosamente sin menospreciar a nadie" (Santiago 1:5). ¡Cuánta sabiduría necesitamos!

Espiritualmente

Los niños de dos años de edad pueden aprender que Dios lo hizo todo, que Dios se preocupa por ellos, que Jesús es el hijo especial de Dios, que la Biblia es el libro especial de Dios y que las historias de Jesús y la Biblia son verdaderas. Hable y cante acerca de Dios a menudo. *Los niños de tres años pueden entender que Jesús nació como un bebé y creció para hacer cosas buenas, que Dios es bueno y que Jesús nos ama, y que Dios perdona cuando la gente pide perdón por haber hechos cosas malas.* Los niños de tres años entiendan más sobre el amor de Dios y su naturaleza a través de las acciones en lugar de las palabras habladas.

Un programa de calidad

Si los maestros en su iglesia son como la mayoría de los maestros, quieren sentirse como si están haciendo una diferencia significativa en las vidas de los niños pequeños que enseñan y cuidan. Mientras la gente ocupada elige si desea o no estar involucrada en el ministerio a los niños, ellos quieren saber que están haciendo más que cuidar a los niños u ocupar el tiempo; quieren que su tiempo sea bien empleado. A veces, sin embargo, ya sea por la falta de conciencia o de prioridades equivocadas, una iglesia pierde la oportunidad de nutrir eficazmente los niños pequeños. En lugar de crear programas útiles que ayudan a los niños pequeños a comenzar a edificar una base de fe de toda una vida, se da un mínimo de educación cristiana.

Al centrarse en los programas de la niñez de su iglesia, usted cosechará beneficios significativos y resultados en el crecimiento cristiano de los niños en edad preescolar. El desarrollo de un ministerio de calidad de educación cristiana para los niños empieza con la consideración cuidadosa de las formas en que los niños pequeños aprenden y crecen en su comprensión de quién es Dios y cómo su palabra nos da dirección para la vida diaria.

Un ministerio de calidad de educación cristiana para los niños empieza con la consideración cuidadosa de las formas en que los niños pequeños aprenden y crecen en su comprensión de quién es Dios y cómo su palabra nos da dirección para la vida diaria

Elegir un personal amoroso

El maestro debe tener un amor natural para los niños y debe tener la capacidad de ver cómo ven los niños pequeños, si él o ella va a tener éxito. (Si Dios te ha dado el don de la simpatía que se abre el corazón de un niño, no oran por un mayor don. No existe.) El maestro de los niños pequeños debe transpirar un radiante amor por Cristo. El cálido resplandor de la luz de su presencia en el maestro es necesario tanto para el suelo y la semilla de vida que está al cuidado del maestro.

Ya que los niños pequeños tienen una tendencia natural a imitar, no sólo es necesario que el maestro sea el tipo de persona en que cada niño deba convertirse, pero la enseñanza misma debe ser lo que el maestro desee que el niño haga tan a menudo como sea posible. En otras palabras, si los niños deben bajar sus cabezas, el maestro debe baja su propia cabeza. Si el maestro desea que los niños se arrodillen, el maestro también debe arrodillarse.

Reconocer cómo aprenden los niños

Generalmente se asume que el aprendizaje sigue cuatro pasos:

1. Obtener información.
2. Llegar a comprender el significado de la nueva información.
3. Desarrollar las actitudes y creencias sobre el significado.
4. Poner a información a la práctica.

Con niños pequeños, sin embargo, una gran cantidad de aprendizaje ocurre casi a la inversa:

1. Experimentar algo que es cierto.
2. Aceptar esa experiencia como verdadera.
3. Repetir a menudo la experiencia lo suficiente como para que la verdad comience a entenderse.
4. Oír palabras que describan esa verdad, dando a la verdad una nueva riqueza que resulta en una comprensión adicional.

Según se vaya repitiendo este ciclo una y otra vez, el aprendizaje y comprensión de los niños crece en formas significativas.

Este ciclo de aprendizaje aplica a la educación en todos los ámbitos de la vida, incluyendo la educación cristiana. Por lo tanto, un ministerio eficaz de primera infancia ofrece a los maestros las herramientas para ayudar a los niños a aprender a través de experiencias diarias juntamente con la verdad bíblica. Tal ministerio verdaderamente hará una diferencia en la naturaleza espiritual de los niños.

Un ministerio eficaz de primera infancia ofrece a los maestros las herramientas para ayudar a los niños a aprender a través de experiencias diarias juntamente con la verdad bíblica. Tal ministerio verdaderamente hará una diferencia en la naturaleza espiritual de los niños

Incorpore el juego activo

El distintivo de la educación cristiana para niños para los párvulos son las experiencias del juego activo que involucra a cada niño con adultos cristianos que los ama. El juego es no sólo la forma que el niño aprende sobre objetos, personas y relaciones, sino también es la mejor manera para un niño pequeño a aprender acerca de Dios y su amor. La fe cristiana que compartimos con los niños debe ser más que meras palabras o información. No es suficiente para el niño pequeño solo oír la palabra de Dios o incluso a memorizarla.

El niño debe vivirla. Un niño todavía no es capaz de escuchar explicaciones acerca de los conceptos y creencias de la fe cristiana: el niño debe jugar con los materiales. Con el fin de aprender con eficacia, el niño utiliza todos sus sentidos, ver, tocar, probar, oler y escuchar. Por lo tanto, podemos ayudar los niños aprender las verdades bíblicas proporcionando experiencias activas de juegos donde el maestro conecta las historias y versículos de la Biblia a través de comentarios y preguntas. Mientras el maestro utiliza palabras para describir las maneras en que los niños están poniendo la palabra de Dios en acción, el juego de los niños adquiere las cualidades del aprendizaje de la Biblia. La combinación de las palabras y las acciones, frecuentemente repetidas, expande y clarifica como piensa el niño. Este tipo de aprendizaje experiencial activo, no puede apresurarse.

Mientras el maestro utiliza palabras para describir las maneras en que los niños están poniendo la palabra de Dios en acción, el juego de los niños adquiere las cualidades del aprendizaje de la Biblia

Incluir música

Escuche a los niños cantar. Los niños de dos y tres años de edad parecen tener ritmo innatamente. Les encanta cantar las mismas canciones una y otra vez. Y les gusta componer sus propias canciones. Cuando tienen dos años y medio, pueden aprender varias canciones cortas. Los niños de tres años aprenden más rápidamente, pero todavía disfrutan cantar las mismas canciones cada semana. El objetivo del maestro con la música no es la perfección musical sino la feliz expresión de sus corazoncitos.

Métodos efectivos para enseñar

Esfuerzos para enseñar a los niños más jóvenes se centrarán en las cosas que los adultos quieren que los niños aprendan.

Aunque la información precisa es importante y se expresa a través de palabras, las palabras y los hechos son vehículos muy imperfectos para el aprendizaje de los niños. Para lograr obtener resultados a largo plazo por sus esfuerzos, todas las dimensiones del aprendizaje de los niños deben estar involucradas. El papel del maestro no es simplemente transmitir verdad; el maestro también debe demostrar verdad en actividades prácticas diarias.

El papel del maestro no es simplemente transmitir verdad; el maestro también debe demostrar verdad en actividades prácticas diarias

A través de los sentidos

Como se indicó anteriormente, lo niños de dos y tres años de edad aprenden mejor cuando todos sus sentidos están involucrados, y este tipo de aprendizaje se lleva a cabo mejor durante el juego activo. Las mentes de los niños en edad preescolar aún no son capaces de manejar ideas expresadas sólo en palabras. Estos niños no tienen la capacidad de dar significado a una palabra a menos que la palabra sea una parte muy familiar de la experiencia y evoca ideas y sentimientos de la memoria.

Experiencias de primera mano, luego, el aprendizaje agresivo para los niños pequeños.

Los esfuerzos para producir el aprendizaje deben involucrar tanto de los cinco sentidos de los niños como sea posible. Mirando videos, sentados en grandes grupos para cantar canciones y dibujar en páginas para colorear son actividades de valor limitado, ya que sólo implican el uso de porciones de los sentidos de los niños. La educación cristiana de calidad requiere mucho más. Construir con bloques, explorar objetos naturales y participar en el arte y el juego dramático son actividades de gran valor, como a menudo involucran a todos los sentidos.

A través de la repetición

La repetición es parte necesaria y natural del aprendizaje de un niño. Los niños que se sienten felices y satisfechos con experiencias de aprendizaje las querrán repetir. Canciones e historias se convierten en favoritos sólo cuando se disfrutan una y otra vez.

La práctica en el juego

La práctica en el juego ha de reforzar el aprendizaje. Los niños también necesitan oportunidades para practicar las conductas que reflejen los valores cristianos. Repetición a través del juego fortalece los hábitos, actitudes, conocimientos y comprensión. Los niños aprenden porque están haciendo. Y para los niños, el hacer es jugar. El juego no suena muy educativo o espiritual. Pero el juego es la ocupación a tiempo completo de los niños: es la actividad mediante la cual los niños aprenden mejor. A menudo los adultos distinguen entre trabajo y juego. ¡No es así con los niños pequeños! Bloques, lápices de colores, muñecos, plastilina y carritos de juguete son las herramientas que los niños usan en el juego. También son herramientas mediante el cual los niños pueden aprender verdad bíblica cuando es dirigido por maestros que están alerta.

Por imitación

La imitación es que algo utilizado por los niños desde la infancia en adelante; continuamente captan maneras de hacer las cosas observando los demás. El papel de un maestro, por lo tanto, no sólo para hacer "cosas del maestro" sino también a participar con los niños en medio de su actividad. Si usted demuestra amabilidad compartiendo un crayón o marcador, los niños aprenderán a compartir. Si agradece a Dios por haber hecho los colores de un mosaico de tejidos que los niños están pegando, aprenderán a orar en medio de las actividades diarias.

Al conectar palabras a acciones

Conectar palabras a acciones elimina cualquier preocupación sobre el vocabulario limitado y las experiencias de los niños pequeños y, por tanto, su limitada capacidad para comprender y combinar conceptos. Cuando usted y un niño están construyendo una casa con bloques, puede ser que piense, *me alegro de tener una casa donde vivir. ¡Dios me muestra su amor al proveer una casa!* Sin embargo, el niño, sólo puede pensar, *¡me gusta esta casa!* Usted debe proporcionar palabras que ayudan al niño a responden a la actividad y relacionar a Dios con el evento. Una vez establezca esta relación, el niño podrá pensar en Dios la próxima vez que él o ella construya una casa. Sin sus palabras, la actividad sería simplemente otra de las muchas experiencias divertidas de un juego.

Usted debe proporcionar palabras que ayuden al niño a responder a la actividad y relacionar a Dios con el evento. Una vez establecida esta relación, el niño podrá pensar en Dios la próxima vez que él o ella construya una casa

La sala de clases del párvulo

Es muy importante que los párvulos puedan reunirse en un entorno adecuado. Los adultos pueden excusar las limitaciones de la iglesia, pero los párvulos no entienden ese tipo de cosas. Los párvulos pueden no estar conscientes de los detalles desagradables, pero pueden sentir un ambiente desagradable, y esto podría colorear su actitud hacia los asuntos espirituales como un todo. Una esquina de un oscuro y húmedo sótano, no ha de servir. Puede ser que no tenga el lugar ideal, pero usted puede elegir el mejor lugar para estos pequeños dos y tres años.

La sala ideal de clases del párvulo debe ser grande, ventilada, bien alumbrada y atractiva. Recuerde que la sala es importante, aunque el lugar que debe utilizar parezca inadecuado. Puede hacerse mucho para que un espacio gris sea brillante y atractivo. Todo lo que necesita para comenzar es un espacio adecuado y un corazón amoroso. El trabajo hará el resto. Algo tan simple como pintura puede hacer maravillas. Aunque no hay reglas difíciles o rápidas sobre qué colores usar, mucha gente encuentra que el verde claro es relajante, y que el amarillo imparte la luz del sol.

¿Ha probado alguna vez sentarse en el piso por una hora? Si

es así, ya tiene una visión del mundo como lo ven los niños de dos y tres años de edad. Probablemente ha encontrado que los asientos de las sillas estaban a la altura de sus ojos.

Ni siquiera podía ver lo que estaba sobre la mesa, porque todo estaba tan alto por encima de usted. Si usted trata este experimento de sentarse en el piso por una hora, entenderá la necesidad de una sala especialmente equipada para los párvulos. La experiencia de los niños en la sala de los párvulos es la introducción de estos niños al local de reuniones cristianas, y queremos que piensen que es un lugar encantador. Estudie las *Páginas inteligentes para la primera infancia* (*Early Childhood Smart Pages)* para descubrir los detalles para administrar un departamento de párvulos. Se ofrece tanta información en las *Páginas inteligentes* que tener que repetirlo aquí no es necesario.

Notas

Sheryl Haystead, *Nursery Smart Pages: A Guide for Nursery Directors and Caregivers* (Ventura, CA: Gospel Light, 1997).

Sheryl Haystead, *Early Childhood Smart Pages* (Ventura, CA: Gospel Light, 2002).

3

Principiantes

(Edades de 4 a 5 años)

Cuando un niño llega a la edad de cuatro años, debe graduarse al departamento de principiantes. Envíale al niño una tarjeta de cumpleaños para invitarlo a unirse al grupo.

Aunque estos pequeños se han graduado a una nueva clase, la forma en que aprenden es la misma que cuando tenían dos y tres años de edad, así que sería bueno revisar lo que estaba escrito en el capítulo anterior. Y tan cierto como la última afirmación, también debemos reconocer que cada niño se desarrolla de una manera única. A cualquier determinada edad cronológica, las diferencias del desarrollo de los niños varían enormemente. Pero algunas pautas básicas pueden ayudarle a convertirse en un mejor observador y un maestro más eficaz.

Aprenda las características de cada grupo etario

En lo físico

A los cuatro años de edad, los niños comienzan un período de rápido crecimiento. La coordinación alcanza en los músculos pequeños y grandes. Todavía necesitan una gran cantidad de espacio y tiempo para explorar y disfrutar del proceso creativo.

Los niños de cinco años de edad están haciendo algunas cosas por sí mismos. Están aprendiendo a amarrarse sus propios zapatos, cortar con tijeras con éxito y hacer dibujos que son reconocibles por los demás. Las niñas se adelantan a los niños en el desarrollo. La coordinación general es excelente.

En lo cognitivo y emocional

Los niños de cuatro años son cognitivos y emocionales y empiezan a preguntar por qué y cómo. Su capacidad de atención todavía es corta, pero pueden concentrarse por períodos más largos. A menudo, pueden probar los límites de lo que es un comportamiento aceptable.

Los niños de cinco años suelen poder escribir sus propios nombres, copiar palabras y letras y pueden incluso leer algunas palabras. Pueden hablar con precisión sobre eventos recientes y su hablar es comprensible. Les encanta aprender el porqué, todavía buscan la aprobación de un adulto y les encanta descubrir por sí mismos a través del juego y la experiencia. Anímelos a pensar al preguntarles ¿qué podría pasar después? y hacerles preguntas abiertas como ¿cómo podrías resolver esto?

En lo social

Los niños de cuatro años comienzan a disfrutar de estar con otros niños en actividades de grupo. Quieren agradar a los adultos y generalmente aman a sus maestros. Dé a cada niño la oportunidad de sentirse exitoso al poder ayudar de alguna manera. Proporcione maneras en las que puedan cantar, orar y hablar juntos.

Los niños de cinco años disfrutan de largos períodos de juego cooperativo, generalmente con una o dos personas adicionales. Disfrutan de actividades de grupo y necesitan sentir que son vistos y oídos. La necesidad de atención puede causar que actúen de manera negativa. Préstele atención antes de que ocurren acciones negativas. Tenga buen contacto visual y mírelos al nivel de sus ojos y asegúrese de mostrar que usted los ve, oye y los amar.

En lo espiritual

Los niños de cuatro años comienzan a entender más acerca de Jesús. Puede comprender que Jesús es el hijo de Dios, que él murió para tomar el castigo por lo malo que hemos hecho y que no se quedó muerto sino que resucitó y sigue vivo. También pueden aprender que la Biblia nos dice de maneras para obedecer a Dios y que podamos hablar a Dios en oración.

Los niños de cinco años son los más propensos a responder al hablar sobre la historia de la Biblia o el versículo de la Biblia, y algunos niños entenderán que ser amables como Jesús es algo que pueden hacer. Algunos niños, especialmente los de hogares cristianos, pueden estar interesados en convertirse en miembros de la familia de Dios. Ayúdelos a sentirse confiados en que Dios escucha sus oraciones y que Dios quiere ayudarlos. Al igual que todos los niños, piensan de manera literal y en concreto y no pueden entender ideas abstractas como "Jesús está en mi corazón" o "he nacido de nuevo".

La mejor forma de enseñarles a los niños sobre el amor de Dios es demostrarlo. Cuando lleguemos a su nivel, escuchándolos, animándolos y haciéndolos sentirse seguros, empiezan a vincular el amor de Dios con gozo, entusiasmo y seguridad que sienten del maestro.

Entender los estilos de aprendizaje

Para llegar a ser maestros o padres más eficaces, tenemos que estar conscientes del estilo de aprendizaje de cada niño. Dios nos hizo a cada uno de nosotros únicos y ama nuestra singularidad. Una vez que entendemos los estilos de aprendizaje, podremos proporcionar un entorno que ayuda a los niños a conocer la realidad del amor de Dios para cada uno de ellos como individuos. Los centros de investigación constantemente están encontrando nuevas maneras en que las personas aprenden y expresan sus conocimientos. Al leer las descripciones generales de estas maneras dadas a continuación (unas conocidas por más de un nombre), primero reconozca sus propios estilos de aprendizaje; éstos afectan las opciones para las actividades que usted tiene previsto. Luego vuelve a leerlas para señalar los puntos fuertes de los jovencitos que ya conoce. La mayoría de los niños mostrará una combinación de estos enfoques para el aprendizaje. Cuando usted proporciona actividades que desafían y estimulan a los niños en las formas que aprenden mejor, están más concentrados y listos para aprender. Para usted puede ser un poco difícil y menos interesante el hacer algunas de las actividades debido a sus propios estilos de aprendizaje; pero según vaya entendiendo las necesidades de cada niño, usted encontrará que vale la pena intentar hacer las actividades que nunca pensó que haría.

Visual (Tridimensionales)

Los alumnos visuales aprenden mejor cuando hay algo que mirar. Disfrutan crear imágenes y construir con bloques. Generalmente están ansiosos por aprender a leer y escribir porque quieren ver la información. Les gusta imaginar las escenas de los cuentos que escuchan, disfrutar de las hojas de trabajo y prefieren la tranquilidad completa en lugar de música o sonidos de fondo. Se incomodan por el desorden visual, así que prefieren un ambiente ordenado. (Se estima que la mayoría de los maestros son visuales).

Verbal (Lingüísticos)

Los alumnos verbales aprenden mejor hablando y conversando. Procesan ideas mientras hablan de ellas; les gusta escuchar historias, leer en voz alta o escuchar versiones en audio de libros. Se acuerdan de las cosas que se combinan con música. Les gusta tener música o sonido de fondo y no se incomodan mucho por el desorden visual. Hacen muchas preguntas, no porque no estaban prestando atención, sino porque quieren más conocimiento. Pueden ser considerados como demasiado habladores o distraídos, pero los jovencitos verbales nos desafían para que proveamos esas oportunidades para hablar y escuchar para que ellos puedan aprender.

Táctiles (Cenestésicos)

Los alumnos táctiles aprenden mejor cuando sus cuerpos están en movimiento. A menudo, tienen buena coordinación y pueden utilizar sus manos cuando hablan o representan lo que dicen. Procesan información con todo su cuerpo. Los alumnos táctiles aprenden bien a través del tacto. Les gusta desarmar las cosas. Constantemente están tocando las cosas y aprenden mucho más haciendo en lugar de ver o escuchar. Los estudiantes físicos y táctiles responden a toques y abrazos, un ambiente acogedor y una iluminación suave. Necesitan de muchas actividades prácticas que implican más de un sentido. Actividades donde usan sus músculos grandes (como una acción para ayudarles a recordar una palabra y así sucesivamente) contribuyen a mantener estos niños involucrados.

Relacional (Interpersonales)

Aprendices relacionales son observadores intensos, observando el lenguaje corporal y tono de voz. Procesan información observando cómo se sienten las personas y responden en consecuencia. Les gustan las actividades interactivas, cooperativas; son "personas a las que les importa los demás" que están energizadas por la interacción.

Reflexivo (Introspectivos)

Los niños de aprendizaje reflexivo no rechazan las actividades de grupo, pero tienden a pensar más acerca de quiénes son y dónde encajan; algunas veces se extenúan por demasiada interacción de grupo y se expresan más a menudo a través de actividades de una persona.

Lógico (Matemáticos)

Hasta cierto punto, cada niño es un explorador y solucionador de problemas, pero algunos de ellos lo disfrutan más que otros. Estos estudiantes ven las tendencias en el mundo y pueden pensar a través de los problemas. Les gusta tener explicaciones detalladas de cómo las cosas funcionan y disfrutan de los juegos y rompecabezas que los desafía. A menudo, cuentan cosas sin haberles pedido que lo hagan. Pueden disfrutar en clasificar los juguetes en categorías (cosas que son de color rojo, las cosas que vuelan y así sucesivamente).

Musical

La mayoría de los niños disfrutan de la música, pero algunos son más sensibles al ritmo y tono y la calidad musical del lenguaje hablado (como la poesía). Ellos tienden a ser buenos oyentes, pero probablemente no pueden estar sentados cuando se está tocando la música. Se expresan inventando sus propias canciones improvisadas y a través de la danza y el movimiento cuando escuchan música.

Naturalista

Alumnos naturalistas aprenden mejor cuando están involucrados con el mundo natural, estar al aire libre e interactuar con el entorno natural. La creación de Dios es un milagro constante que debe ser explorado, investigado y categorizado. Ellos quieren experimentar e interactuar con su entorno. Estos estudiantes disfrutan de tener ventanas en la sala de clases, para mirar y ver lo que pasa afuera. Les encanta participar en las actividades que utilicen elementos de la naturaleza.

Use métodos efectivos de enseñanza

Muchos niños pueden repetir textualmente las cuñas publicitarias. Pueden contar en lenguas extranjeras o citar libros infantiles completos. Cuando estas hazañas de memoria son aplaudidas, los adultos a menudo comentan, "¡qué mucho sabes!" Los niños pequeños tienen una gran facilidad para la memorización. Puede ser muy divertido y el niño puede beneficiarse al ser alabado, pero la memorización no refleja la comprensión. De hecho, la capacidad del niño para memorizar erróneamente puede hacer que el adulto asuma que el niño realmente entiende lo que él o ella está repitiendo. Especialmente cuando se trata de la verdad espiritual, es imperativo que nos conectamos con las mentes y corazones de los niños de maneras que implantemos el verdadero entendimiento.

Cuando se trata de la verdad espiritual, es imperativo que nos conectamos con las mentes y corazones de los niños de maneras que implantemos el verdadero entendimiento

Experiencias concretas

Los niños menores de siete u ocho años son pensadores concretos. No piensan simbólicamente y no razonan de la misma manera que lo hacen los adultos. Todavía están en proceso de aprender cosas muy básicas sobre el mundo material a su alrededor y cómo desarrollar las palabras para describirlo. Ellos entienden mejor lo que experimentan, tocan y ven.

Experiencias concretas establecen el fundamento para el pensamiento simbólico más avanzado más adelante. Sin embargo, enseñar verdad espiritual presenta una dificultad interesante: ¿Cómo comunicamos verdades acerca de alguien que no podemos ver?

El método de Jesús

La fe cristiana y la Biblia están llena de imágenes de palabras, símbolos y metáforas. Cuando Jesús vivió en la tierra, a menudo enseñaba en parábolas o historias que vinculaba a la vida cotidiana de la gente (plantando semillas, observando las aves, edificando una casa y así sucesivamente). Jesús sabía que aprender sobre el reino de Dios podría entenderse mejor si relacionaba las ideas espirituales con las experiencias que eran familiares y relacionadas con el conocimiento previo de las personas. Buenos maestros siempre conectan el nuevo aprendizaje con el conocimiento previo de los estudiantes.

Sin embargo, es importante recordar que el conocimiento previo de los niños de cuatro y cinco años de edad es bastante limitado. Todavía tienen que aprender lo que es una semilla y cómo crece. Todavía necesitan aprender acerca de las flores y sobre la construcción de una casa. Puesto que todavía no entienden los conceptos abstractos y las metáforas, debemos seguir el ejemplo de Jesús enseñando efectivamente al relacionar nuevas ideas a la vida real de los niños.

Debemos seguir el ejemplo de Jesús enseñando efectivamente al relacionar nuevas ideas a la vida real de los niños

Consejos prácticos

Use historias y lecciones que enseñan una idea principal a la vez. Planifique enfocar toda la sesión alrededor de un concepto para que la misma idea se presente varias veces en una variedad de maneras diferentes. Esta repetición proporcionará una base más amplia de experiencia de la cual los niños podrán ampliar su conocimiento.

Comience con algo que los niños pueden entender. Estos pequeños pueden comprender lo que es amar y ayudar porque han experimentado ambos. Pueden entender el nacimiento físico de Jesús como un bebé porque han visto a los bebés. Pero no pueden comprender la idea del renacimiento espiritual. Si escuchan que Jesús "vive en su corazón", se preguntará cómo es posible que un hombre adulto pueda caber dentro de ellos. Porque han experimentado ser parte de una familia, es mejor hablar de ser un miembro de la familia de Dios. Pueden entender que David cuidó las ovejas y escribió canciones acerca de Dios, pero no que somos "la oveja de la mano de Dios".

Elija historias, lecciones y canciones que se relacionen con la vida real de los niños. No intente utilizar símiles o metáforas para describir lo que quiere enseñar a los niños. Por ejemplo, diga, "la Biblia es un libro especial. Nos indica acerca de Dios y qué quiere que hagamos." Evite decir, por ejemplo, "la Biblia es como la comida que necesitamos comer todos los días".

Recuerde que el tiempo es insignificante para los niños de cuatro y cinco años de edad. Para los niños de esta edad, no importa si Jesús nació hace 2.000 años o hace dos años. No han vivido lo suficiente para tener un concepto del pasado.

Elija canciones que expresan exactamente lo que dicen. Por ejemplo, "Cristo me ama bien lo sé" sería una mejor opción que "Jesús quiere que sea un rayo de luz". Mientras que muchas canciones tradicionales pueden ser apropiadas para niños mayores (digamos, "Ancho es, profundo es" o "Esta pequeña luz"), tal significado simbólico se ha perdido en los niños que tienen solo cuatro y cinco años de edad. No tenga temor de cambiar algunas palabras de canciones favoritas para que tengan un sentido más literal.

Sobre todo, ore y pida dirección para enseñar a los niños. Jesús dijo que "para Dios todo es posible" (Marcos 10:27) y "separados de mí no pueden hacer nada" (Juan 15:5, NVI). Al orar, observe y haga lo mejor para enseñar como enseñó Jesús, y usted verá que los niños crecerán en recordar y comprender la Palabra de Dios.

Desafíe a los niños principiantes

En cualquier grupo de niños entrando a Kínder, el desarrollo de madurez podría verse desde la de un niño de tres años a un niño de siete años. Esto no es ni bueno ni malo, simplemente es. Cada niño se desarrolla a su propio y único paso. Debido a estas diferencias, los maestros tienen que estar listos para simplificar o ampliar las actividades de tal manera que cada niño consiga conocimiento, competencia y sentimientos de éxito. En algún momento durante el año de Kínder, la mente de muchos de los niños de repente arranca a alta velocidad. Fascinados con el aprendizaje, hacen maravillosas preguntas que demuestran que están pensando profundamente: "¿Dónde está el cielo? ¿Por qué se ve azul el agua? ¿Qué hace que el cerebro piense?" Estos niños están ansiosos por mayores retos mentales, así que esté preparado para ampliar las actividades y aumentar el desafío, ¡manteniendo a todos los niños emocionados e involucrados!

Capacidad de razonamiento

Durante cualquier actividad, en cualquier momento, puede darse un creciente nivel de desafío con los niños del Kínder.

Invite a los niños a observar y luego clasificar. "¿Qué es igual entre estas calabazas y estas sandías? ¿Qué es diferente?" "¿Qué otras frutas son del mismo color que las manzanas?" "¿Cuántas ovejas pueden ver en esta lámina?" "¿Cuántos caballos con manchas marrones puedes contar? ¿Cuántas cabras tienen cola negra?"

Invite a los niños a encontrar características comunes en alguna cosa o en algo que alguien observó. "¿Quién más está vestida de rojo?" "¿Dónde está la otra persona en la foto que lleva puesto un suéter?" "¿Qué ropa viste Juan y yo que es igual?"

Deténgase en varios puntos al leer un cuento e invite a los niños a predecir lo que creen que va a pasar. Para ampliar el trabajo de predicción, invite a los niños a inventar finales para la historia o que hagan un dibujo de lo que creen que podría pasar, o invite a los niños a sugerir cuál sería el resultado si un personaje hiciera algo diferente. "¿Qué sería diferente si Jesús le hubiera dicho al hombre ciego que se callara?". "¿Qué hubiese pasado si Samuel no le pidiera a Elí lo que quería?"

Comience una historia abierta. Invite a cada niño a contribuir una o dos frases. También puede mostrar una imagen y preguntarles a los niños lo que piensan que ocurrió antes de la foto o qué cree que podría pasar después. Tales actividades simples desafían y fortalecen las habilidades para pensar.

Cambie un artículo de la ropa sutilmente y desafíe a los niños a detectar lo que cambió.

Jugar juegos de charadas (dilo con mímica) de cualquier tipo. El juego de charadas ayuda a los niños a aprender los matices del lenguaje corporal y pensar en maneras de comunicarse sin usar palabras.

Destrezas con palabras

Aproveche la curiosidad natural de los niños con respecto a las palabras y la lectura en las situaciones naturales que ocurren durante el tiempo de clase.

Cuando se les pide a los niños que nombren a quienes ellos pueden ayudar, escriba los nombres en una hoja de papel grande.

Como parte de un tiempo de oración, pida a niños que nombren cosas por las que están agradecidos. Escriba cada palabra en una hoja de papel grande. "Lea" la lista en voz alta después que cada niño haya contribuido.

Si los niños en su clase son lectores principiantes, escriba las palabras de un versículo de la Biblia en tarjetas por separado. Cuando cada palabra del versículo se diga en voz alta, entréguele la tarjeta adecuada al niño. Luego pídales a los niños que pongan las palabras en orden.

Póngale etiquetas a los objetos en el aula de clases para que los niños que estén interesados puedan leer los nombres. Aunque es impresionante cuando un niño pequeño recita un pasaje de la Biblia, la memorización no es garantía de comprensión. La aprobación de un adulto por memorizar probablemente hará que el niño se sienta triunfante pero también puede enviar el mensaje de que las palabras de la Biblia son solo frases que deben ser verbales, y no la Palabra de Dios que da dirección a nuestras vidas. Si los niños tienen que memorizar las Escrituras, el versículo debe ser uno cuyo significado puede hacerse claro. Ayude a los niños a entender lo que están repitiendo. Si no puede lograr que las ideas en el pasaje sean claras para los niños, tal vez ese pasaje debe dejarse para más adelante. Puesto que una clase de edad preescolar generalmente contiene niños que aún no saben leer, niños en el proceso de aprender a leer y los lectores principiantes, incorpore actividades que incluyen a niños en cualquier nivel de destrezas. Dé a los niños libros para se lean el uno a otro (sea o no que se leen las palabras reales); que escuchen la grabación de una historia mirando libros que contienen las mismas palabras. Este tipo de actividades de enriquecimiento ayudarán a abarcar la brecha en la lectura entre los niños.

Destrezas con números

Contar algo es divertido para el estudiante de Kínder.

Enseñe los nombres de los primeros cinco números en una lengua extranjera. Mida objetos con una cinta métrica o vara de medición.

Traiga una báscula y pesen una variedad de objetos. Invite a los niños a poner en orden objetos que puedan manejar (pequeños bloques, balones grandes, animales de plástico) en una variedad de categorías, o crear patrones con los objetos, de manera que se colocan en la mesa o el piso. Incluyen estos desafíos de tal manera que los niños sienten que es simplemente muy divertido.

Están aprendiendo mucho más a través de estas simples experiencias de lo que podemos clasificar. Sin embargo, no le haga una prueba más adelante o espere respuestas correctas. El corazón de estas ideas de expansión no es tanto lograr metas educativas específicas tanto como estimular a los niños a explorar y descubrir, manteniendo su participación activa. Sobre todo, ¡asegúrese que los desafíos del aprendizaje sean divertidos! No presionen a los niños para que procedan. Simplemente juegue con ellos, comparta información y recuérdeles del amor de Dios para cada uno de ellos.

Use la conversación guiada

¿Por qué necesitamos guiar la conversación con los niños pequeños? ¿Simplemente no hablamos con ellos? Ciertamente hay muchas ocasiones cuando la simple conversación es espontánea. Sin embargo, la conversación guiada ayuda a niños a recordar y reconocer formas de aplicar la verdad de la Biblia que es la base para las actividades del día en la escuela dominical. ¿Qué es la conversación guiada? ¿Significa que el maestro pasa cada minuto lanzando versículos de la Biblia o repitiendo el propósito de la lección del día? ¿Hablar solo cuando surge un problema? ¡No! Conversación guiada es simplemente una conversación de manera informal pero planificada en la cual el maestro busca oportunidades para conectar lo que los niños están haciendo con el contenido la lección de la Biblia que se está enseñando. Relacionar las actividades de los niños con las verdades de la Biblia ayuda a los niños a entender la relación entre lo que están haciendo y lo que dice la Biblia.

Conversación guiada es simplemente una conversación de manera informal pero planificada en la cual el maestro busca oportunidades para conectar lo que los niños están haciendo con el contenido la lección de la Biblia

Paso 1: Conozca el propósito de la lección y el versículo bíblico

Conociendo el propósito de la lección y el versículo de la Biblia le prepara para compartir estas ideas cuando se presenten oportunidades de manera natural y momentos para la enseñanza.

Paso 2: Escuche

Lo más importante de ser un maestro experimentado es ser un buen oyente. Cuando los niños están envueltos en una actividad o están jugando juntos, no tome un descanso o abandone la zona. Ubíquese al nivel de los ojos de los niños, disponible para escuchar lo que dicen. Escuchar y observar le proporciona ayuda a los pensamientos y sentimientos de los niños. Observe y escuche en busca de pistas sobre sus intereses, cómo se ven a sí mismos y qué cosas pueden incomodarlos. Resista la tentación de ignorar a cualquier niño o adelantarse mentalmente.

Paso 3: Haga preguntas

Invite a los niños a una conversación que involucre más que una respuesta de sí o no. Haga preguntas abiertas que inviten a los niños a describir y discutir. Por ejemplo, cuando ve a un niño apilar bloques, se podría preguntar, "¿qué crees que sucederá si pones este bloque grande en la parte de arriba? ¿Este pequeño bloque?" O se podría decir, "Háblame de tu construcción." Preguntas y comentarios que no se pueden contestar con un sí o un no, ayudan a los niños a aprender destrezas verbales, expresar sus emociones, y discernir mejor sus pensamientos y sentimientos.

Paso 4: Relacione los pensamientos y sentimientos del niño a la Palabra de Dios

Cuando relaciona los pensamientos y sentimientos de los niños a la Palabra de Dios les ayuda a asociar las verdades bíblicas con la vida diaria. Usted podría comenzar comentando sobre lo que ve. "¡Daniel, ayudaste a Jaque! Están obedeciendo las palabras de la Biblia. Dios nos dice que debemos ayudarnos unos a otros. ¡Gracias!" Usted también puede expresar palabras de un niño de otra manera. "Bella, me parece que pasaste un tiempo feliz con Jadían. La Biblia nos dice que Dios nos da amigos. Podemos dar gracias a Dios por Jadían. ¡Gracias a Dios, por Jadían el amigo de Bella!"

Cuando relaciona los pensamientos y sentimientos de los niños a la Palabra de Dios les ayuda a asociar las verdades bíblicas con la vida diaria

Cuando usted identifica actos de bondad o de apoyo, los niños aprenden lo que significa ayudarnos mutuamente, compartir o tomar turnos. Reconozca las acciones del niño inmediatamente, antes que los niños olviden las circunstancias. Y utilice el nombre del niño. A menudo, un niño que no oye su nombre asume que usted está hablando de otra persona. Así como vea que los niños experimentan satisfacción, curiosidad o incluso frustración, están siendo testigos de momentos para la enseñanza. Los niños son receptivos a las nuevas ideas especialmente en esos momentos. Intervenga con algún comentario o pregunta que ayudará al niño a resolver el problema; afirme la realización del niño con un comentario de "ya veo..."; responda a la pregunta del niño y dé gracias a Dios por la curiosidad del niño en ese momento. Teniendo en mente las verdades bíblicas de la sesión, usted está listo para escuchar, observar y comentar sobre maneras que ayudarán a cada niño a entender más acerca de cómo el amor de Dios y la palabra de Dios se relacionan con el mundo del niño.

Teniendo en mente las verdades bíblicas de la sesión, usted está listo para escuchar, observar y comentar sobre maneras que ayudarán a cada niño a entender más acerca de cómo el amor de Dios y la palabra de Dios se relacionan con el mundo del niño

Incluya la Palabra de Dios

No parece lógico que un libro terminado hace casi 2.000 años tendría mucho que decir a los niños pequeños. Pero la Biblia es mucho más que un clásico antiguo. La Palabra de Dios es viva y eficaz. ¡Se aplica a toda vida de todos los tiempos! Para aquellos que enseñan a los niños pequeños, sin embargo, nos toca a nosotros ayudar a que las palabras y las ideas de un libro antiguo se relacionen al mundo de un niño.

La Biblia es mucho más que un clásico antiguo. La Palabra de Dios es viva y eficaz. ¡Se aplica a toda vida de todos los tiempos!

La Biblia aparece en el currículo como material necesario en cada actividad por una buena razón: aunque usted pueda fácilmente citar versículos de la Biblia, los niños necesitan asociar las palabras con la Biblia. De esta manera, ellos sabrán que la Biblia es la fuente de estas palabras. Con frecuencia enfatice que las historias de la Biblia son verdaderas. Durante la conversación, el uso más directo y la aplicación de la Biblia vendrán según surjan oportunidades de manera natural. Con la Biblia abierta en el versículo para memorizar del día, diga el versículo en voz alta. Los niños asociarán usar la Biblia de manera natural como fuente de información y orientación en situaciones diarias.

Porque los niños pequeños son gente de "aquí y ahora", necesitan que usted vea e interprete sus acciones a la luz de lo que dice la Biblia. Los niños pequeños tienen una comprensión limitada de ideas, así que este tipo de enseñanza bíblica de forma natural y directa les puede ayudar a conocer cómo se ven, suenan y actúan las ideas de la Biblia. Considere la posibilidad de mantener una Biblia de letra grande en su clase. Exhíbala en un lugar prominente y use notas adhesivas o marcadores de colores para ayudar a los niños a encontrar versículos de la Biblia. Usted encontrará que los niños disfrutaran pretendiendo leer (o leer) las palabras que usted ha marcado. Mientras que algunos niños mayores pueden memorizar versículos la Biblia fácilmente (especialmente cuando las palabras son cantadas con música conocida), no haga presión para que todos los niños memoricen los versículos bíblicos. Permita que su principal objetivo sea ayudar a los niños a entender el contenido de lo que Dios nos está diciendo y cómo lo podemos obedecer.

Provea actividades con juegos

Como cristianos, tenemos mucho más que enseñar a los niños que solo hechos y palabras. No es suficiente que los niños nos oigan leer la Biblia o incluso que los niños se la memoricen. Con solo usar palabras es la forma menos eficaz en que los humanos aprenden. Cuando solamente escuchamos palabras, tenemos que crear una imagen mental basada en la información anterior. Siendo que el conocimiento y la experiencia de los niños pequeños son tan limitadas, no son propensos a tener una comprensión real con solo escuchar palabras. Para que una idea tenga sentido para los niños pequeños, debe hacer algo con ella. Y la palabra que describe la mayor parte de lo que hacen los niños pequeños es "jugar". Sin embargo, los niños todavía no saben jugar con las ideas. Así que los niños deben desarrollar comprensión a través del juego con algo que puedan tocar. Esa es la razón para las actividades prácticas. Las actividades basadas en el juego son la forma más efectiva para que los niños pequeños aprendan.

Los niños pueden aprender las verdades bíblicas con eficacia a través de las experiencias del juego activo. Mientras los niños dibujan, juegan, construyen con bloques o sostienen las muñecas, surgen oportunidades naturales para que el maestro enlace las acciones de los niños con lo que dice la Palabra de Dios.

Cuando describimos las maneras en que los niños están poniendo la palabra de Dios en acción, convertimos las actividades de juego en aprendizaje de la Biblia. El juego toma entonces un propósito mayor. Por ejemplo, durante un simple juego de lanzar una pelota, podemos comentar, "Karina, le diste a José un turno para lanzar la pelota. ¡Gracias! Esa es una manera de ser amable. La Biblia nos dice que debemos ser amables." Así como vinculamos efectivamente una verdad bíblica a las acciones de Karina, ella ahora tiene un ejemplo concreto de una manera de ser amable.

Cuando describimos las maneras en que los niños están poniendo la palabra de Dios en acción, convertimos las actividades de juego en aprendizaje de la Biblia

Proveer oportunidades repetitivas para pensar y hablar acerca de las verdades bíblicas desarrolla más y más esos elementos que edifican el conocimiento. Mientras participa con los niños en una actividad, es importante buscar oportunidades para reconocer y animar a los niños a actuar en maneras que usted pueda relacionar la verdad bíblica.

Actividades basadas en el juego tienen muchas ventajas

Las actividades basadas en el juego son oportunidades para que los niños puedan explorar, crear y descubrir con los materiales que usted les provea. No hay un patrón predeterminado que los niños deban seguir. Durante estas actividades, usted puede hablar informalmente con los niños, haciendo preguntas y orientar la conversación hacia los objetivos de aprendizaje de la lección bíblica, en lugar de solo ofrecer instrucciones. Los niños pueden hablar unos con otros y con el maestro. Estas actividades se enfocan en el proceso (incluyendo el uso de materiales), la interacción de grupo y la conexión con la verdad bíblica, no el producto. Los niños tienen la posibilidad de elegir entre dos o más actividades y elegir cómo quieren completar la actividad, en lugar de tener que hacer solo un proyecto que se ofrece y esperar que produzca el mismo resultado. Pequeños grupos trabajan con una actividad a la vez y se mueven con libertad de una actividad a otra; no es necesario que todos trabajen en el mismo proyecto al mismo tiempo.

Manos ocupadas significan mentes abiertas

Cuando los niños están plenamente involucrados en una actividad que disfrutan, tenemos el privilegio de verlos simplemente siendo ellos mismos. Cuando los observamos, entendemos más cómo piensan. Además, los niños cuyas manos están ocupadas a menudo están ansiosos por hablar. Hágale preguntas abiertas como ¿qué piensas? Evite las preguntas que tienen respuestas de una sola palabra. Esta oportunidad de escuchar nos ayuda a determinar lo que el niño entiende o no entiende. Luego podemos responder de maneras que realmente alcanza las necesidades del niño. Preste atención por momentos en que el niño experimente curiosidad, expectativa o frustración. En el momento de mayor interés, el niño es más receptivo a una nueva idea o la seguridad de una verdad conocida. Recuerde las palabras "reconocer" y "animar" como sus cimientos conversacionales. Por ejemplo, cuando Zacarías termine la torre de bloques, él mira a su alrededor con satisfacción. Está ansioso por estar al tanto que usted lo reconoce y comparte su alegría. "Veo que has terminado tu torre, Zacarías. Se ve muy fuerte. Dios te ha dado buenas manos y una buena mente. ¡Eres un gran constructor!"

Elegir crea interés

Los niños generalmente están conformes con quedarse con una actividad que ellos hayan elegido, en lugar de una que se le haya asignado. Cuando usted le proporciona varias actividades de aprendizaje basadas en el juego (cada una de ellas guiada por un maestro) que aplican a los diferentes intereses y estilos de aprendizaje, a menudo disminuyen los problemas de disciplina y los niños disfrutan terminar lo que empezaron. Los niños que están concentrados en una actividad que han escogido están en posición privilegiada para el aprendizaje. Para algunos niños le es difícil comenzar una actividad cuando primero llegan a una clase. Necesitan ayuda para aprender a elegir. Permita que cada niño avance a su propio ritmo. "Luis, cuando estés listo, puedes construir con los bloques con el Sr. Sánchez en la esquina o pegar estas fotos conmigo. Si lo deseas, puedes observar por un tiempo". Cuando ofrecemos una selección de varias actividades, no deberíamos esperar que los niños se concentren en una actividad por más de unos minutos. Cuanto más joven el niño, menor será la capacidad de atención; una vez más, esto es parte de ayudar al niño en el aprendizaje. Cuando el niño se cambia entre las actividades, obsérvelo discretamente para determinar cómo puede conectar el juego con la historia bíblica o el versículo que se está enseñando. Los niños necesitan usar todos los sentidos, probar, tocar, oler, oír y ver para aprender eficazmente. Por esta razón es importante proporcionar opciones de actividades que tal vez no le atraigan a usted personalmente. Cuando le damos a los niños opciones de actividades que involucran tantos sentidos y estilos de aprendizaje como sea posible, les enviamos el mensaje que queremos que elijan, aprendan y disfruten. Es otra manera de demostrar la aceptación que Jesús ha modelado.

Guiar a los niños a Jesús

Cada uno de nosotros se mueve a través del desarrollo espiritual de la vida a su ritmo y de manera individual como lo hacemos en cualquier otra área. Dios conoce a cada persona íntimamente; por lo tanto, él trabaja de manera diferente en cada vida. Cualquiera que sea el plan de desarrollo o su ritmo de crecimiento, Dios incansablemente está trabajando para traernos a una estrecha relación con Él. Reconociendo esto, nos ayuda a descansar en su buen plan y buscar de su ayuda en las experiencias que nos provocan a nosotros y a los niños que están a nuestro cuidado a desarrollarnos espiritualmente.

Cuando presentamos a Jesús consistentemente a través de nuestras palabras y nuestras acciones, establecemos un fundamento para que los niños reciban a Cristo como Salvador

Cuando presentamos a Jesús consistentemente a través de nuestras palabras y nuestras acciones, establecemos un fundamento para que los niños reciban a Cristo como Salvador. ¿Cuándo está listo un niño para recibir a Cristo? Recordando el trabajo incesante de Dios, tenemos que ser facilitadores sensibles de ese proceso. El Espíritu Santo de Dios llama al niño a una relación a su tiempo, no el nuestro. Nunca deberíamos levantar paredes, pero tampoco debemos empujar o manipular a los niños. Necesitamos dar a los niños tiempo y oportunidad para hacer preguntas, tomar tiempo para pensar y responder a su propio ritmo. Puede ser que algunos niños en este nivel de edad (especialmente de los hogares cristianos) puedan orar para convertirse en miembros de la familia de Dios y aceptar a Jesús como su Salvador, pero espere amplia variación en la preparación de los niños para este importante paso.

Para ayudar a un niño a dar palabras a pensamientos y sentimientos acerca de Jesús, haga muchas preguntas abiertas acerca de lo que piensa y que diga más. "Dime lo que te gusta más sobre Jesús" le ayudará a ganar información sobre lo que el niño entiende o no entiende. Esto también le ayudará a compartir la información que el niño necesita, en lugar de una respuesta que no se aplique. Los niños de prekínder especialmente quieren saber más sobre muchos aspectos de Dios. Cada pregunta que contestamos crea una oportunidad para ayudar al niño a entender más acerca de lo que es una relación personal con Jesús.

Hable de manera individual con los niños. Algo tan importante como la relación personal de un niño con Jesucristo puede manejarse más efectivamente a solas en lugar de hacerlo en un grupo.

Simplemente hable. Frases como "nacer de nuevo" o "Jesús está en mi corazón" son simbólicas y más allá de la comprensión de un niño pequeño. Concéntrese en cómo hace Dios que la gente sea parte de su familia:

- Dios nos ama, pero hemos hecho cosas malas (hemos pecado).
- Dios dice que los pecados deben ser castigados.
- Dios envió a Jesús a llevar el castigo por lo malo que hemos hecho.
- Podemos decirle Dios que hemos hecho mal y decirle que sentimos haber pecado. Podemos pedirle a Jesús

que sea nuestro Salvador.
- Entonces Dios nos perdona y nos convertimos en parte de la familia de Dios.

Hable de manera individual con los niños. Algo tan importante como la relación personal de un niño con Jesucristo puede manejarse más efectivamente a solas en lugar de hacerlo en un grupo

Comparta consistentemente esta información cada vez que un niño se muestre interesado pero solo mientras perdure el interés. ¡Establezca un buen fundamento para una vida de sólido crecimiento espiritual!

Notas

Gospel Light, *Preschool Smart Pages* (Ventura, CA: Gospel Light, 2010).

4

Primarios

(Edades de 6 a 10 años)

La actividad es la palabra clave de este grupo de niños. Este es el momento cuando la mente y el cuerpo deben mantenerse ocupados cada minuto. El éxito en la enseñanza de estos niños activos y curiosos depende de esto.

Aprenda las características de los niños en los grados 1 y 2 (6 a 8 años de edad)

Físicamente

Los niños en primer y segundo grado están creciendo rápidamente. Los niños más jóvenes en primer grado físicamente pueden ser más como los niños en edad preescolar, mientras que los niños en que se están acercando al tercer grado han alcanzado un nuevo nivel de madurez física que grita "¡Ya no soy un niño!" Aunque se espera que estos niños puedan mantenerse sentados en la escuela a esta edad, todavía necesitan frecuentes oportunidades para el movimiento durante cada sesión de clase. Todavía están desarrollando y mejorando la coordinación de sus pequeños músculos. En esta etapa del desarrollo las niñas están más adelantadas que los niños.

Consejos para la enseñanza: Utilice las actividades simples que involucren doblar, cortar y destrezas de escritura. Siempre ofrezca actividades para dibujar en lugar de escribir para aquellos que luchan con la escritura. Con frecuencia, deles oportunidades para cambiar de posición y para moverse por la sala o al aire libre. Varíe el tipo de actividades para ayudar a mantener la atención y los problemas de disciplina a un mínimo.

Cognitivo

Los niños de esta edad tienen un intenso afán por aprender. Hacen muchas preguntas. Les gusta repetir historias y actividades. Su concepto del tiempo es limitado. Piensan en el aquí y ahora en lugar de en el pasado o futuro.

Las destrezas auditivas y oratorias se están desarrollando rápidamente; las niñas están más adelantadas que los niños. Cada uno de estos niños tiende a pensar que todo el mundo comparte su opinión. Los niños ven porciones en lugar de cómo las porciones conforman la totalidad. Piensan de manera muy literal.

Consejos para la enseñanza: Considerar los niveles de las destrezas y habilidades de los niños en la planificación de actividades. Por ejemplo, algunos niños pueden manejar actividades de lectura y escritura mientras que otros pueden hacer mejor con la música o el arte. Utilice imágenes para ayudarles a entender los tiempos bíblicos y las personas. Evite el lenguaje simbólico, que a menudo los confunde. Use una variedad de actividades para mantener el cerebro alerta y funcionando a niveles óptimos.

Emocional

Los niños en estos grados con frecuencia están experimentando sensaciones nuevas e intensas mientras crecen más independientes. A veces les resulta difícil controlar su comportamiento. Todavía existe una profunda necesidad de aprobación de los adultos y una creciente necesidad de la aprobación de sus compañeros.

Consejos para la enseñanza: Buscar oportunidades para ayudar a cada niño en su clase a reconocer y sentir que son amados. Mostrar interés genuino en cada niño y sus actividades y logros. Aprender los nombres de los niños y utilizarlos con frecuencia en forma positiva. Sonreír con frecuencia.

Social

Los niños de esta edad se preocupan mucho por complacer a sus maestros. Cada niño también está luchando por ser aceptado socialmente por el grupo de sus compañeros. A esta edad la regla de oro todavía es un concepto difícil. Ser el primero y ganar es muy importante. Tomando turnos es difícil, pero esta destreza mejora al final del segundo grado. El proceso social de un niño se mueve gradualmente del yo, al usted, a nosotros.

Consejos para la enseñanza: Proporcionar oportunidades para que los niños puedan poner en práctica el tomar turnos. Ayudar a cada niño a aceptar las opiniones y deseos de los demás y tener en cuenta el bienestar del grupo, así como el suyo propio. Llamar la atención a los tiempos cuando el grupo coopera con éxito y agradecer a los niños por las formas en que los observa compartir y tomar turnos.

Espiritual

Los niños de primero y segundo grado pueden sentir la grandeza, maravilla y el amor de Dios cuando se les dan ejemplos visuales y específicos. La naturaleza espiritual de Dios es perpleja, pero generalmente se acepta la presencia de Dios en todos los ámbitos de la vida cuando los padres y maestros la comunican en sus actitudes y sus acciones. Los niños pueden pensar en Jesús como un amigo pero necesitan ejemplos concretos de cómo Jesús expresa su amor y cuidado. Esta comprensión conduce a muchos niños a creer y aceptara Jesús como su Salvador personal. Los niños pueden comprender hablar con Dios en cualquier lugar y en cualquier momento en sus propias palabras, y necesitan oportunidades regulares para orar. También pueden comprender que el Antiguo Testamento dice lo que pasó antes del nacimiento de Jesús y que el Nuevo Testamento habla de su nacimiento, su trabajo en la tierra, regreso al cielo y lo que pasó en la familia de Dios en la tierra.

Consejos para la enseñanza: El Evangelio se convierte en realidad para los niños cuando se siente amor genuino de los adultos. Maestros que demuestran su fe de manera consistente y afectuosa son modelos a través los cuales los niños pueden comprender la naturaleza amorosa de Dios.

Aprenda las características de los niños en los grados 3 y 4 (8 a 10 años de edad)

Físicamente

Los niños en el tercer y cuarto grado tienen cada vez más buena coordinación de los músculos grandes y pequeños. Las niñas todavía están más adelantadas que los niños. Los niños pueden trabajar diligentemente por períodos más largos pero pueden impacientarse con sus propias demoras o destrezas imperfectas.

Consejos para la enseñanza: Comunique instrucciones específicas y claras. Permita que los niños tengan tanta independencia como sea posible en la preparación de materiales. Asignar a los niños la responsabilidad de la limpieza.

Cognitivo

Los niños están empezando a darse cuenta que pueden haber opiniones válidas además de las suyas. Están aprendiendo a evaluar alternativas, y es menos probable que se fijen en un punto de vista como el único posible. Los niños también están empezando a pensar en términos de totalidad. Los niños piensan de manera más conceptual y poseen un alto nivel de creatividad. Sin embargo, a estas alturas, muchos niños de esta edad van cohibiéndose en sus esfuerzos creativos al aumentar su comprensión para exceder en sus capacidades en algunas áreas.

Consejos para la enseñanza: Animar a los niños a buscar información y descubrir sus propias respuestas a los problemas. Proporcionar actividades de arte, música y teatro para ayudar a los niños a aprender conceptos e información de la Biblia. Animar los niños a usar sus Biblias para encontrar y leer porciones de las escrituras. Juegos de aprendizaje de la Biblia son buenos para esta edad, y los niños a menudo están dispuestos a memorizar versículos de la Biblia. Ayude a los niños a entender los significados de los versículos que memoricen.

Emocional

Esta es la edad de burlas, apodos, la crítica y el aumento en el uso de las destrezas verbales para airear la ira. A ocho años de edad, los niños han desarrollado un sentido de juego limpio y un sistema de valores del bien y del mal. A los nueve años, los niños están buscando identidad más allá de ser miembro de la unidad familiar.

Consejos para la enseñanza: Es aquí donde el maestro tiene una maravillosa oportunidad para presentar un modelo cristiano en el momento donde los niños están buscando ansiosamente modelos. Proporcione experiencias que estimulen la creatividad de los niños. Deje saber a todos los niños a través de sus palabras y acciones que "aquí se habla amor" y que no permitirá que otros le hagan daño ni se permitirá que ellos le hagan daño a los demás. Hacer de su clase un lugar seguro donde los niños se sientan aceptados, donde se sientan cómodos haciendo preguntas difíciles, y donde puedan expresar sus verdaderos sentimientos sin temor a las burlas.

Social

El deseo de posición dentro del grupo de sus compañeros se torna más intenso. Esto a menudo conduce a actuar de manera tonta o lucimiento para llamar la atención. La mayoría de los niños siguen siendo tímidos con extraños y exhiben fuertes preferencias por estar con unos pocos amigos íntimos. Muchos niños aún carecen de las destrezas sociales esenciales necesarias para hacer y conservar las amistades.

Consejos para la enseñanza: Esta edad es un buen momento para usar actividades en las que parejas o grupos pequeños de niños pueden trabajar juntos. Crear oportunidades naturales para que cada niño pueda conocer a otros y asumir una mayor responsabilidad.

Espiritual

Los niños están abiertos a sentir la necesidad de la continua ayuda y orientación de Dios. El niño puede reconocer la necesidad de un Salvador personal. Puede haber un deseo de convertirse en miembro de la familia de Dios. Los niños que indican una conciencia de pecado y de preocupación por aceptar a Jesús como Salvador necesitan orientación clara y cuidado sin presión.

Consejos para la enseñanza: Darles oportunidades para comunicarse con Dios mediante la oración. Ayudarles a comprender la naturaleza perdonadora de Dios. Hablar personalmente con un niño quien usted percibe que el Espíritu Santo está llevando a confiar en el Señor Jesús. Hacer preguntas sencillas para determinar el nivel de entendimiento de los niños.

Seleccionar actividades apropiadas

Los niños aprenden mejor por lo que hacen, no por lo que oyen o ven. Por tanto, elija actividades que refuercen el enfoque de una lección.

Selección de actividades de aprendizaje. Al revisar las ideas de las actividades en su currículo, determine si la actividad es apropiada para la edad, número de niños, nivel de habilidad e interés de su clase. Los niños pequeños pueden disfrutar manejando los títeres, es probable que no son capaces de hacer títeres. Los niños mayores pueden sentir que algunas actividades son demasiado infantiles. Debido a sus estilos de aprendizaje, los estudiantes pueden disfrutar haciendo algunas actividades más que otras. Las iglesias del centro de la ciudad pueden tener diferentes desafíos que las congregaciones suburbanas o rurales. Un currículo eficaz ha de proveerles con variadas actividades para elegir de modo que usted pueda personalizar la lección a las necesidades y habilidades de su clase. No permita que el tener un aula pequeña o un presupuesto limitado evite que el aprendizaje tome lugar. En lugar de enfocarse en las limitaciones, piensa en maneras de usar los recursos disponibles de manera creativa. En lugar de comprar mapas costosos de Israel, pídale a un miembro de la iglesia que haya visitado ese lugar que comparta las fotos de su viaje. Si no hay dinero para materiales de arte, pídales a miembros de la iglesia que donen papel y marcadores. Si el aula es demasiada pequeña para hacer juegos, haga arreglos para que los estudiantes a utilicen la sala de actividades o un patio al aire libre.

Enseñanza— determinar si la actividad es compatible con los objetivos de la lección o es sólo una actividad divertida para llenar el tiempo. A los niños les encanta divertirse y su clase debe proporcionar momentos de diversión, también es necesario proporcionar un buen balance de actividades que ayudan a los estudiantes a descubrir cómo aplicar el concepto de la Biblia a su vida diaria.

Si la actividad es demasiado complicada, si oculta o distorsiona el objetivo de enseñanza, busque otra actividad que requiera menos explicación. Busque actividades diseñadas para ayudar a los estudiantes a aprender a usar la Biblia y las herramientas de referencia de la Biblia.

Relación con la vida. Puede ser que su lección tenga una verdad bíblica que los estudiantes deban entender, sin embargo, el aprendizaje del estudiante debe conectar esa verdad a la vida diaria. Por ejemplo, la lección puede enfocarse en obedecer a Dios siendo honesto, pero una actividad de juego eficaz ayudará a cada estudiante a nombrar situaciones y maneras de mostrar honestidad.

Puede ser que su lección tenga una verdad bíblica que los estudiantes deban entender, sin embargo, el aprendizaje del estudiante debe conectar esa verdad a la vida diaria

Dirigir actividades de aprendizaje

Comparta el propósito. Dígales a los alumnos por qué están haciendo una actividad. Pueden ver la actividad como algo divertido que hacer, pero use la conversación para dirigir a los estudiantes hacia un propósito mayor. "Vamos a hacer una escena de los israelitas escapando de Egipto para ayudarnos a recordar que podemos confiar en Dios para que cuide de nosotros". De instrucciones claras. Los niños se frustran si no comprenden lo que deben hacer. Explíqueles con claridad lo que se espera y cómo pueden los estudiantes lograr sus tareas. Escriba las instrucciones en el pizarrón o en una hoja grande de papel para referencia. Tenga los recursos muy cerca y organizados. Deje que los niños trabajen a su propio ritmo. Una vez que se explique el proyecto y los alumnos comiencen a trabajar, evite controlarlos. Evite la tentación de hacerlo por ellos. Permita a los estudiantes tomen decisiones y cometan errores.

Permitan que los estudiantes tengan libertad de pedir ayuda, en lugar de anticipar sus necesidades. Tenga actividades adicionales a la mano o libros para leer para los estudiantes que terminen rápidamente, en lugar de hacer que los estudiantes más lentos se apresuren. Use de conversación guiada. Utilice comentarios y preguntas durante la actividad de aprendizaje para ayudar a los estudiantes a relacionar la actividad con la verdad bíblica de la lección. "Veo que has hecho un dibujo de una manera para demostrar paciencia en casa. ¿Cuál es una manera de ser paciente en la escuela?" "Gracias, Natán, por ayudar a limpiar el derrame del brillo. Eso es lo que la Biblia nos dice que debemos hacer". Haga un resumen de lo aprendido. Cerca del final de la sesión, pida a los alumnos que resuman lo que aprendieron sobre la verdad bíblica de hoy. "¿Qué cosa importante aprendimos del niño que compartió su almuerzo?" Si los estudiantes no pueden responder a la pregunta, entonces es necesario aprender más.

Haga preguntas adicionales o comparta un ejemplo de su vida para extender el interés de los estudiantes y el aprendizaje. Comparta el aprendizaje con los demás. Información se utiliza mejor cuando se pasa a otros. Enseñar es la mejor manera de aprender. Anime a los estudiantes a compartir lo que han aprendido en la clase con sus padres y amigos. Permita que los estudiantes dirijan una actividad para una clase de niños más pequeños. Los estudiantes pueden compartir su aprendizaje dando charlas cortas a la congregación durante el culto o un evento de la iglesia. Los niños que son tímidos para hablar en público pueden escribir declaraciones para que otros estudiantes las lean. Obras de arte pueden mostrarse durante un día de visitas.

Contar historias para enseñar verdades espirituales

Consiga que las verdades espirituales cobren vida en las historias. No hay una manera mejor para que los niños las reciban. Jesús utilizó parábolas. Nunca desprecies el método de la historia para enseñar verdad. No hay sustituto para una historia preparada cuidadosamente contada por un maestro preparado espiritualmente. "Si no hay atención, no habrá retención." Usted puede encontrar dificultades en mantener la atención de sus alumnos cuando va sobre sus cabezas en su instrucción. Pero encontrará la mayor dificultad cuando olvida sus activos cuerpos y mentes.

Recuerde, se evitarán los problemas de disciplina cuando estos niños activos se mantienen constantemente ocupados con aquello que les interesa.

Las historias que eligen para los niños de primaria deben centrarse en la gente, la vida y las cosas vivas. Historias de la vida de hombres y mujeres que ilustran lecciones simples en la formación del carácter o presentan principios simples que están presentes en la vida son excelentes. Las ideas abstractas no tienen valor cuando está enseñando a los niños. Lecciones sobre obediencia son más necesarias para los niños que las lecciones de doctrina. Los niños pueden sentir antes de que puedan entender. Pueden amar antes de saber por qué se siente esa emoción. Siempre tenga en cuenta que no les interesa lo abstracto.

Enseñar a los niños de esta efervescente e inquieta edad no es fácil. La risa y el ruido de estos niños entusiastas llenarán las instalaciones. No puede enseñar a un niño de primaria con una cara larga. Ellos acuñan nuevas palabras y parecen estar entrando en una etapa de "tonterías". Cuando dicen algo gracioso y todo el mundo se ríe, generalmente repiten lo mismo otra vez. En lugar de reprender tal comportamiento, asegurarle al niño que la primera vez que se dice una cosa, es divertido; pero la segunda vez, es una tontería. Una risa alegre durante algún ocurrido divertido hará mucho más bien que mal, incluso en la escuela bíblica. Varíe el estado de ánimo de la clase. No tenga miedo de tener momentos de relajación y de libertad, pero rápidamente vuelva traer estas sensibles mentes dentro de ciertos límites.

Consejos para convertirse en un narrador de historias

La narración es cómo la gente comunica información que crea que sea importante. Ya sea una promoción en el trabajo, mudarse a una nueva casa, comprometerse o un niño que gana en las pequeñas ligas bateando un jonrón, a todos nos gusta una buena historia y cuando estamos "llenos de" una buena historia, ¡estamos ansiosos por contarla! La Biblia fue escrita como una narración de una historia. Durante siglos, historias de los patriarcas y matriarcas se compartieron de padre a hijo. Después de la resurrección y ascensión de nuestro Señor Jesucristo, sus seguidores predicaban sobre él a través de sus historias hasta que se completaron las Escrituras del Nuevo Testamento. Cuando un maestro nos cuenta una historia de la Biblia, él o ella sigue en la gran tradición de los antiguos narradores que pasaron la Palabra de Dios. Es una responsabilidad y un privilegio.

Consejos para la narración eficaz

Conozca el material. Estudie la historia. Entienda el tema principal, conozca a los personajes principales, investigue el contexto si fuere necesario y prepárese para responder a preguntas acerca de la historia (especialmente preguntas de cómo y por qué). (Recuerde lo importante que es estar "¡lleno de" la historia!) Al leer la historia, enfóquese en encontrar las respuestas a estas preguntas: ¿Quién es el personaje(s) principal? ¿Dónde toma lugar la historia? ¿Se necesita explicarle contexto a los estudiantes? ¿Qué elementos de la historia (personajes, objetos, sentimientos, acciones, etc.) son similares a las experiencias de sus niños? ¿Cómo ilustra la historia los objetivos de la lección? ¿Qué verdad de la Biblia desea que los niños recuerden y utilicen durante la semana? ¿Cuál es el conflicto de la historia? Toda buena historia tiene un conflicto y un problema a resolver (José está en la cárcel, los soldados están persiguiendo a los israelitas que están saliendo de Egipto, Pablo es arrestado, el cojo no puede entrar a la piscina, etc.). ¿Cómo se resuelve el problema? ¿Cómo se involucra Dios para resolver el problema? ¿Cómo cambian las vidas de los personajes?

Use palabras conocidas para los niños. Vuelva a formular los pasajes de la Biblia que los niños no pueden entender. Hábleles a los niños con inteligencia. Use lenguaje moderno, no "vosotros" y "vos". Consulte una Biblia para niños con vocabulario fácil de entender si no tiene recursos de un plan de estudios.

Use muchos detalles en la historia. No presente una serie de verdades en la lección. Presente una sola verdad de muchas maneras. Describa los personajes en detalle y permita que tomen vida ante de los niños. Describa su ropa, su pelo y sus ojos. Los niños pueden tener una viva imagen de David y Daniel. Podrán ver en su mente cómo lucen. Una viva imagen formada en la imaginación de los niños mueve sus emociones e impulsa su acción.

Evite la memorización y la lectura. No es esencial recitar la historia exactamente como está escrita en la Biblia o el manual de su currículo. Aunque siempre debe tener la Biblia abierta a la referencia de la historia, la narración es más interesante y espontánea cuando el maestro no la lee de una página. Contar en lugar de leer hace la presentación más natural y emocionante. Leer la historia de un libro mantiene su rostro enterrado en las páginas y no puede mirar a los niños. Por esta razón la preparación es esencial: entre más se conozca la historia, menos necesitara de notas. Conozco bastante bien los puntos de la trama por si acaso se distrae para volver a la historia.

¡Practique, practique, practique! Mucha gente se siente incómoda narrando historias simplemente porque tienen poca experiencia hablándole a un grupo. Destrezas y confianza son edificadas con la repetición. Practique la historia en su casa delante de un espejo. Cuéntese la a su propia familia. Grabe la historia y cuando la oiga, examine las áreas donde necesitan mejoramiento. ¡Uno siempre puede borrar una mala grabación!

Sea audaz. Reviva la historia a través de gestos dramáticos, movimientos y expresiones faciales. "Más grande que la vida" y "por encima de todo" son buenas reglas cuando narre una historia. No dude en enfatizar palabras, sea expresivo, aunque se vea ridículo. Varíe la voz, fuerte en algunos lugares y suave en otros. Algunas personas usan diferentes voces para varios personajes, aunque esto no es esencial. Siéntese seguro. Tenga fe en la historia. Las historias de la Biblia son poderosas porque contienen la palabra de Dios para la gente de hoy.

Sea entusiasta. Piense en cómo la gente se emociona cuando hablan de sus hijos o los logros. Lleve esa misma energía en la narración bíblica. Si usted está lleno de e interesado en la historia, ¡los niños también lo estarán! Mantenga contacto visual con los niños.

Sea pertinente. Muestre por qué la historia es importante para hoy día. La Biblia no es una colección de cuentos de hadas de 2.000 años de antigüedad que se leen para el entretenimiento. Trace paralelismos entre la historia y vida de los niños. En la historia de José del libro de Génesis, discuta la rivalidad entre hermanos y las relaciones familiares en los hogares de los niños. Para Noé y el diluvio, pregunte cómo podrían sentirse los estudiantes si se burlaran de ellos por hacer lo correcto.

Consejos para involucrar a los niños

¡Los niños aprenden haciendo! Incorpore a los niños en las historias. Esto es especialmente beneficioso para los niños que ya conocen la historia y pueden sentirse aburridos por su relato.

Dramatice la historia. Permita que los estudiantes hagan pantomima o que dramaticen la historia mientras se va narrando. Los estudiantes pueden usar títeres, sostener láminas o poner figuras de fieltro en un tablero de franela. Si un estudiante ya conoce la historia, permita que él o ella cuente la historia a la clase o ayude con la narración. Invite a un estudiante para que cuente la historia en sus propias palabras. Hagan el juego de "¿Qué pasó después?" con un niño que esté familiarizado con la historia: "y Moisés bajó de la montaña. Juan, ¿qué pasó después? ¿Qué vio?"

Haga efectos de sonido. Permita que los niños hagan los sonidos apropiados cuando escuchan una palabra de referencia. Pueden hacer sonidos de animales cuando oyen el nombre de un animal. Pueden gorgotear para un "río," pisotear sus pies para "caminar" o "marchar", o quejarse cuando los personajes están cansados o hambrientos. Busque a través de la historia ideas o palabras repetitivas y piense en los sonidos que los niños pueden hacer. Esto mantiene a los niños alerta y escuchando para evitar que no pierda su momento para participar.

Use la Biblia. Haga que los estudiantes busquen la historia en la Biblia. Esto familiariza a los estudiantes con los libros de la Biblia y demuestra que las historias no son cuentos. Incluso los niños pequeños pueden encontrar capítulos y versículos con alguna ayuda y hasta localizar el nombre de un personaje de la historia de la Biblia.

Haga trabajos de investigación. Los niños mayores pueden buscar palabras desconocidas en un diccionario bíblico, localizar ciudades en un atlas de la Biblia y leer más acerca de los personajes de la historia en una enciclopedia de la Biblia. Deje que los niños encuentren más información en el Internet o dramatizar la historia haciendo un video casero.

Anime la memorización

¡La palabra de Dios es demasiado importante para no comprometerse a memorizarla! Memorización establece una base sólida y proporciona una rica fuente espiritual de donde un niño puede extraer a lo largo de toda su vida.

En momentos de duda, estrés o dolor, un adulto o adolescente recordará versículos que aprendieron cuando niños. Hablar a otros de su fe es más fácil con la memorización de escrituras claves. Cuando es difícil verbalizar conceptos teológicos, los niños pueden confiar en los versículos de la Biblia para expresar creencias básicas.

Consejos para la memorización con comprensión

Aprender con significado. El objetivo es que los niños entiendan lo que memoricen y no simplemente reciten palabras. Memorizar tiene poco valor a menos que el niño pueda aplicar el versículo de la Biblia a situaciones de la vida y utilizarlo para el crecimiento espiritual. Demuestre y modele el principio del versículo para sus niños y lo que significa antes de memorizarlo. En clase, explore la aplicación de un versículo de la Biblia a través de las actividades de discusión y aprendizaje. Explique las palabras difíciles o inusuales. Estudie el versículo en su contexto y ayude a sus niños a entender cómo encaja con el resto del párrafo o capítulo.

Memorizar tiene poco valor a menos que el niño pueda aplicar el versículo de la Biblia a situaciones de la vida y utilizarlo para el crecimiento espiritual

Aprendizaje con propósito. Evitar aprender versículos por el simple hecho de aprendizaje o para ganar premios. Seleccione versículos que los niños encontrarán interesantes y ventajosos para aprender. Conocer por qué un niño debe conocer este versículo en particular. ¿Explica el camino a la salvación? ¿Ofrece una promesa de Dios? ¿Hace una declaración importante acerca de Jesús? Al elegir un plan de estudios, busque uno que presente versículos para memorizar que se centran en la aplicación de la verdad bíblica a la vida, en lugar de las situaciones de la Biblia.

Encuéntralo. Parte de la memorización del versículo es familiarizarse con la Biblia. Asegúrese de que cada niño tenga una Biblia para usarla en lugar de tener que compartir una. Tenga Biblias adicionales en la clase para los niños que no traigan una. Enseñe a los niños cómo usar la tabla de contenido para encontrar un libro y cómo interpretar los números de los capítulos y versículos al buscar una referencia. Ayude a los niños a localizar el libro y la página donde está escrito el versículo. Precisión es más importante que la velocidad. Siempre memorice la referencia del capítulo y el versículo junto con las palabras.

Proporcione una traducción moderna de la Biblia. Con el fin de ayudar a los niños a no sólo memorizar pero también entender la Palabra de Dios, considere tener disponible una traducción moderna de la Biblia que los niños pueden leer con facilidad. Si un niño trae una Biblia del hogar que es diferente de las Biblias que usted proporciona en clase, aproveche esta oportunidad para enriquecer la comprensión del niño de la Biblia. Ayude al niño a comparar las palabras usadas en las diferentes traducciones.

Consejos para maneras de aumentar la memorización

Repetir y repasar. La gente memoriza simplemente al escuchar o decir algo muchas veces, igual que repetir la tabla de multiplicación en la escuela todos los días. Repitan los versículos juntos varias veces a lo largo de la sesión de clase. Utilice diversas actividades (juegos, música y discusión) para que los niños puedan oír, ver, escribir y utilizar el versículo. Con el tiempo, los niños encontrarán que se han aprendido el versículo sin darse cuenta. Y no olvide volver a versículos que aprendieron periódicamente. Aplique el principio de "úselo o lo perderá." Los niños olvidarán los versículos a menos que sean repasados con frecuencia.

Utilice la música. Enlace las palabras del versículo en una melodía conocida para que los niños puedan cantar el versículo. Muchos de los cánticos de alabanza contemporánea se extraen palabra por palabra del libro de los Salmos.

Muchos niños encuentran que la música les ayuda a recordar las palabras. Largas listas, como los libros de la Biblia o los Diez Mandamientos, también se pueden aprender fácilmente cuando se le pone música.

Use el arte. Incorpore versículos cortos en proyectos de arte. Los niños pueden escribir las palabras en marcadores, cajas, rollos y tabletas de arcilla o encadenar cuentas con letras. La clase puede escribir versículos en carteles o pancartas que queden colgadas en la pared del salón de clases o en los pasillos de la iglesia durante varias semanas.

Use los juegos. Incorpore el versículo en juegos agradables no competitivos y educativos. ¡A los niños les gusta aprender cuando no saben que se les está enseñando! Utilice los juegos sugeridos en su currículo. También podría comprar juegos de mesa que enseñan versículos de la Biblia. Sin embargo, algunos de estos juegos pueden ser demasiado costosos para un presupuesto limitado de la iglesia. Antes de invertir en un juego, asegúrese de que pueda utilizarse muchas veces, que es conveniente para varios grupos de edad, y que los niños no se cansaran de él. Por supuesto, muchos juegos sencillos pueden ser adaptados para su uso con versículos de la Biblia:

- *Juego de pareo.* Escriba cada palabra del versículo en una tarjeta separada y ponga las tarjetas boca abajo sobre la mesa. Los niños toman turnos para voltear una tarjeta a la vez, tratando de voltear las tarjetas en la secuencia correcta del versículo. Las tarjetas correctas son dejadas mirando hacia arriba. Si la tarjeta no coincide con la secuencia, la tarjeta se coloca boca abajo otra vez.
- *Búsqueda del tesoro.* Escriba cada palabra del versículo en una tarjeta separada y oculte las tarjetas en la sala de clase. Los niños van encontrando las tarjetas y luego las ponen en orden del versículo.
- *Juego de globos.* Escriba las palabras del versículo en tiras estrechas de papel por separado y oculte las tiras dentro de globos. Infle los globos. Los niños estallan los globos, leen las palabras en voz alta y ponen el versículo en orden.

Utilice recompensas. El objetivo de aprender versículos no es conseguir recompensas, pero a los niños les gusta el reconocimiento por sus esfuerzos. Planifique concursos cooperativos de memorización donde los niños trabajan juntos para alcanzar un objetivo común de un número determinado de versículos memorizados. Cuando se cumple el objetivo, todos los niños reciben un premio (por ejemplo, una fiesta de palomitas de maíz, sorpresa de helados, un día de juegos).

Enseñar a los niños a orar

Una de las responsabilidades más impresionantes del maestro en la iglesia es dar a los niños las herramientas para la oración. Incluso los niños pueden acercarse a su Padre celestial con la confianza de que él escucha sus oraciones. Nunca es demasiado pronto para que los niños establezcan un hábito de oración diaria.

Qué enseñar

Dios escucha. Los niños pueden sentir que son demasiado jóvenes o insignificantes para que Dios los escuche o que Dios sólo está interesado en los adultos. Asegure a los niños que Dios se preocupa y quiere escuchar de ellos en todo momento (vea Mateo 7:7-8). Algunos niños pueden pensar que cuando oran, deben sentir o expresar emociones profundas. Diga a los niños que Dios escucha, aunque sientan como si nada hubiera pasado.

Dios provee. Dios es la fuente de todo en la tierra. Los niños pueden hacer oraciones de acción de gracias por los alimentos, refugio, ropa, amigos, familia y seguridad (ver Salmo 103:1-5).

Dios no es un mago o Papa Noel. A menudo la oración es vista como algo mágico que concede peticiones instantáneas. Los niños pueden sentirse tristes o enojados cuando las oraciones "no se vuelven realidad" enseguida. A veces las oraciones son contestadas después de mucho tiempo. Por ejemplo, un juego de química es un gran regalo de cumpleaños, pero un niño muy joven no podría usarlo. El niño tendría que tener más edad y conocer más antes de usarlo.

A veces Dios espera para los que niños (o adultos) maduren antes de responder a una oración. La gente usualmente ora cuando quiere algo. Los niños a menudo oran para recibir algunos regalos para la Navidad o que su equipo gane el campeonato.

A veces Dios contesta las oraciones, no al darnos lo que queremos, sino dándonos la fuerza y la sabiduría para ganarlo. Un niño que trabaja duro para ganar una mensualidad puede ahorrar dinero para una bicicleta. Un equipo puede ganar un campeonato con la práctica y con buen espíritu deportivo. Asegure a los niños que Dios quiere que oren por todas sus necesidades y preocupaciones y que pueden confiar en Dios que siempre los amará y cuidará de ellos (vea Filipenses 4:6).

A Dios le gusta oír las oraciones por los demás. Además de orar por sus propias necesidades, anime a los niños a pensar y orar por las necesidades de los demás. Los niños pueden orar por sus padres (especialmente los padres ausentes o divorciados), hermanos, amigos, compañeros de clase, maestros y mascotas (vea a Mateo 5:44; Efesios 6:18; Santiago 5:16).

¿Por qué no respondió Dios a mi oración? En un mundo imperfecto, suceden cosas malas. Un niño puede quedar atrapado en una fea batalla por la custodia durante un divorcio. Un niño puede ser víctima de abuso o un acto criminal. Accidentes y desastres naturales pueden destruir un hogar de familia. Muere un miembro de la familia o una mascota favorita. Los niños pueden preguntarse por qué un Dios amoroso permitiría que ocurran cosas que ellos consideran trágicas. Asegure a los niños que Dios entiende cómo se sienten y que Dios puede hacer que algo bueno salga de una mala situación (vea Romanos 8:28). Por ejemplo, cuando ocurre un desastre, las personas de una iglesia o comunidad a menudo se ayudan mutuamente. Dios sigue presente y está obrando a través de estas personas para que se cumplan las necesidades.

Cómo orar

Manténgalo simple. Los niños pueden sentir que necesitan lenguaje poético y "vosotros" y "vos" para orar. Los niños pueden hablar con Dios en el lenguaje ordinario.

Manténgalo honesto. Los niños pueden sentir que Dios los castigará si están enojados, molestos o dudosos. Está bien hablarle a Dios de sentimientos de infelicidad. Dios quiere escuchar cómo nos sentimos.

Manténgalo corto. Las oraciones no necesitan ser largas o cubrir todos los temas. Los niños pequeños pueden comenzar con oraciones cortas mientras van aprendiendo a orar.

Sea un modelo a seguir. Los niños se volverán cómodos con la oración cuando ven a los adultos orando en formas que sean apropiadas y atrayentes. Haga de la oración una parte regular de su clase. Hable de respuestas personales a la oración durante la clase.

Use un formato sencillo. Las siglas de ACAS se pueden utilizar para enseñar a los niños a orar:

> *Adoración:* Alabar y dar gracias a Dios por su amor y su poder.
>
> *Confesión:* Admitir acciones y actitudes que no muestran amor hacia Dios y los demás, y decir "lo siento" por los pecados.
>
> *Acción de gracias:* Gracias a Dios por las cosas buenas que nos da.
>
> *Súplica:* Pedir a Dios por las cosas que usted necesita.

Mantenga un diario de oración. Los niños mayores pueden anotar sus peticiones, acciones de gracias y respuestas a las oraciones.

Pueden anotar oraciones bíblicas que utilizan en la clase. Anime a los niños a crear un diario de oración decorando un cuaderno o juntando hojas de papel con una cinta y cubierta de cartón.

Los diarios de oración pueden ser guardados como personales, para que no sean leídos por otros estudiantes.

Crear un ambiente acogedor

La sala para niños de primaria es muy importante. Los de primer grado entran en un nuevo reino de experiencias físicas, cognitivas, emocionales, socialmente y espiritualmente. No se debería colocar con los niños más pequeños en la escuela bíblica. El primero, segundo, tercero y cuarto grado deben tener clases propias tan pronto como sea posible.

Cuando comienzan a leer la Biblia por sí mismos, se les abre un nuevo mundo. No se rinda porque no tiene una sala de clases. Usted puede convertir una esquina en el santuario en una sala de primaria si fuera necesario o dividir una sala más grande. Una cortina con una cubierta adecuada puede ponerse y quitarse con facilidad. Colgando algo de la edad apropiada logrará mucho.

El punto es que necesitamos crear un lugar acogedor, un lugar en el que honremos a los niños que queremos discipular para que lleguen a ser seguidores incondicionales de Jesucristo. Y al honrarlos, honramos al que dijo: "¡deja que los niños vengan a mí!" (Mateo 19:14). Nos encanta ver a los niños llegar por nuestras puertas llenos de entusiasmo y listos para lo que viene. Pero algunos niños se acercan a regañadientes, actúan resbaladizos o están notoriamente ansiosos. Aunque sus reacciones negativas pueden no estar relacionadas por estar en la iglesia, seamos sabios al estar al tanto de las maneras que podamos eliminar esa negatividad logrando que cada niño se sienta acogido con aceptación.

Un lugar acogedor

Tómese tiempo para observar cuidadosamente las áreas de la iglesia donde se celebran los ministerios de los niños. Luego, considere los lugares de su ciudad donde a los niños les encanta reunirse. ¿Cuáles son esos lugares? Qué características de esos lugares envían el mensaje a los niños, "¡este lugar es para ustedes; fue creado especialmente para hacerles querer venir aquí!" (Además, considere qué características están diseñadas para atraer a los adultos para que quieran traer a sus niños.)? Basado en las características que tienen un atractivo genuino para atraer a los niños, vuelva a observar el área que tiene para el ministerio de los niños. Pregúntese, "si pudiéramos hacer de este lugar más atractivo para los niños, ¿qué cambiaría? ¿Qué características podría incorporar? ¿Cómo se vería este espacio físico?"

Los cambios no necesitan ser pretensiosos o especialmente atractivos para los adultos. El espacio no necesita ser de un color en particular o la necesidad de luces especiales o máquinas de humo. Pero es importante que las características del aula les diga a los niños, "¡este lugar es para ustedes porque creemos que son importantes; les damos la bienvenida a este lugar!"

No importa cuán visualmente atractivo y emocionante el lugar pueda parecer, los niños siguen siendo seres humanos. Buscan a otros seres humanos con quienes pueden relacionarse, ya sea en una guardería, una sala de primaria o un cuarto donde se juntan los preadolescentes.

No importa cuán visualmente atractivo y emocionante el lugar pueda parecer, los niños siguen siendo seres humanos. Buscan a otros seres humanos con quienes pueden relacionarse

Personas amistosas

Los primeros momentos de la experiencia de un niño en la iglesia tendrá gran impacto, para bien o para mal. Cuando un niño llega a la puerta de una sala cuyo interior parece un famoso restaurante de pizza o un parque de diversiones y él o ella parece estar cohibido y vacilante, podemos preguntarnos, ¿qué pasa? ¿No hicimos que se viera acogedor? Pero si un niño es ignorado en la puerta de entrada de una sala atractiva, esto le dice al niño que no importa cuán divertido parece ser este lugar, él o ella no va a ser tratado como un individuo. "¡Puedes ser parte de este grupo si eres lo suficientemente audaz para entrar!" es lo que el ambiente puede decirle un niño. Ministerio a los niños comienza al darles la bienvenida. Lograr que los niños se sientan bienvenidos y cómodos es ¡haciendo cosas que cambian vidas! Una persona amistosa a la puerta ve al niño. Él o ella se baja al nivel de la vista del niño, le sonríe, le da una palmadita en el hombro o un abrazo y habla con el niño, repitiendo su nombre. Luego, esta maravillosa persona le explica las actividades en las que el niño puede participar. Sucede algo poderoso, ¡el niño es incluido! Se ha creado comunidad, ¡ahí en ese instante! Los ujieres deben trabajar en equipo para que uno pueda estar a la puerta mientras otro guía al niño al área apropiada. Incluso en las clases muy pequeñas, el comité de bienvenida en la puerta libera a los maestros para que interactúen con los niños que ya están en la sala clases. En lugar de estar constantemente distraídos, los maestros y niños pueden integrar a los que llegan fácilmente y con eficacia. Y no olvide honrar a los que sirven dando la bienvenida, son tremendamente importantes.

Un programa acogedor

El programa es lo que le ocurre a un niño una vez esté dentro de la puerta. Puede ser un grupo grande o pequeño, entretenido o interactivo, silencioso o ruidoso. Pero ¿qué hace que un programa le diga "Bienvenido" a un niño? Qué programa hace que un niño sienta que, "¡me valoran aquí; se preocupan por mí; piensan que puedo hacer cosas!"

Asegúrese de que el programa es apropiado para la edad. Por ejemplo, los estudiantes de segundo grado suspiran y se mueven en sus asientos, contando los azulejos del techo, durante un programa que está totalmente captando la atención de los estudiantes de quinto grado. ¿Sentirán los estudiantes de segundo grado como si los adultos eligieron este programa especialmente para ellos? ¡En absoluto! Por el contrario, están exhibiendo signos normales de inquietud como resultado de un programa que no está diseñado de una manera apropiada para la edad.

Asegúrese que el programa sea diferente de lo que hacen los niños en la escuela. Cuando un programa parece ser como en la escuela, los niños rápidamente se tornan al comportamiento de la escuela (esa destreza la aprendemos todos, ¡fingiendo atención mientras ignoran las actuaciones que los rodea!).

La mayoría de los niños cree que si se esperan en silencio y con paciencia y no participan (lo que algunos maestros llaman "ser bueno"), pueden esperar a que también pase esta experiencia. Por lo tanto, un programa necesita captar el interés de los niños e involucrar sus mentes y cuerpos para que les diga, "¡esto no es la escuela! "Sin embargo, esto no significa que un programa necesita gritar, "¡Diversión! ¡Diversión! ¡Diversión!" cada minuto. Los niños ya están demasiado entretenidos y distraídos. ¡Les hacemos daño si no les proporcionamos la carne de lo que interesa para siempre y les enseñamos cómo comerlo! Los niños necesitan un tiempo tranquilo y un lugar seguro para la discusión interactiva, apropiada para la edad, que les permite no sólo aprender hechos de la Biblia sino también comprender cómo obran las verdades bíblicas en sus vidas diarias.

Diversión no es el único propósito para el ministerio a los niños, porque Dios no nos creó con la necesidad de diversión perpetua sino con una necesidad de relación con él. Ninguna cantidad de diversión ha de satisfacer esa necesidad. La diversión a menudo es la consecuencia de las actividades que incorporan y emocionan a los niños sobre lo que es importante.

En lugar de preguntar si un programa es divertido, determine si un programa es vivo, atractivo, interesante y conducente a que los niños descubran la verdad por sí mismos. Niéguese a dejarse intimidar por aquellos que se quejan, "¡Esto es aburrido!". Determine cuáles son sus preocupaciones reales. Entonces trate esas preocupaciones involucrando a esos niños en el proceso de aprendizaje.

Los niños necesitan un tiempo tranquilo y un lugar seguro para la discusión interactiva, apropiada para la edad, que les permite no sólo aprender hechos de la Biblia sino también comprender cómo obran las verdades bíblicas en sus vidas diarias

Determine si el programa va a hacer una diferencia en las vidas de los niños. En primer lugar, comprenda los objetivos y metas del programa en sí.

Haga una lista de los objetivos que cree que se deben alcanzar en su situación. Sin saber los objetivos específicos de las formas que un programa pueda afectar el cambio, no habrá claridad sobre qué resultado esperar.

Siendo que este es un ministerio espiritual para los niños, no se conforme con guarderías infantiles o entretenimiento. Hable con y escuche a los maestros para determinar si sienten que se están cumpliendo los objetivos de la lección.

Satisfaga las necesidades de los niños

Mantenga sus grupos pequeños. Las clases ideales no tienen más de seis o siete niños y niñas. Este pequeño grupo hace posible mantener a cada uno en alineamiento directo con la vista cuando cuentas la historia. Los niños de edad primaria deben mantenerse físicamente cercanos para estar mentalmente cerca. Cuando la clase es pequeña, usted puede conocer a sus niños y niñas personalmente. Esto es de gran valor.

Cuando la clase es pequeña, usted puede conocer a sus niños y niñas personalmente. Esto es de gran valor

Hay otras preocupaciones además de mantener a los grupos pequeños, porque los niños no llegan a las aulas de clases para comenzar en cero. Tienen necesidades físicas, emocionales y sociales que pueden interferir con el aprendizaje. Traen bagaje de lo que les ha pasado fuera de la clase que puede distraerlos del aprendizaje. Piense en maneras que pueda comenzar a reconocer y tratar con tales necesidades para que las mentes de los niños estén libres para aprender. Dese cuenta, sin embargo, que aunque usted puede hacer mucho para ayudar a satisfacer las necesidades de los estudiantes, no puede resolver todos los problemas, hacer la vida de cada estudiante perfecta, obligar a la gente a cambiar o arreglar cualquier situación. Usted puede perdonarse a sí mismo por sus limitaciones humanas, haga lo mejor para ministrar a sus alumnos y entregue a Dios todas las cosas. Cuando demuestre que está seguro de su fe en Dios, sus estudiantes también serán animados a estar seguros del cuidado de Dios en sus propias situaciones.

Tipos de necesidades

Necesidades espirituales — Todo niño necesita una relación con Cristo y saber que sus pecados son perdonados. A veces este importante objetivo se pierde cuando usted lucha para proveer para todas las otras necesidades del estudiante. A veces necesitará dar un paso atrás y evaluar la forma en la que este objetivo espiritual está siendo alcanzado. Busque oportunidades para compartir con los niños ejemplos apropiados de cómo a usted le ha ayudado ser un cristiano. Invite a los niños a compartir lo que saben sobre cómo convertirse en miembros de la familia de Dios. Escuche sus respuestas y observe cuando un niño indica disposición para convertirse en miembro de la familia de Dios. Ore por cada niño y pídale a Dios que le dé sabiduría para discernir sus necesidades espirituales.

Necesidades físicas — Un niño puede tener dificultad en centrarse en el aprendizaje si él o ella tiene hambre o está incómodo. Asegúrese de que la temperatura de la sala de clases no está demasiado caliente o fría, el aire no es sofocante o maloliente, los ruidos de afuera no causan mucha distracción y las sillas no son demasiado duras o tambaleantes. Limpie y amenice la sala de clases para crear un ambiente de aprendizaje agradable. Si los niños llegan sin desayunar, proporcióneles barras de granola, fruta, panecillos o jugo. Una iglesia situada en un vecindario de bajos ingresos puede que quiera patrocinar un programa de comida gratis o una despensa de comida. La iglesia también puede proveer ropa para los niños sin abrigos o zapatos.

Las necesidades de seguridad — Los niños necesitan sentirse seguros y a salvo de peligro. Establezca una atmósfera de confianza y amor para que los niños se sientan cómodos en clase. Siga los procedimientos escritos de su iglesia para proteger a los niños cuando los recojan después de la clase, esté al tanto de las órdenes de restricciones y no entregar los niños a los padres que no tienen custodia. Asegúrese de que hay una zona en su sala de clases donde se pueden dejar las pertenencias de los niños sin que sean robadas o destruidas. Deje que los niños sapan que no se permitirá la intimidación en su clase.

Todo niño necesita una relación con Cristo y saber que sus pecados son perdonados

Necesidades sociales — Los niños quieren estar con aquellos que los aman, afirman y aceptan. Quieren amigos y necesitan sentirse parte del grupo. No quieren ser ridiculizados, criticados o ignorados. Asegúrese de que todos los niños están incluidos en las actividades de clase. Proporcione ejercicios de coherencia de equipo y ganar confianza. Deje que los niños oren y canten juntos para que fomenten comunidad. Demuestre la aceptación de un niño que pueda parecer diferente de alguna manera. Sus acciones de cuidado enseñarán más sobre el amor de Dios que sus palabras. Los niños quieren sentirse importantes y respetados. Quieren que sus contribuciones a la clase (canto, lectura, arte, discusión, etc.) sean valoradas y aceptadas. Les gusta que su arte sea exhibido, que sus fotos se pongan el tablón de anuncios y que sus nombres aparezcan en el boletín de la iglesia. Les gusta oír que el maestro diga, "¡Hizo un buen trabajo!" Un niño que no se sienta valorado será uno que se retire de la clase y no estará dispuesto a participar.

Áreas de inquietud especial

A veces los niños le informarán sobre una inquietud o preocupación especial; a menudo, sin embargo, no lo harán. Sin parecer curioso, haga un esfuerzo para aprender sobre la vida cotidiana de los estudiantes y sea sensible a las emociones de los niños. Algunos niños expresan claramente sus sentimientos; otros son reservados y temperamentales. Algunos niños que tienen necesidades emocionales o que estén experimentando tiempos difíciles en sus vidas pueden necesitar que esté cerca de ellos para brindarle apoyo.

Problemas familiares — Los niños son afectados por los problemas que enfrentan los miembros de su familia: un hermano mayor que enfrenta problemas con la ley, los padres se están divorciando, un padre tratando con el desempleo o padres lidiando con dificultades financieras. Incluso un evento que normalmente trae felicidad, mudarse a una casa nueva, asistir a una nueva escuela, el nacimiento de un nuevo hermano, el casamiento de un padre, entre otros, pueden causar estrés y ansiedad. Usted puede proporcionar apoyo, consuelo y amor. En situaciones extremas, tal vez tenga que intervenir. (Nota: Si ve señales de posible maltrato físico en un niño, notifíquele a su supervisor y siga los procedimientos establecidos de la iglesia.)

Las situaciones en la escuela — Un estudiante puede tener dificultad en la escuela con calificaciones bajas, una aversión por la maestra, no tiene amigos, tiene encuentros con un acosador y así sucesivamente. Los padres pueden exigir que sus hijos alcancen altas calificaciones. Los niños pueden estar sobrecargados y cansados con demasiadas actividades extracurriculares. Los niños quieren sentirse popular entre sus compañeros. Puede haber presión de los compañeros para comenzar a salir o tener un "novio/novia" incluso entre los niños de primaria. Los estudiantes pueden sentir presión para comprar ropa o juguetes costosos. Incluso algunos niños pueden ser abordados para ser reclutados como nuevos miembros de las pandillas callejeras. Todas estas preocupaciones pueden impedir que un niño se concentre en el aula de clases.

Necesidades emocionales — Un niño puede estar tratándose de una enfermedad o discapacidad que impide que él o ella funcione al máximo rendimiento. Un niño puede tener el Trastorno por Déficit de la Atención (TDA/TDAH) y el Trastorno por Déficit de la Atención con Hiperactividad (TDAH), depresión, una enfermedad mental o una discapacidad de aprendizaje. Un niño puede ser tímido y tiene dificultades para socializar con otras personas. Algunos niños pueden tener sentimientos arraigados de ser inadecuado o rechazo. Algunos estudiantes vienen a clase con "cargas sobre sus hombros" y furia incontrolable.

Necesidades intelectuales — Hay niños que realmente quieran aprender tanto como puedan. Ellos están fascinados por la Biblia, deseosos de servir a Dios y dispuestos a trabajar duro. Sin embargo, se sienten desanimados y obstaculizados por los estudiantes que no comparten a sus intereses. El maestro eficaz puede necesitar encontrar experiencias de aprendizaje adicionales para que estos niños mantengan un alto interés.

Alcanzar a los hogares

Mantenga un contacto cercano con el hogar de cada niño y conozca de qué tipo de ambiente viene cada niño. La llamada personal, la carta, la conversación telefónica, el correo electrónico, toda comunicación hará mucho en mantener el interés. No olvide enviar tarjetas de cumpleaños y saludos navideños. Una vez que el maestro haya preparado las lecciones, jugado juegos, narrado las historias, enseñado los versículos de la Biblia, compartido bocadillos y cantado canciones todas las semanas, ¡puede sentirse como un buen tramo intentar conectar con la familia de cada niño! Pero aprender acerca de la familia de cada niño realmente no significa más trabajo. Por el contrario, ayuda a darle comprensión de las raíces del hogar donde ha crecido cada niño. Esto enriquece la enseñanza y aumenta la capacidad del maestro para atender a ese niño y a su familia. Los maestros y las familias son bendecidos en el proceso. Que se haga claro que su iglesia valora alcanzar a las familias y apoyarlas como una tarea importante. Considere reclutar a un Coordinador de Alcance para la Familia. El Coordinador sirve como punto de contacto para organizar y administrar una variedad de programas de alcance para las familias dentro y fuera de la iglesia.

Cualquier trabajo adicional que haga es una real inversión, y usted descubrirá que paga altos dividendos.

Permita la participación de los padres

En la mayoría de los casos, hemos encontrado cooperación agraciada de los padres, aunque más del 50 por ciento de nuestros niños provienen de hogares desconectados de la iglesia. Las hojas de trabajo que se llevan a las casas ayudan a los padres a conocer qué hacen sus hijos. Encontramos que la mayoría de los padres quieren ayudar si saben qué hacer. Contacto directo con el hogar de cada niño es lo más deseable. Su éxito dependerá mucho de la simpatía y la cooperación que recibe de los padres. Usted encontrará que la mayoría de los padres desean ayudar a sus hijos, esto es evidenciado al enviarlos a la escuela bíblica, aunque ellos mismos no asistan a la iglesia. Ofrezca a los padres la oportunidad de ayudar y usted se sorprenderá de su respuesta en casi todos los casos. Organice un tiempo para que los maestros y padres puedan reunirse. El pastor de la iglesia, pastor de los niños, un padre y un maestro, cada uno puede dar una breve presentación acerca de alguna fase de la vida de los niños. Estas reuniones de padres y maestros no son nada nuevo. Lo hemos hecho durante años al igual que muchos otros. Pero los resultados siempre son gratificantes. Si su escuela bíblica va a crecer, usted debe ganar el interés y la confianza de los padres. Deben estar impresionados con el tipo de trabajo que está haciendo con sus hijos. ¿Estaría orgulloso de tener a sus padres para que vean lo que está haciendo en su departamento? Esta es una excelente manera de hacerse un examen de uno mismo.

Haga listas y familiarícese

Ayude a los maestros a conocer las familias de sus alumnos facilitándolos con listas actualizadas. Anote el nombre de cada niño, dirección, número de teléfono, cumpleaños, correo electrónico de la familia o padres y los nombres y apellidos de los padres y hermanos. Compilar listas de formularios de registro o las hojas de información de la familia. Actualice la información a lo largo del año. En la puerta de cada aula de clases, muestre una lista con los nombres (incluyendo fotos, si es posible) para que le sea más fácil a los padres y niños encontrar las aulas de clase y sentirse bienvenidos.

Si las listas de los maestros incluyen los nombres de los niños de las familias de la iglesia que no están activamente involucradas, los maestros pueden periódicamente contactar a estos niños y familias para invitarlos personalmente a asistir a una clase o programa especial. Sugieran que los maestros utilizan las listas para hacer contactos informalmente (en el estacionamiento de la iglesia, en un evento para adultos, en la tienda de comestibles, en el centro comercial, en el parque y así sucesivamente). Comunicarse a través de una tarjeta, correo electrónico o llamada telefónica con cada niño durante la semana puede ser abrumador, pero es una meta alcanzable para animar a sus maestros a esforzarse para comunicarse con al menos un niño y su familia cada semana.

Consiga que la meta parezca posible entregándole a cada maestro un paquete de contacto: una lista de la clase, suficientes tarjetas para enviar una a cada niño, un bolígrafo, pegatinas decorativas, estampillas postales y así sucesivamente. Selle todos los artículos en una bolsa reusable. Anótele el nombre del maestro. Para ayudar a los padres a conocer al maestro del niño, entregue a los padres copias del formulario Conozca a sus Maestros que se ofrece al principio del semestre. Los padres podrán usar esto como una guía para llegar a conocer al maestro(s) de su hijo y obtener la información que necesita.

Reconocer a las visitas

Preste atención especial a las formas en que las visitas son contactadas una o dos semanas después de su primera visita. Además de enviar una carta o tarjeta personalizada dándole "Gracias por su visita" considere entregar a cada niño que está visitando una pequeña bolsa que contenga varios artículos de regalos económicos (pegatinas, lápices de colores, etc.) así como información impresa sobre su iglesia. Entregue a las familias que los visitan un paquete de bienvenida. Incluya información sobre los programas de iglesia, pegatinas o libros económicos, tarjetas de registro, una carta de un padre que describe los beneficios de participar en los programas de la iglesia, un imán para el refrigerador con la información de iglesia y así sucesivamente.

Planifique un plan de apoyo

Planifique una serie de eventos para padres que incluyan clases de educación para proporcionarles estrategias y directrices con relación a temas comunes de la crianza de los hijos. Invite a un orador (una persona bien informada de su iglesia o comunidad) para abordar un tema de interés para los padres sobre la disciplina, actividades de familia para hacer en casa, ideas de celebración de días de fiesta, seguridad en el hogar y así sucesivamente. Incluya un tiempo para que los padres hablen juntos e intercambien ideas y reflexionen sobre los desafíos de la crianza de los niños. Ofrecer de seis a ocho sesiones durante un período de varios meses alentará la participación de los padres cuyo tiempo es limitado. Planifique de una a tres veces al año, una reunión de Desarrollo Familiar que se enfoque en las maneras de enseñar a los niños las verdades espirituales para ayudar a la familia a crecer en Cristo. Como base para esta reunión, presente información que se encuentre en artículos pertinentes. Permita tiempo para el intercambio de ideas y preguntas para que los padres puedan aprender nueva información y compartir sus mejores ideas sobre el tema. Envíe copias de artículos de interés especial de recursos producibles a los padres de crianza. Planifique maneras por las que la iglesia pueda apoyar a una familia cuando nace un bebé o cuando un niño o un padre está enfermo (comidas, transporte, cuido de niños, etc.). Desarrolle un grupo Intergeneracional de Compañeros de Oración: conecte a los miembros mayores de la familia de la iglesia con los padres de los niños en desarrollo. Estimule el crecimiento de estas relaciones proporcionando información completa de contacto, cumpleaños, edades e intereses de los niños. Los compañeros de oración pueden compartir las peticiones y ofrecer ánimo por teléfono, correo electrónico o reuniones personales. Establezca una zona de biblioteca cerca de las aulas de clases de los niños.

Provea libros sobre la crianza, actividades para disfrutar con los niños, características según el nivel edad y así sucesivamente. Anime a los padres a sacar estos libros, devolviéndolos en una o dos semanas. Invite a los padres cuyos hijos han crecido a donar libros u otros recursos que fueron útiles como padres de niños pequeños.

Conecte a los abuelos con familias jóvenes formando Club para Abuelos. Invite a adultos mayores que no tienen nietos o cuyos nietos no viven cerca a participar en reuniones informales con las familias jóvenes, particularmente aquellos cuyos padres ya no viven o que estén lejos. Una vez al mes, ofrezca a los padres sus servicios de niñera de los niños gratis durante la hora de la cena. Los padres pueden comer en casa o en un restaurante, disfrutando de un momento muy especial de conversación "sólo adultos". Incluyan las siguientes pautas: (a) los padres reservan un espacio con una semana de anticipación; (b) al dejar a sus hijos, los padres dejan un número de teléfono donde se pueden localizar; y (c) los padres firman un permiso.

Celebren eventos para alcanzar a las familias

Las familias nuevas pueden sentir que todos los demás en la iglesia parecen conocerse. Esto puede causar que se sientan como extraños. Para ayudar a familias nuevas a conocer y sentir que son parte del grupo, programe varios eventos de alcance durante el año. Para inspirarle, a continuación encontrará algunas ideas para tiempos sociales y fiestas simples que incluyen actividades divertidas:

- *Noche de juegos* (familias traen juegos de mesa para jugar juntos)
- *Día de la cometa* (familias traen y echan a volar sus

cometas juntos en un parque cercano)

- *Música y por la noche cena* (familias traen comida, instrumentos y música para compartir)
- *Espectáculo de animales* (familias muestran sus mascotas reales o de peluche)
- *Galletas para compartir* (cada familia trae una porción de sus galletas favoritas o los niños hornean galletas junto con los adultos)
- *Día de campo en casa* (cada familia trae un almuerzo y una manta para compartir)
- *Noche de película* (cada familia trae su sabor favorito de palomitas de maíz para compartir; detenga la película para un juego relacionado con las palomitas de maíz).

Estas simples ideas se pueden hacer tan elaboradas como su imaginación lo permita. Tenga en cuenta el objetivo de desarrollar el tiempo de una manera que hará que las nuevas familias y los niños se sientan acogidos e incluidos.

Notas

Gospel Light, *Children's Ministry Smart Pages* (Ventura, CA: Gospel Light, 2004).

5

Preadolescentes

(Edades de 10 a 12 años)

Los preadolescentes están llenos de incertidumbre. ¡Todo está cambiando y al mismo tiempo! No es extraño que nuestros estudiantes a veces parecen como si estuvieran en una montaña rusa de emociones. Y no es de sorprender que los líderes, maestros y padres de los preadolescentes tienen dificultad en entender ¡quiénes son estos estudiantes! Como Michael A. James escribió:

> *Al entrar en el mundo de la preadolescencia, el observador inmediatamente enfrenta lo que parece una serie insondable de diferencias y discontinuidades. El preadolescente en un momento está coordinado y torpe, tímido y agresivo, astuto y despistado, atento y distraído, amoroso y "extraño".*

La preadolescencia es quizás el periodo menos comprendido del desarrollo humano en nuestra sociedad hoy en día. Ahora entendemos que la adolescencia es ese periodo de desarrollo de transición que existe entre la niñez y la adolescencia. Se trata de la transición del pensamiento concreto al pensamiento abstracto, del cuerpo de un niño al cuerpo de un joven adulto, de dependencia emocional a la independencia y del enfoque primario en los padres y familiares a la interacción con sus compañeros.

Durante demasiado tiempo, hemos tratado a los preadolescentes como estudiantes inmaduros de secundaria o niños de primaria difícil de manejar. Este periodo de desarrollo no pertenece ni a la infancia o la adolescencia. Los preadolescentes no están entre dos etapas de la vida. Ellos están viajando a través de un periodo de transición específico, identificable y maravilloso de crecimiento y madurez. ¡El potencial de los preadolescentes es increíble!

Características del nivel de edad

Físicamente

La tasa de crecimiento y los cambios en los preadolescentes varían considerablemente. Esta variación se observa entre los preadolescentes individuales y entre los géneros. En general, las niñas crecerán más rápidamente y a menudo serán más altas que los chicos durante los primeros años de la adolescencia. Aunque el tiempo pueda variar, la experiencia es similar. El crecimiento en cada individuo rápidamente acelera antes de pubertad y se desacelera después de pubertad. En algún momento después de que el cuerpo alcanza la madurez sexual, la hormona del crecimiento parece detener su trabajo.

El crecimiento viene repentinamente. Arranques repentinos de crecimiento causan que el preadolescente se vuelva incómodo y torpe. Los huesos crecen más rápido que los músculos, dejando los nuevos cuerpos de los niños más grandes y mejores sin coordinación. Las manos y pies maduran antes que los brazos y piernas. Los pies de los niños están causando algunos problemas . Son simplemente demasiado grandes para el resto de sus cuerpos y las tres pulgadas adicionales (7,5 cm) inevitablemente hacen tropezar a los niños. Los brazos y piernas crecen más rápido que el tronco y a menudo son la razón de los dolores de crecimiento.

El crecimiento repentino causa fatiga. Al igual que los niños más pequeños, el crecimiento repentino crea fatiga en los preadolescentes. Sus cuerpos están trabajando horas adicionales para crecer y cambiar, y quedan con poca energía y con más necesidad de dormir.

Los preadolescentes son muy activos. Los preadolescentes quieren estar activos, y se mueven constantemente. Las actividades externas son populares a esta edad, porque este ambiente le permite el movimiento de los músculos grandes y actividades ruidosas y bulliciosas. Es difícil que los preadolescentes se sienten por largos períodos de tiempo. Sus crecientes cuerpos necesitan estar activos y en movimiento. Aunque se cansan con facilidad, también tienen las oleadas de energía que necesitan quemarse. Los periodos de crecimiento acelerado hacen que necesiten más alimentos, sin embargo, comiendo más les da más calorías para quemar. Emocionantes actividades o la competencia pueden cansar a los preadolescentes, ya que su fuerza y resistencia no son adecuadas para que coincida con su amor por la actividad. Son reguladores pobres cuando se trata de equilibrar las actividades divertidas y el descanso o el sueño.

El preadolescente es bombardeado con los cambios hormonales. La vida del preadolescente es compleja. El inicio de la pubertad provoca una inundación de hormonas en el cuerpo. Nuevas hormonas afectan físicamente al niño causando crecimiento dramático y cambios físicos. También afectan mucho más que el cuerpo del niño. Las hormonas drásticamente afectan las emociones de los preadolescentes.

Cognitivamente

Aquí otra vez, los preadolescentes están en transición. Los preadolescentes pueden permanecer sentados a través de un servicio de adoración y disfrutarlo, pero ciertamente no están en un nivel de comprensión como adultos.

Los preadolescentes son muy curiosos y, por tanto, también muy distraídos. El período de concentración continúa aumentando con todas las actividades, pero los avances más impresionantes están en las actividades para resolver problemas. Los preadolescentes son capaces de hacer juicios y están desarrollando rápidamente la capacidad de usar el razonamiento hipotético, un producto del pensamiento formal o abstracto. Sus cerebros funcionan mejor cuando son estimulados lo suficiente para causar que se concentren en el tema que se está tratando.

Los preadolescentes están comenzando a moverse del pensamiento concreto al abstracto. Son capaces de razonar mucho más que antes, pero todavía pueden tener problemas con el simbolismo. En la iglesia, los preadolescentes que han asistido durante años empezarán a cuestionar sus creencias mientras buscan continuamente entender y personalizar su fe sobre bases cognitivas más profundas.

Los preadolescentes carecen de experiencia práctica. Mientras que el cerebro y el sistema neurológico se desarrollan casi completamente en esta etapa de la vida, los preadolescentes simplemente carecen de la experiencia necesaria para adquirir y evaluar los datos necesarios para procesar cada situación. Son, por lo tanto, incapaces de resolver problemas de adultos de manera apropiada y con madurez. Esta es una de las razones por la que los preadolescentes deben tener dirección de los adultos y no se les debe dar más responsabilidad de la que estén listos para manejar.

Los preadolescentes tienen poco concepto de lo que es el

tiempo. Cuando un maestro le dice a un preadolescente que debe entregarse un informe en un mes, esto tiene poco significado para el niño. El maestro sabio ayudará a establecer metas a corto plazo para ayudar a que se logre el gran proyecto. En la iglesia, no es de extrañarse que las fechas límite para depósitos y registros no se escuchen a menos que de alguna manera la comunicación llegue a los padres. El maestro del preadolescente necesita estar preparado para que los estudiantes lleguen tarde.

Los intereses de los preadolescentes están en el presente y en lo que es real y práctico. En gran parte porque los preadolescentes carecen del concepto del tiempo, están más interesados en lo que pueden ver, tocar, oír, probar, oler y hacer aquí y ahora. Nuestras actividades de aprendizaje y aplicaciones a las lecciones deben centrarse en lo que los preadolescentes puedan experimentar y poner en práctica inmediatamente para que sean pertinentes.

Son propensos a soñar despiertos. Si lo que está haciendo no es emocionante y significativo, los preadolescentes no se quedarán con usted. Todo su mundo se ha abierto con tantas nuevas experiencias. Sus relaciones han cambiado dramáticamente. Están empezando a darse cuenta que tienen un futuro y que algún día crecen. Esto, unido a su progresiva habilidad para pensar de manera abstracta, crea un suelo fértil para las fantasías. Cuanto más consigamos involucrar a los preadolescentes (mentalmente y físicamente), es menos probable que se pasen soñando despiertos.

Los preadolescentes disfrutan de actividades que incluyen la escritura, el teatro o la pintura. Les gusta expresarse en formas creativas. Cada uno puede elegir su propio medio de expresión, pero encontrar maneras para comunicarse de manera individual es un tema común entre los preadolescentes. Es de beneficio que los preadolescentes estén expuestos a una amplia variedad de artes creativas para que puedan experimentar un sinfín de medios de autoexpresión. Con algo de entrenamiento, los preadolescentes que tienen talentos específicos pueden florecer a esta edad. *Los preadolescentes quieren ser desafiados, pero tienen límites.* Aunque quieren ser desafiados intelectualmente, son ambivalentes en tener que hacer el trabajo si les parece difícil o injusto. Es común escucharlos decir que sus maestros en la escuela demandan mucho de ellos.

Emocionalmente

Los preadolescentes están sujetos a tremendos cambios de humor. Estos cambios bruscos a menudo son confusos para los padres o maestros, así como para el niño. El estado de ánimo del preadolescente salta de repente y dramáticamente entre amor y odio, felicidad y temor, interés y aburrimiento. Estos cambios de ánimo influyen en todas las áreas de la vida del preadolescente, desde sus relaciones hasta su deseo de asistir a la iglesia. Tenemos que recordar que tienen poco control sobre sus emociones. Debemos ser pacientes con los preadolescentes que parecen reaccionar emocionalmente a cualquier situación. Pueden reír un minuto y llorar al siguiente. No es su culpa que su inconstante entorno y los cambios en su química choquen y creen variados ánimos en cómo se sienten sobre sí mismos, sus compañeros y sus líderes. Nuestro trabajo es ayudar a estos preadolescentes que aprendan a responder o actuar apropiadamente a pesar de sus estados emocionales.

Los preadolescentes pueden controlar sus acciones y palabras. Es posible, ¡pero no es fácil! Los preadolescentes necesitan constante entrenamiento de los adultos afectuosos, tranquilos y pacientes para aprender a reaccionar adecuadamente a pesar de cómo se estén sintiendo. Los que dirigen a los preadolescentes deben ser capaces de lidiar con sus propias emociones de tal manera que puedan modelar un comportamiento adecuado y verdadera madurez cristiana. El maestro o el padre que tiene problemas para manejar la frustración o la ira constructivamente no llegará muy lejos ayudando al preadolescente con su propio desorden emocional. Esto es una parte muy real del discipulado de los preadolescentes, como lo es que sus maestros y padres comparen notas uno con el otro y reconocer sus desafíos en común.

Los preadolescentes están enfadados. La ira es una de las emociones más comunes que surge en la vida de los preadolescentes. Suelen ser muy temperamentales. Esta ira proviene de una variedad de fuentes, incluyendo fatiga o sentimientos de ineptitud, rechazo o incertidumbre. Cualquier cantidad de asuntos negativos pueden ser evidentes fuentes de enojo en las vidas de los preadolescentes, y se les debe enseñar destrezas para liberar o expresar adecuadamente sus frustraciones y modelar patrones para procesar positivamente los sentimientos de enojo. Para algunos preadolescentes, constante asesoramiento y capacitación para proporcionarles los medios prácticos para evitar reacciones inadecuadas pueden ser necesarios.

Los preadolescentes son temerosos. El temor de los preadolescentes viene en la forma de preocupaciones. Tienen demandas mayores sobre ellos en todas las áreas de sus vidas, y tienen ansiedad por tratar de realizarlo a un nivel aceptable, ya que desean complacer a sus compañeros y sus padres o maestros. El rechazo y la aceptación son las preocupaciones mayores en la vida de los preadolescentes. Ellos están constantemente evaluando si son aceptados y si están recibiendo aprobación. Cosas como el informe de las calificaciones de la escuela y la crítica entre sus compañeros son vitales en el proceso de la autoevaluación de cada preadolescente.

Los preadolescentes niegan tener temores. Si le pregunta a un preadolescente sobre sus temores, lo más probable es que lo nieguen. Especialmente cuando esos temores parecen identificarse con los años de su temprana edad, como tener miedo a la oscuridad. Sin embargo, los temores, son reales. Porque no quieren admitir sus temores, tal vez ni a ellos mismos, los preadolescentes pueden ser algo de un misterio para los adultos. Los preadolescentes protestarán en contra de tener una niñera para que se quede con ellos, pero se cierran ellos mismos en un armario cuando escuchan un sonido aterrador afuera y no hay nadie ahí para protegerlos. No quieren luz nocturna de un bebé, pero esconden una linterna bajo su almohada en caso de que oyeren un ruido en la noche. Como adultos, no debemos descartar estos temores que son muy reales, porque los preadolescentes pueden sentirse menospreciados.

Los preadolescentes a menudo son amenazados por la competencia. Esta es otra área de aparente contradicción para los preadolescentes. Un día, parecen querer la competencia; al siguiente, la odian. Es posible que esto tenga mucho que ver con la posibilidad de ganar o no. A casi todos les encanta competir si son tan buenos en algo que se asegurarán una victoria, pero a muchos de nosotros no nos gusta perder. Incluso, la competencia señala la más mínima de las grietas de nuestra armadura y los preadolescentes ya son demasiados críticos de sí mismos. Los preadolescentes tienen un amor por el humor.

Los preadolescentes disfrutan de chistes y los líderes que pueden ver el lado bueno de la vida. El humor debe incluirse en cada parte del ministerio a los preadolescentes. Haga de sus aulas de clases y los programas, lugares divertidos para estar. Sin embargo, el humor nunca debe ser usado como un arma. Debe utilizarse de manera madura. Ningún niño debería ser el tema de la broma. Incluso aquellos que parecen ser capaces de manejarlo y que se ríen con nosotros pero normalmente no se están riendo por dentro. El humor sarcástico dirigido a alguien puede hacer que su grupo de jóvenes no sea un lugar seguro para los preadolescentes. Cualquier niño puede sentirse como si él o ella podría ser la próxima víctima de una broma. Pero la alegría y el humor bueno y positivo deben ser el sabor y el tono de nuestro ministerio a los preadolescentes.

Los preadolescentes son discretos. Aunque a veces parece que nunca dejarán de hablar, durante los años posteriores a la preadolescencia, ellos desarrollarán áreas privadas de sus vidas que no quieren compartir con nadie, y menos con figuras de autoridad. Estas áreas privadas incluyen sus temores y preguntas sobre sí mismos y sus compañeros. Debe tenerse mucho cuidado durante las discusiones en grupo en mostrar respeto por la privacidad de los preadolescentes. Los maestros deben permitir cierta libertad en la elección de los temas de discusión y nunca presionar a los preadolescentes a divulgar información personal.

Los preadolescentes necesitan estímulo, apoyo y amor incondicional. Tenemos que darles afirmación fuerte y frecuente. Siendo que los preadolescentes están cambiando constantemente y experimentando conflictos y trastornos emocionales, necesitan ser asegurados una y otra vez por lo menos un adulto que demuestre que lo ama y acepta incondicionalmente, aunque su comportamiento no sea de agrado a los adultos.

Los preadolescentes necesitan sentirse necesitados (y recibir retroalimentación positiva). Por esta razón los preadolescentes, tanto niños como niñas, son voluntarios frecuentes para la guardería de la iglesia. Realmente disfrutan cuidar a los niños pequeños, porque se sienten útiles y amados por los más pequeños. Tener jóvenes adolescentes y preadolescentes trabajando con los niños de otras personas por unas horas a la semana les da retroalimentación emocional positiva. También les da una mirada adecuada y seria sobre el compromiso a largo plazo de convertirse en padres. Los preadolescentes se beneficiarán enormemente de ser colocados en posiciones para extender cuidado y reconocer que están haciendo una diferencia en las vidas de los demás.

Socialmente

Para los preadolescentes, sus compañeros son increíblemente importantes. Los preadolescentes son grandemente influenciados por sus compañeros. Al comenzar a separarse de sus familias y expresar individualidad e independencia, inmediatamente buscan familias sustitutas para llenar el vacío: el grupo de jóvenes de la iglesia, un equipo deportivo, un pequeño grupo de amigos o una panilla. Su temor de no ser aceptados les lleva a querer parecerse, actuar y hablar como otros de su misma edad. El grupo es lo más importante. El fracasar de alcanzar un cierto nivel de pertenencia en el grupo puede resultar en una autocompasión introspectiva para el preadolescente.

Los preadolescentes son autocríticos y críticos de los demás. Los preadolescentes se sienten incómodos. A menudo se preguntan si son buenos para algo. Se preguntan cómo compara su inteligencia y capacidad atlética con otros. El fracaso o mal desempeño en cualquier área, ya sea en el deporte, académico u otros indicadores que se puedan observar de inteligencia o destrezas físicas, es seguro de provocar una crisis. Un defecto facial, pies grandes o vestir la marca de ropa equivocada puede provocar una crisis. Además, el hecho de que están rodeados por sus compañeros críticos que se apresuran a señalar esas diferencias, provoca que los preadolescentes sean cada vez más críticos de ellos mismos (para que encajen con lo que otros dicen acerca de ellos) y otros (para conseguir que no los critiquen a ellos mismos).

Los preadolescentes necesitan de buenos amigos del mismo género. Durante los primeros años de la adolescencia, a menudo los preadolescentes no le agradan los miembros del sexo opuesto. Esta es la edad de las amistades y los mejores amigos. No sólo es normal que los preadolescentes compartan muy de cerca con sus compañeros del mismo sexo, pero también es una necesidad para establecer un fundamento para las relaciones positivas con los miembros del sexo opuesto más adelante en vida. Cualquier temor de que semejante relación sea un precursor de una orientación homosexual está totalmente fuera de lugar. Esta es una etapa natural y saludable de desarrollo del preadolescente hacia la madurez social.

Más adelante en la preadolescencia se desarrollan amistades con miembros del sexo opuesto. Esta es un área más de transición para los preadolescentes, así que es importante que el maestro prepare algunas actividades de pequeño grupo mixto para que los líderes puedan ayudar a los preadolescentes aprender cómo relacionarse adecuadamente con el sexo opuesto.

Los preadolescentes buscan la independencia y autonomía de los padres. Aunque los preadolescentes quieren sentirse separados e independientes de sus padres, todavía necesitan y verdaderamente desean la orientación y el apoyo emocional de los adultos. Por esta razón el personal de los programas de los ministerios a los preadolescentes funcionan tan bien con gente como mamá y papá. La iglesia está en su mejor momento cuando uno de los padres está apoyando a otro al ser ese adulto significativo para un niño que busca la independencia de su propia mamá y papá.

Los preadolescentes están cada vez más preocupados por su apariencia física. Los adolescentes suelen estar demasiado conscientes de sus propios cuerpos y los cambios que puedan o no puedan haber comenzado a ocurrir. De hecho, se podría decir que están obsesionados con su apariencia física. Debido a esta obsesión sobre su propia apariencia, los preadolescentes son muy vulnerables a las expectativas y las expectativas percibidas de sus compañeros y la sociedad en conjunto como se observa a través de los medios de comunicación. La industria de las revistas, cine y televisión ofrecen un constante desfile de imágenes deseables y admirables con las que desafortunadamente estos incómodos jóvenes adolescentes se comparan a ellos mismos.

Esta es otra área en la cual los preadolescentes sienten que tienen que hacer algo con el fin de encajar. La cosas externas, como la belleza física y la ropa, se convierten en una vara de medida que ellos creen que marcará la diferencia en cuanto a si son o no aceptados.

Los preadolescentes se vuelven más reflexivos. Esforzándose por conservar su identidad y el emergente sentido de individualidad, ellos necesitan privacidad y tiempo para estar a solas con sus pensamientos y sus intereses. A veces elegirán leer a solas para tener la privacidad y tranquilidad para pensar. Aunque esto pueda parecer muy diferente de otras características de este grupo de edad, todavía es una parte importante de su temperamento, y debemos intentar proporcionarles estos tiempos tranquilos y reflexivos.

El preadolescente no disfruta de nada de lo que parezca ser trabajo. Esto es cierto principalmente en el hogar y especialmente durante los primeros años. Al principio esto parece contradictorio, ya que les encanta que los necesiten. Si la tarea se presenta correctamente, lavar el auto, lavar los trastes y cuidar a los niños parecerán todos como desafíos interesantes. Es cuando se convierten en tareas rutinarias y comienza la monotonía de un trabajo que los preadolescentes tienden a perder el entusiasmo. El trabajo escolar puede ser particularmente difícil para algunos preadolescentes.

Espiritual

Espiritualmente, un preadolescente está muy abierto a tener una relación personal con Dios. Para el estudiante cambiar de una fe dada por los padres a una fe personalizada, puede parecer que él o ella se ha vuelto a interesar en las cosas espirituales por primera vez. Esta transición a veces provoca que el observador casual asumir que los niños de esta edad no pueden tomar decisiones espirituales significativas. En realidad, los niños pueden tomar increíbles decisiones para seguir a Dios, pero deben volver a pensarlas y adueñarse de ellas en su transición a través de la preadolescencia.

La conciencia de los preadolescentes mejora especialmente sobre el comportamiento de los demás. Están muy conscientes de la justicia y la honestidad de los adultos a su alrededor. Constantemente evaluarán los valores de sus padres y maestros. Sin embargo, pueden ser más relajados con su propio comportamiento. Por ejemplo, hacer sus propias trampas en la escuela o hurtar se racionaliza y tiene sentido para ellos, sin embargo, son rápidos para condenar a otros que hacen las mismas cosas.

La justicia es extremadamente importante para los preadolescentes. Cuando los adultos son inconsistentes, son rápidos para señalarlo, "¡Eso no es justo!" Tienen un sentido de justicia que debe cumplirse, especialmente por los maestros y los padres en sus vidas.

Egocentrismo

Egocentrismo es la falta de capacidad para distinguir entre las respuestas de uno mismo y las respuestas de los demás y entre la realidad y pensamientos propios. Dios creó a un niño de dos años para que defina el mundo en términos de él o ella misma, y entendemos que esto es un proceso normal del desarrollo para el niño. También tenemos que entender el que el egocentrismo de un preadolescente es una característica natural del adolescente emergente. El preadolescente también ve el mundo en términos de "yo". De hecho, algunos han dicho que los preadolescentes son niños de dos años con hormonas. La marca del egocentrismo del preadolescente se puede identificar más claramente en dos construcciones mentales: audiencia imaginaria y la fábula personal.

Audiencia imaginaria

El preadolescente no puede diferenciar entre una preocupación con él o ella misma y lo que los demás piensen de él o de ella. El preadolescente asume que los demás están tan obsesionados con su aspecto y el comportamiento al igual que ellos, por tanto, el preadolescente está siempre anticipando las reacciones de los demás. El niño está constantemente creando una audiencia imaginaria y luego reacciona ante ella. Por ejemplo, un preadolescente con un nuevo par de zapatos deportivos puede caminar por una multitud de compañeros e imaginar que todos le están mirando.

Todo esto hace que el preadolescente se sienta cohibido. El preadolescente asume que todo el mundo se está enfocando en él o ella. Esto explica el deseo del joven adolescente querer privacidad y su impulsión obsesiva de vestir con la actual ropa de la marca popular. Esto explica la cantidad de tiempo que dedica el preadolescente en el baño cada día arreglándose cara y cabello para que queden bien. Esta timidez es también la razón por la cual muchos preadolescentes tienen dificultad para permanecer conectados a los programas de la iglesia donde no sienten que pertenecen al grupo. El tímido preadolescente entra en el aula de la escuela bíblica y asume que todos se están preguntando ¡Por qué él o ella está allí y por qué viste con esa ropa!

La autoadmiración también llega a ser común a esta edad. El joven preadolescente puede convencerse de que la imagen en el espejo causará que la joven que el admira se babee, cuando en realidad la joven estará tan preocupada por su apariencia y su propia audiencia imaginaria, que ni siquiera se dará cuenta de las dos horas de preparación que él pasó para hacerse presentable.

Dado que los preadolescentes son tan ensimismados, no dan el mismo apoyo emocional y comentarios positivos que esperan recibir de los demás. Desafortunadamente, ambas partes tienden a ser tomadores buscando este apoyo de la otra persona pero no lo ofrecen a cambio. Por esta razón es imperativo que el ministerio de los preadolescente tenga un personal de adultos que sean maduros y entrenados para enfocarse en otros en lugar de ellos mismos. Estas personas efectivamente podrán animar a los preadolescentes y apoyarlos emocionalmente.

Para algunos preadolescentes, la importancia de uno mismo es tan alta que no puede entender como valorar a los demás. Historias sobre preadolescentes que planifican y llevan a cabo formas de hacerles daño a los demás porque creen que la gente los está ridiculizando es un ejemplo del increíble poder que puede tener esa audiencia imaginaria sobre el preadolescente.

Fábula Personal

Una fábula personal es una historia ficticia (falsa) que un preadolescente se dice sí mismo. Fábulas personales pueden incluir las ideas a continuación:

- Los sentimientos del preadolescente son especiales y únicos.
- Nadie entiende cómo se siente el preadolescente.
- El preadolescente es invencible. Accidentes o lesiones corporales sólo les ocurren a otros, no a él o a ella.

Esta elaboración intelectual concuerda con la elaboración de la audiencia imaginaria. Puesto que el niño se cree firmemente ser el centro de atención a tantas personas (los miembros y la audiencia imaginaria), los sentimientos y vida del preadolescente se tornan muy especiales e importantes.

El preadolescente cree que sus experiencias son únicas. Sólo él o ella ha experimentado tanto dolor. Sólo él o ella puede verdaderamente comprender de la situación. Y porque él o ella es única, los peligros que podrían herir a alguien más nunca le afectará.

Fábulas personales pueden conducir a comportamientos extremadamente riesgosos. Una película llamada El Programa (estrenada en 1993) representa el protagonista y algunos de sus compañeros de equipo acostados en medio de una transitada carretera para demostrar lo valiente que eran y como una muestra de unidad. En la película, los personajes de la película que se dedicaban a esta muy arriesgada actividad, nunca fueron golpeados por los automóviles que pasaban. Este comportamiento en la película pulsó un acorde con los preadolescentes que, ya creyendo que cosas malas sólo les pasan a otras personas, que podrían hacer lo mismo y no salir heridos. Varios preadolescentes de todo el país en realidad fueron heridos o muertos al copiar este comportamiento. El creador de la película, finalmente cortó esta porción de la película.

Presiones de la sociedad

El observador casual puede concluir que los preadolescentes están madurando más rápido de lo que solían. Sus cuerpos parecen estar floreciendo a una edad más temprana. Están involucrados en actividades mucho más sofisticadas, interacciones sociales y argumentos que las generaciones anteriores. El mundo está confrontándolos con preguntas y problemas más serios que teníamos que tratar a su edad.

Ellos saben más que sus preadolescentes antecesores. ¿Pero están ellos realmente madurando, o están siendo obligados a crecer antes de su tiempo? Mientras sus cuerpos están avanzando a edades más tempranas, ¿están sus emociones y arenas cognitivos manteniéndose al paso? Observe las películas o la televisión y pronto verá que diversos medios de comunicación le están sacando provecho a estos cambios físicos. Los niños más pequeños están más interesados que nunca en sus apariencias y cómo se ven ante su grupo de compañeros.

Los preadolescentes son "grandes ganancias" para los publicistas y cineastas, y como nunca antes están siendo atraídos como consumidores. Social, emocional y mentalmente, los preadolescentes están siendo expuestos a material más maduro pero pueden no estar preparados para lidiar con él más de lo que estábamos nosotros a su edad. Los niños se ven obligados a crecer más rápidamente de lo que debería ser. A través de los medios de comunicación y otras fuentes, la sociedad está exponiendo a nuestros niños a más conceptos y efectos visuales maduros que nunca antes. Cualquier noche al mirar la televisión, los niños están expuestos a más de lo que la mayoría de nuestros padres vieron en las películas del cine. El hecho de que los preadolescentes están siendo forzados a lidiar con todo esto no quiere decir que es bueno para ellos o que ya están listos para ello.

La sociedad ha obligado a los niños a ser más sofisticados. En algunas maneras están madurando; en otras, están afrontando cosas que emocionalmente no están equipados para enfrentar. El mundo de los preadolescentes es muy complejo y están muy conscientes socialmente, pero lo que muchos no se dan cuenta es que el desarrollo de destrezas de los preadolescentes no coincide con este nivel de sofisticación. Sus contactos sociales lo han presionado a actuar como adolescentes antes de que se conviertan en adolescentes.

Programas específicos para los preadolescentes

Incluso mientras los investigadores debaten sobre cómo transformar la educación para satisfacer las necesidades únicas del grupo de los preadolescentes, también las iglesias tienen que adaptar el ministerio para ellos. Conociendo cómo son los preadolescentes y lo que necesitan y quieren, tenemos que diseñar nuestros programas para adaptarse a esas características. Ya no podemos hacer ministerio a los preadolescentes en la manera en que siempre hemos hecho el ministerio para los niños, ni podemos intentar tirar a los preadolescentes en el tradicional ministerio a los jóvenes.

Es tiempo que la iglesia comience a diseñar programación y ministerio específicamente para los preadolescentes ¡y sus amigos!

Las necesidades de los preadolescentes, según ellos

¿Qué quieren los preadolescentes? Podemos aprender mucho

acerca de sus necesidades percibidas al escuchar las preguntas que típicamente hacen en la iglesia. A continuación le damos una lista de las 10 principales preguntas que sus estudiantes son más propensos a hacer:

10. ¿Vamos a tomar un aperitivo?
9. ¿Quién va a venir?
8. ¿Qué vamos a hacer ahora?
7. ¿Está seguro?
6. ¿Qué vamos a comer?
5. ¿Verdaderamente?
4. ¿Es hora de irnos?
3. ¿Qué dijiste?
2. ¿Tenemos que hacerlo?
1. ¿Cuándo vamos a comer?

Desearíamos que los preadolescentes preguntaran, "¿Qué versículo de la Biblia podemos memorizar hoy?" o "¿Hay alguna persona necesitada de nuestro grupo que podamos mostrarle amor ahora mismo?" Pero estos no son los temas más importantes en más mentes preadolescentes. Sus preguntas muestran sus necesidades percibidas.

¡Comida! Como ya mencionamos una o dos veces, ¡la comida es tanto una necesidad percibida como una necesidad real! Es mucho más fácil trabajar con los preadolescentes cuando tienen el estómago lleno.

¡Amigos! Los preadolescentes quieren saber quién va a venir, porque las relaciones son fundamentales para su existencia. Quieren estar cerca de sus compañeros con quienes se sienten aceptados. Los amigos son una necesidad. Nuestro estilo de ministerio necesita maximizar el desarrollo de las relaciones.

¡Diversión! Quieren saber lo que van a hacer, porque quieren divertirse y estar activos jugando con sus amigos. También

quieren estar seguros de que no pasarán una vergüenza por una actividad que les haga sentirse incómodo.

Los preadolescentes demandan diversión, así que cierta cantidad de nuestro ministerio debe dedicarse al entretenimiento.

¡Perspectiva! Los preadolescentes quieren ser el centro de atención pero sólo en ciertos aspectos. Ellos desean ser notados por sus compañeros y aquellos adultos significativos en sus vidas. Así que, algunas de las cosas que dicen y hacen en iglesia pueden ser simplemente para llamar la atención que ellos desean.

Aunque es importante que seamos sensibles a los gustos y preferencias de nuestros alumnos, debemos evitar establecer nuestro ministerio para los preadolescentes únicamente en lo que los estudiantes dicen que quieren o en lo que asumimos que quieren. De la misma manera en que no consideraríamos ser padres de niños cumpliendo con todos sus caprichos, no debemos diseñar nuestros ministerios con sólo los deseos que los estudiantes tienen en mente. Debemos proporcionar liderazgo audaz en nuestro ministerio y cuidadosamente establecer nuestros ministerios para los preadolescentes según los deseos de los estudiantes junto con lo que sabemos que necesitan y lo que sabemos que les ayudará a crecer espiritualmente, necesidades que incluso los preadolescentes no pueden expresar o entender.

Las necesidades de los preadolescentes, según los expertos

Los Jóvenes adolescentes tienen siete necesidades claves de desarrollo según una investigación realizada por Peter Scales del Instituto de Investigación:

1. Interacción social positiva con los adultos y sus compañeros.

2. Estructura y límites claros.
3. Actividad física.
4. Expresión creativa.
5. Competencia y logros.
6. Participación significativa en las familias, escuelas y comunidades.
7. Oportunidades para definirse a sí mismo.

Cada una de estas necesidades del desarrollo puede comprenderse mejor a la luz de las características del nivel de edad de los preadolescentes que se ha descrito anteriormente.

Actividades según su estilo de aprendizaje

Planifique ministrar a los preadolescentes usando una variedad de actividades, dependiendo de los estilos de aprendizaje de su grupo (para descripciones más extensas de los diferentes estilos de aprendizaje, vea "Comprendiendo los diferentes estilos de aprendizaje" en el capítulo 3).

Visual (tridimensionales) — Desafíe a los estudiantes visuales a expresarse mediante la creación de representaciones visuales de lo que han aprendido: dibujando, construyendo o realizando proyectos de arte. No se sorprenda al encontrar que estos estudiantes se pasan haciendo garabatos.

Verbal (lingüístico) — Los aprendices verbales disfrutan de las tareas de lectura y de las actividades de escritura. Pueden utilizar palabras de manera creativa y son sensibles a la palabra hablada. Ellos disfrutan hablar, la discusión y contar historias, así que, use ideas creativas de la narración y la discusión. Desafíe a estos preadolescentes a que memoricen.

Tácticos (cenestésicos) — estudiantes tácticos disfrutan participar en una variedad de actividades cortas de aprendizaje que incluyen mover, tocar, jugar, actuar y correr. Minimice la cantidad de muebles en su sala de clase para que usted pueda cambiar de actividad rápidamente, fácilmente y con frecuencia de un lado de la sala al otro. Permita que los preadolescentes dramaticen las historias y aplicaciones de lecciones de la Biblia.

Relacional (interpersonales) — Los estudiantes de aprendizaje relacional disfrutan de actividades que involucran a pequeños grupos, equipos, entornos sociales y proyectos que incluyen trabajar con otras personas, usted debe hacer del aprendizaje cooperativa (trabajando en parejas o en pequeños grupos) parte regular de su entorno de aprendizaje. Durante cada sesión, permita tiempo para que estos preadolescentes puedan hablar y hacer amistades.

Reflexiva (introspectivos) —Estudiantes introspectivos aprecian las actividades que incluyen meditación, reflexión y oración. Disfrutan de los proyectos del estudio personal y de los tiempos de uno-a-uno con los maestros y otros estudiantes. Permita tiempo para alguna reflexión tranquila durante cada sesión y no asuma que los estudiantes tranquilos son tímidos.

Lógico (matemáticos) — Estudiantes lógicos disfrutan estar involucrados en experimentos, analizando temas, solucionando problemas y respondiendo a preguntas difíciles. Ayude a estos estudiantes a cuestionar y defender la fe. Estire su pensamiento mediante preguntas abiertas.

Musical — En ocasiones utilice la música para establecer el ambiente para la historia de la Biblia, haga que el cantar y escuchar las palabras de la Biblia con música sea parte de algunas de sus lecciones. Permita que sus estudiantes le ayuden a proporcionar grabaciones de música cristiana popular apropiada de la cual usted puede elegir para antes y después de clase. Ponga y cante junto con las grabaciones los pasajes bíblicos con música.

Naturalista — Estudiantes naturalistas aprenden mejor cuando hay actividades al aire libre en la creación de Dios, en un entorno natural. Incluya actividades que utilicen las plantas, animales y otros elementos de la naturaleza. Ocasionalmente saque a su clase al aire libre o planifique actividades fuera de la clase, campamentos y/o retiros. Tenga ventanas en sus aulas.

Currículo para los preadolescentes

La buena enseñanza bíblica es, por supuesto, la prioridad número uno en la evaluación de un currículo para los preadolescentes, pero hay algunas consideraciones específicas por edad que deben cumplir el plan de estudios elegido para este grupo de edad en particular.

Para satisfacer las necesidades físicas de los preadolescentes

Cada lección debe proveer ideas para el movimiento y la actividad. El plan de estudios que se utilice con los preadolescentes debería tener un estilo de aprendizaje activo de la educación. Piensen de esta manera: para muchos de los preadolescentes, si sus cuerpos no se están moviendo, sus cerebros no están encendidos. Lea a través de varias lecciones y evalúe cuántas veces se les pide a los estudiantes levantarse y moverse, descubrir, interactuar y discutir. Cuando esto se hace bien, el movimiento será una consecuencia natural de las actividades en lugar de sólo un descanso ocasional del estiramiento.

Las lecciones deben cambiar el énfasis por lo menos cada 10 a 12 minutos. La capacidad de atención entre las edades de 10 a 12 años es de 10 a 12 minutos. Nuestras lecciones necesitan tener esto en cuenta cambiando el énfasis con frecuencia. Esto no significa que tiene que haber una nueva actividad cada 10 minutos, sino que el énfasis debe cambiar. Las actividades que duran por cortos trozos de tiempo también ayudarán a necesidad de los preadolescentes de movimiento y cambio de actividad física, haciendo la clase mucho más exitosa y deseable para los estudiantes y maestros.

Para satisfacer las necesidades emocionales de los preadolescentes

Las lecciones deben ser divertidas, tanto para los estudiantes como para los maestros. Los preadolescentes aprenden mejor cuando se están divirtiendo. Los maestros enseñan mejor cuando se están divirtiendo.

El objetivo final es que los estudiantes regresen a casa pensando que jugaron todo el tiempo, ¡mientras los adultos se dan cuenta que enseñaron todo el tiempo! Y la investigación ha demostrado que cuando se involucran las emociones, los recuerdos son más fuertes y perduran más. Con frecuencia es cierto que entre más altas sean las risas provenientes del aula infantil, mejores son las posibilidades que estén teniendo buen ministerio y buena educación.

El estilo de enseñanza debe permitir que los preadolescentes se sientan seguros en el aula de clases. El currículo debería ayudarle a crear un ambiente cómodo en el que todos son bienvenidos a compartir y ser parte de la comunidad.

Las preguntas siempre deben incluir un buen número de preguntas abiertas para que los estudiantes sean animados a pensar en voz alta y puedan ampliar sus conceptos y explorar sus pensamientos sin temor a ser rechazados si responden de manera incorrecta.

Para satisfacer las necesidades sociales de los preadolescentes

Cada lección debe proporcionar frecuentes oportunidades para que los preadolescentes discutan el enfoque de la lección. Los preadolescentes aprenden mejor cuando su educación es interactiva, cuando pueden hablar mientras se aprenden.

Las actividades deben incluir los esfuerzos del grupo para que los preadolescentes puedan hablar juntos. Los compañeros y amigos son importantes, así que debe haber oportunidades para que los preadolescentes compartan e intercambien información y objetivos.

Una actividad misionera o de alcance evangelístico, al menos ocasionalmente, sería favorable para estos niños ansiosos por ayudar a los demás.

Las actividades deben incluir los esfuerzos del grupo para que los preadolescentes puedan hablar juntos.
Los compañeros y amigos son importantes, así que debe haber oportunidades para que los preadolescentes compartan e intercambien información y objetivos

Para satisfacer las necesidades intelectuales de los preadolescentes

El alcance y la secuencia del currículo deben ser conformadas principalmente de temas relacionados con el mundo de los preadolescentes. Algunos de los temas que interesan o preocupan a estos preadolescentes y que deben abordarse con ellos varias veces a lo largo de sus años incluyen los siguientes:

Las actividades deben incluir los esfuerzos del grupo para que los preadolescentes puedan hablar juntos. Los compañeros y amigos son importantes, así que debe haber oportunidades para que los preadolescentes compartan e intercambien información y objetivos.

- Amistades y relaciones
- Estableciendo prioridades
- Presión de grupo
- La muerte y la vida eterna
- El temor
- Popularidad y éxito
- Abuso de sustancias (drogas, alcohol, inhalantes)
- Justicia, hambre y la pobreza mundial
- Violencia y pandillas
- Respeto para los padres y otras autoridades
- Autoestima y la perspectiva de Dios sobre nosotros
- La escuela, calificaciones y el manejo de la presión
- El futuro
- El noviazgo, amor, matrimonio y el sexo (¡en ese orden!)

Este es el momento para hablar de temas que involucran el género opuesto, porque están lo suficientemente cercanos para estar involucrados con el género opuesto para estar interesados pero lo suficientemente lejos para estar dispuestos a discutirlos. Tenemos que establecer normas correctas antes de que se involucren en las actividades. Ya van a ver más de lo que están dispuestos a ver en la televisión, así que necesitan saber lo que Dios dice acerca de este asunto.

Cada lección debe intentar enseñar solamente una verdad

bíblica o concepto importante. Mejor retención proviene mirando una y otra vez una verdad bíblica principal de diferentes maneras a lo largo de una sesión completa. Si podemos conseguir que nuestros preadolescentes disfruten de la iglesia lo suficiente para asistir con bastante regularidad (digamos, 30 a 40 veces al año) y si logramos que entiendan y apliquen un concepto de la Biblia cada vez que vienen, terminarán por tener más de 30 principios espirituales añadidos a sus vidas anualmente.

Cada aspecto de la lección debe ayudar a reforzar, explicar o aplicar un concepto de la Biblia. No tenemos suficiente tiempo con nuestros estudiantes para añadir un montón de cosas adicionales. Tenemos que asegurarnos de que la música, los proyectos de arte, las oraciones, las actividades y los juegos ayuden a repetir, reforzar, explicar y explorar el concepto de la Biblia. La exposición repetida de un punto durante toda la sesión hará que nuestros estudiantes aprendan y retengan lo que se ha enseñado.

Buenas lecciones incluirán preguntas de reflexión que causarán que los preadolescentes utilicen sus destrezas de razonamiento de orden superior. Queremos desafiar intelectualmente a nuestros estudiantes. Buenas preguntas harán eso, pero debemos planear nuestras preguntas (o que se nos hayan planeado en nuestro plan de estudios). Los nuevos maestros necesitarán ayuda en esta área. (No limite el valor de comprar un buen currículo con las preguntas correctas). Las preguntas también necesitan ser abiertas para hacer que los estudiantes piensen y analicen la información antes de responder. Respuestas de sí o no, o la simple repetición de información que se ha presentado, demostrará si el estudiante estaba escuchando y tiene una memoria a corto plazo de lo que se dijo, pero esas preguntas no adelantan el proceso del pensamiento del estudiante y la comprensión del material.

Asegúrese de que cada lección represente los diferentes estilos de aprendizaje de sus alumnos. Puede ser que no utilices todos los estilos de aprendizaje en cada lección, pero cada estilo de aprendizaje debe ser incluido regularmente y todos deben tomarse en cuenta dentro de cada período de dos a tres semanas.

Para satisfacer las necesidades espirituales de los preadolescentes

Las lecciones deben ser doctrinal y teológicamente aceptables para su iglesia o denominación. Pida una copia a su editor del enfoque sistemático y secuencia de su currículo. La mayoría de ellos tiene un folleto impreso o gráfico que les dice qué historias o conceptos de Biblia se enseñan en qué niveles de edad. Si necesita ayuda para evaluar el enfoque sistemático y secuencia, pregúntele a un líder de una iglesia o denominación que se siente con usted para evaluar lecciones específicas que podrían ser motivo de preocupación para su iglesia.

Cada lección debe incluir que los preadolescentes abran la palabra de Dios para sí mismos. Los preadolescentes necesitan ver que la Biblia es práctica y útil para ellos en sus propias vidas. Elija un currículo que les haga buscar versículos, leer pasajes cortos e incluso buscar las verdades de las escrituras por su cuenta.

Los preadolescentes necesitan ver que la Biblia es práctica y útil para ellos en sus propias vidas

Las lecciones deben ser prácticas y deben enfatizar la aplicación de la vida. Los preadolescentes quieren saber que lo que están haciendo tiene valor para ellos. Ya no están interesados en las historias que se enfatizaban en las clases de escuela bíblica cuando eran niños. Ahora quieren hablar acerca de asuntos reales, queriendo decir cómo pueden estas historias ayudarles y cómo pueden aplicarlas a lo que les está sucediendo en sus vidas. Los preadolescentes no están muy interesados en teoría; quieren saber cómo aplicar esto a sus vidas y qué pasará cuando lo hagan.

Las lecciones deben ser relevantes en la búsqueda del estudiante para una comprensión más abstracta de fe y de Dios. Según vayan los preadolescentes moviéndose al terreno del pensamiento abstracto, ellos desean y necesitan volver a pensaren la fe en Dios. El propósito de esta búsqueda es que Dios sea real en su nueva forma de pensar.

Notas

Michael A. James, "Early Adolescent Ego Development," *The High School Journal* (marzo 1980), p. 244.

Peter Scales, *Portrait of Young Adolescents in the 1990s: Implications for Promoting Healthy Growth and Development* (Minneapolis, MN: Search Institute, 1991).

Ross Campbell, M.D., *How to Really Love Your Teenager* (Wheaton, IL: Victor Books, 1981), pp. 29-30. Benjamin S. Bloom, ed., *A Taxonomy of Educational Objectives* (New York: Longmans, Green, 1956).

Gordon and Becki West, *Preteen Ministry Smart Pages* (Ventura, CA: Gospel Light, 2005).

PARTE 2

Escuela bíblica para jóvenes

Periodo del desarrollo	Nombre del Grupo de Escuela Dominical	Edades
Jóvenes	Adolescentes	12–14
	Secundaria/Media	14–18
	Universitarios	18–25

6

Intermedia

(Edades de 12 a 14 años)

Adaptación es la palabra clave para esta edad. Hay ajustes de nuevos poderes físicos, nuevas emociones, nuevos ideales y conceptos de vida y nuevas experiencias espirituales. La intermedia es la continuación de la montaña rusa iniciada en la preadolescencia. Estos cambios de la vida anterior a la nueva, de intereses estrechos y egoístas a intereses que son de gran alcance a menudo están acompañados por una gran agitación mentalmente, físicamente y espiritualmente. Entonces este es un período de reajuste, y el deber del maestro es entender a esta juventud menos comprendida de todas las edades.

La adolescencia es la edad tan cargada de peligro y tan llena de oportunidades que puede legítimamente considerarse uno de los períodos más importantes de la vida. Los errores en esta edad son más desastrosos que en cualquier otro porque afectan a toda la vida. Por otro lado, las decisiones correctas tienen valores eternos, pues las elecciones de la adolescencia son aptas para ser las opciones de la eternidad.

Este grupo de edad es el más desconcertante de todos para el educador. La palabra "adolescencia" nos llena de terror. A menudo me pregunto cómo nuestros antepasados nos criaron sin siquiera conocer la palabra "adolescencia". Estos jóvenes no son ni niños ni adultos. Las voces de los varones están haciendo acrobacias en el trapecio vocal. El cabello de las niñas parece fibroso. Sus estómagos son pozos sin fondo. Son muy tímidos o muy audaces. No parecen encajar en ningún lugar, y pueden ser exasperantes a la enésima. Los jóvenes de intermedia presentan problemas difíciles, pero también grandes oportunidades.

Una especie distinta

La mayoría de las personas no entienden el hecho de que los jóvenes de este periodo no encajan con ningún otro grupo de edad. No se mezclan con los niños más pequeños o los niños mayores al igual que el aceite no se mezcla con agua. Son una especie distinta. No puede ponerlos con preadolescentes sin tener resultados desastrosos, y ponerlos con los estudiantes de la secundaria sería perderlos, ya que el adolescente mayor le mirará con desprecio. Muchas escuelas bíblicas hacen esto mismo. No separan a los niños en grupos distintos. Meten a los de intermedia con los preadolescentes, donde permanecen por un tiempo, posiblemente causando problemas para el grupo más joven y luego se dan de baja uno por uno; y el maestro da un suspiro de alivio porque los alborotadores al fin han desaparecido. Si pones a jóvenes de intermedia con estudiantes de secundaria, puede ocurrir una de dos cosas: Sea que los alumnos mayores asuman el liderazgo y opaquen a los de intermedia (que dejarán la clase por falta de desafío); o los de intermedia toman la iniciativa y desafíen a los alumnos mayores (que dejarán la clase porque no quieren estar con alumnos de grados menores). Toda escuela bíblica debe hacer un estudio cuidadoso de su registro y crear una clase independiente para cada grupo de edad.

Vele diligentemente por este grupo. No puede enfatizarse más la importancia de la responsabilidad del maestro en el trato con los de intermedia, al igual que con los preadolescentes. Cambios físicos y mentales están ocurriendo demasiado rápido para que cualquiera de los grupos efectúe perfectos ajustes en todo lo que está ocurriendo dentro de ellos. A veces pensará que María de quince años por fin ha crecido. Muestra la sabiduría de su madre. Pero al minuto siguiente es tan presumida como su hermana menor. Ahora es el problema más desconcertante que la ciencia ha atacado. Sea amable con ellos. Son muy sensibles, porque constantemente se sienten incomprendidos, y a esta edad es que muchos niños consideran irse de la casa. Y las estadísticas sobre el ausentismo y la irresponsabilidad nos dicen que el promedio de ministros, médicos, educadores, abogados y personas de negocios que ahora son de irreprochable reputación confesarán haber sido culpables de maliciosas bromas por rebeldía en sus años de adolescencia. A veces las actividades llegaron al punto de un acto criminal.

Debe ponerse en los zapatos de estos jóvenes y debe recordar su propia juventud, o nunca será capaz de aferrarse a ellos el tiempo suficiente para guiarlos hacia el camino correcto. Durante estos años el estudiante es tan susceptible a las influencias externas, que son impulsados e incitados a la acción. Estas influencias determinan el curso de sus vidas; raramente se realizan cambios en las tendencias y el carácter después que las personas llegan a plena madurez. Por lo tanto, con toda probabilidad según emergen sus vidas de la adolescencia, así serán por toda la eternidad. ¿Qué tipo de hombres y mujeres está produciendo su escuela bíblica?

Características por nivel de edad

Trastornos son muchos, y surgen batallas dentro de estas personalidades tempestuosas. Su capacidad de aventuras emocionales no conoce límites. Buscan nuevos continentes que explorar. Sus vidas están llenas de estrés y tormentas. Creen que ahora saben más de lo que jamás sabrán en sus vidas. Este es el momento cuando el niño es menos entendido. Anhelan por alguien que pueda entenderlos. Sólo tenemos que amarlos y darles de comer. Ser amable. Llevarlos a una relación con el Señor Jesucristo. Deje que sus enredos de emoción sean unificados por Cristo. Desafíelos a vivir vidas que sean puras y nobles. La presencia de Cristo, este nuevo héroe para ellos, será un tremendo poder impulsor dentro de ellos.

Llevarlos a una relación con el Señor Jesucristo. Deje que sus enredos de emoción sean unificados por Cristo. Desafíelos a vivir vidas que sean puras y nobles. La presencia de Cristo, este nuevo héroe para ellos, será un tremendo poder impulsor dentro de ellos

Con mucha frecuencia los maestros que enseñan esta edad se desilusionan porque sienten que están logrando muy poco. ¡No se desanime! Están logrando maravillas con sólo guardar a estos jóvenes para Cristo y la iglesia, ya que este es el momento de mayor pérdida en la escuela bíblica. Esto ocurre más durante la preadolescencia que en cualquier otra edad que se pierda la gente a la iglesia para siempre.

Físicamente

Cambios rápidos están teniendo lugar físicamente. Los jóvenes de intermedia son torpes y desequilibrados, debido a los grandes cambios que les están ocurriendo; esto, a su vez, produce limitada coordinación. Todos son brazos y piernas. Tiran las puertas y tropiezan sobre todo. Un niño va bajando las escaleras y usted cree que está escuchando una escandalosa manada. Los jóvenes de intermedia deben dar rienda suelta a las grandes mareas de energía que corren a través de todo su ser. No puede decidir si estos jóvenes deban vestirse como adultos o niños. Nada parece quedarles bien. Constantemente se le hace recordar que están en transición. Tienen una superabundancia de energía pero están en constante peligro de sobrecargar su fuerza.

Cognitivo y emocional

Los jóvenes de intermedia están en un estado de transición y cambian mentalmente. Son críticos. Fe se rinde a la razón. Se están forjando cada vez más independientes. Su falta de equilibrio mental conduce a la inestabilidad de conducta. Usted encontrará que los jóvenes de ellos son extremadamente sensibles y se molestan fácilmente.

Los jóvenes de intermedia están muy conscientes de sí mismos y, por esta razón, son extremadamente tímidos o tan audaces como para volverse cínicos. Un sentido de acercarse la edad de adultez hace que el joven de intermedia sea extremadamente sensible al reproche o la crítica, especialmente en público. Nunca se burle de ellos delante de sus compañeros.

Las emociones de los jóvenes de intermedia son como la dinamita, se enciende fácilmente con un poco de fricción. Las palabras de Argot salpican su discurso. Períodos de gran entusiasmo son comunes, pero períodos de depresión neutralizan la euforia. Hay un constante cuestionamiento e introspección, y el maestro tiene que ser un confidente y a la misma vez un instructor. Nunca debe avergonzase o sorprenderse por lo que pueda decir o hacer un joven de intermedia, cerrando así la puerta entre usted y el estudiante.

Permita que los jóvenes de intermedia tomen decisiones por sí mismos. Láncelos más a que estos jóvenes busquen sus propios recursos. Deben aprender mucho a través de sus errores. Recuerde, ponen poca atención a lo que creen que sus antecesores. Uno de los más graves errores por parte de padres y maestros por igual se encuentra en dictar en vez de orientar, tomar sus decisiones por ellos en lugar de permitirles elegir. No piense para este grupo; por el contrario, estimúlelos a pensar por sí mismos y a resolver sus propios problemas personales. Si usted no enseña a los jóvenes a convertirse en fuertes e independientes durante estos años de ajuste y de transición, es probable que sus vidas siempre sean débiles y vacilantes.

Las emociones son fuertes durante estos años y nuestra enseñanza peligra en a menos que no permitimos que se disipe ningún sentimiento recién despertado. Si los sentimientos no se convierten en acciones, tienden a debilitar los impulsos para tomar decisiones correctas en lugar de fortalecerlas. Dirija a los jóvenes de intermedia a tomar las decisiones de la vida. A los doce años, Cristo conocía que "tenía que estar en la casa de [su] padre" (Lucas 2:49). El pequeño Samuel escuchó el plan de Dios para su vida. Es probable que pasemos por este período tan sensible de la vida y considerar las decisiones de los jóvenes demasiado a la ligera.

Si los sentimientos no se convierten en acciones, tienden a debilitar los impulsos para tomar decisiones correctas en lugar de fortalecerlas. Dirija a los jóvenes de intermedia a tomar las decisiones de la vida

El conocimiento está creciendo más rápido que la experiencia. Ellos han "olvidado" más de lo que sus padres jamás conocieron. Debemos recordar que el cerebro ocioso de un adolescente ciertamente es taller del diablo. Los jóvenes de *intermedia* tienen una viva imaginación y pasan mucho tiempo en la edificación de castillos de aire. Ellos están buscando explorar nuevos continentes mentales. Esta es la edad engreída y un joven de 14 años de edad no necesita ser criticado por ser engreído ni torpe.

Los jóvenes de intermedia no creen que sus padres entiendan que las cosas que los padres hicieron en su época son anticuadas en esta edad presente. "Ya nadie hace eso" es su estribillo. Con curiosidad podrán preguntarle a los adultos, "¿Qué hicieron en los viejos tiempos cuando fueron a la escuela?". Este tipo de pregunta no causa tanto impacto como lo haría en el pasado. Con la tecnología mejorando todo el tiempo, es difícil para mucha gente mantenerse al día con todos los cambios que ocurren en esta área.

Esté consciente del hecho que los jóvenes de intermedia tienen un intenso deseo de apreciación. Desean sobresalir y que sus talentos y logros sean apreciados. Por este motivo, a menudo encontramos que un joven talentoso de intermedia trata de llamar la atención de alguna manera. En contraste, otros que se consideran deficiente en esa misma área se encierran ellos mismos en una concha y se vuelven muy tímidos y callados.

Socialmente

Esta es la edad del aumento en conciencia de sí mismo y del conocimiento sexual. Los jóvenes de *intermedia* son muy curiosos del sexo opuesto. A los varones de esta edad generalmente les encanta burlarse y atormentar a las chicas, así que puede considerar separar a los varones y las chicas en diferentes aulas.

Los miembros más jóvenes de este grupo de edad no son afectados tanto por lo que otros piensen de ellos, pero no pasará mucho tiempo que se manifieste el deseo de lucir bien delante del sexo opuesto. Tan pronto como un varón empieza a salir con una chica, usted verá un nuevo estilo en su apariencia. La vida adquiere significado debido al nuevo interés afectuoso. Esto hace que las chicas se pasen risueñas y tontas. Con solo ver a un chico las pone nerviosas. Este es el momento para cultivar bien las relaciones entre los varones y las chicas para que no haya una explosión de acciones indeseadas y consecuencias imprevistas tan características de muchos jóvenes de esta edad en la sociedad en general. Provea actividades de grupo para que ellos puedan practicar acciones correctas con el sexo opuesto.

Los jóvenes de intermedia son muy tribales y buscan aprobación de sus compañeros. El sabio maestro ha de sacarle provecho a esto, vea esto como una excelente oportunidad para enseñar el arte de llevarse bien con otros, ya que los jóvenes de intermedia están guiados por la opinión de sus compañeros. Tanto los preadolescentes como los de intermedia forman grupos sociales espontáneos, aunque uno debe estar consciente que grupos pueden ser hirientes hacia los demás y perjudiciales para sus miembros.

Los jóvenes de intermedia quieren a compañeros de su misma edad. A esta edad, no quieren jugar a solas; tampoco buscan la compañía de las personas mayores. Siempre parecen moverse en la multitud de sus compañeros. Su juego se convierte en juegos con los equipos y la competencia. Ellos parecen tener ética y leyes propias. Cada joven de *intermedia* se adhiere al código de honor de su grupo social. Una vez vi un club en nuestra escuela bíblica, un grupo de varones, juntos en las buenas y las malas. Nunca actuarían independientemente. Ellos nunca se traicionarían la confianza. Dejarían caer los cielos antes de decir algo en contra de uno de sus amigos. Estos muchachos han estado justos a través de un período de 12 años. Esta "pandilla" nunca se ha separado. La lealtad ha sido su plataforma.

Debemos orientar a los grupos de amigos para que sus lealtades sean a la iglesia. Todo grupo social de *intermedia* tiene un lugar de encuentro. Solía ser la biblioteca o en la tienda. Ahora puede ser el centro comercial o un restaurante local. Dondequiera que se reúnan, los jóvenes de intermedia podrían estar planificando cosas aventureras, que pueden convertirse en algo criminal o por lo menos peligroso.

En ningún momento cuenta la influencia del hogar. Esto es porque los nuevos amigos cuentan para todo. Los jóvenes de intermedia están saliendo de la cobertura de sus hogares de la infancia y de la influencia de sus padres, a una nueva independencia. Con el fin de aprovechar la fuerte lealtad que estos jóvenes sienten hacia los demás en su grupo social, hemos ofrecido diferentes clubes, deportes y hasta un programa de campamentos para atraer a todo el grupo a la iglesia. Recordando que no podemos ganar a un joven de intermedia a la vez en nuestro programa de la iglesia, hemos enfatizado un programa que incluye a todo su grupo social.

Debemos darnos cuenta de que los jóvenes de intermedia se enfrentan a complejos problemas personales. Una vez recibí de un director de una escuela vecina la siguiente lista de problemas y preguntas que enfrentan los jóvenes de intermedia:

- *Niños:* padres divorciados, inseguridad económica, pertenecientes a una pandilla, miedo al ridículo, ser atlético, comprar un auto, tensión, fumar o beber, relacionarse con gente, información sexual, reglas de etiqueta, complejo de inferioridad, robar.
- *Chicas:* hablar de su mama, ropa, sensibilidad, mesada, temor de que le llamen por sobrenombres, atraer

> al sexo opuesto, tensión, fumar y beber, relacionarse con gente, información sexual, reglas de etiqueta, complejo de inferioridad, ser atractiva y popular, robar.

Cuando se les preguntó a las niñas de noveno grado que anotaran sus más grandes problemas, casi todas ellas escribieron que se preguntaban si era correcto o incorrecto que una chica de noveno grado tuviera relaciones sexuales. Debemos ayudarles a responder a esta pregunta y que encuentren la respuesta bíblica por sí mismas. El hecho es que en la vida de los jóvenes de *intermedia*, la opinión de los adultos cuenta por muy poco. Generalmente se dejan llevar por lo que dice su grupo de compañeros. Esa es la opinión pública para ellos.

Las preocupaciones que son vitales para los jóvenes de intermedia deben tratarse antes de que puedan continuar y desarrollar la vida cristiana. De los problemas y las preguntas que el director aprendió cuando inquirió a jovencitas de *intermedia* en su escuela, nos encontramos con lo que ocupa la mente del joven de *intermedia*. Discutimos algunos de estos temas en nuestras reuniones del club de los jóvenes de intermedia. Los estudiantes no sabían cómo estábamos al tanto de sus preocupaciones, pero puede estar seguro que las reuniones eran populares. No teníamos que crear interés. Estaba allí.

Tal vez la razón por la que tantos estudiantes de séptimo, octavo y noveno grado pierden interés en la escuela bíblica y desertan es porque no estamos haciendo nada para ayudarles a lidiar con lo que más les preocupa. ¿Hay alguna razón por la que los estadounidenses están teniendo tantos problemas morales y de delincuencia juvenil? Las preguntas en las mentes y los corazones de nuestros jóvenes han sido ignoradas. Esto amerita el más delicado tratamiento, pero esta es una operación que debe realizarse o ¡los pacientes morirán!

Esta edad de la lealtad es también una época del culto al héroe que es incondicional y sin reservas. Cuántas veces he visto a un joven literalmente engullido por una multitud de jóvenes de la *intermedia*. Se suben en su automóvil o lo rodean en la cancha de baloncesto. Lo aman a él y a todo lo que le pertenece a él. Todo lo que tiene que decir es, "¡Vamos, muchachos!" y todos lo siguen. He encontrado que valoran lo que un hombre puede hacer más que nada. Un hombre se convierte en un héroe debido a sus logros.

Las chicas son iguales. También tienen sus héroes. Siguen hasta la muerte el último diseñador de modas o el cantante sensacional, cualquiera que abra nuevos caminos de vida para ellas. Los programas de los clubes que tratan sus intereses son atractivos para ellas. Ahora se forman las amistades de por vida. Si sus amistades se formalizan en la iglesia, las jóvenes de *intermedia* continuarán asistiendo. Si no, se irán a donde estén sus amigas.

Ahora se forman las amistades de por vida. Si sus amistades se formalizan en la iglesia, las jóvenes de intermedia continuarán asistiendo. Si no, se irán a donde estén sus amigas

Todos deben tener algo que hacer. Hemos aprendido a organizar todo lo que podamos para lograr que todos sean una parte definitiva de la organización. Deje que los estudiantes ayuden a elegir un nombre para su clase, y considere que cada persona en la clase mantenga un puesto. Si hay cuatro en la clase, tenga un presidente, vicepresidente, secretario y tesorero. Si hay cinco, agregue un sargento de armas o un segundo vicepresidente.

Ni los padres ni los maestros pueden solucionar cualquier problema con los niños de esta edad poniéndose firme. Las reglas que trabajaban en la infancia no funcionarán ahora. Debe tener un plan positivo para estos jóvenes. Su iglesia debe desarrollar un plan proactivo para lidiar con los jóvenes adolescentes.

Debe tener un plan positivo para estos jóvenes. Su iglesia debe desarrollar un plan proactivo para lidiar con los jóvenes adolescentes

La organización ayuda en la disciplina de clase. Con todo organizado y programado, los jóvenes de intermedia sabrán qué esperar y cuando, para que los problemas de disciplina sean mínimo. Para ayudar a lidiar con los problemas que se presentan, considere entregar al menos parte de la responsabilidad de mantener la clase orden a uno de los alumnos.

Es un hecho establecido que si le entrega a la persona que le da más problemas por lo menos parte de la responsabilidad de mantener el orden de la clase, ese estudiante tomará en serio la responsabilidad e intentará ayudar. Asígnele la responsabilidad de presidente de Comité de Personal de la clase.

La organización ayuda a mantener el interés. En mi iglesia, uno de los maestros que era un piloto le puso por nombre a su clase los Pilotos del Cielo. Su aula de clases parecía un avión. Tarjetas con palabras que se utilizan durante las comunicaciones entre los controladores aéreos y el piloto del avión fueron utilizadas como señales para la clase: "Alto-Alto" significa oración; "Esperar" era la señal para que la clase se preparara para un debate. Este maestro dominó la disciplina de esta manera. Este maestro siempre tenía algo que él podría sacar de su bolsillo para captar el interés. Ganó la amistad de sus muchachos al descubrir sus intereses y aficiones. Para aquellos interesados en la radio, procuró boletos para uno de los estudios de difusión local y fue con ellos.

Si les gustaba ir de excursión, podría encontrarlos escalando un sábado por la tarde. Otro grupo prometedor era los Caballeros Leales. Un aula en la torre era su lugar de reunión. Se les construyó una mesa redonda. Las paredes estaban decoradas con espadas y escudos. Una organización completa alrededor de los Caballeros de la Mesa Redonda captó los intereses de esta clase por años. Y cada niño tenía una parte en el programa.

Los jóvenes de intermedia tienen un apetito social creciente. Cuando usted modifica el deseo del joven de la intermedia de salir con la multitud para disfrutar de cualquier entretenimiento cuestionable, usted los oirá decir, "pero todos los demás estarán ahí." Este deseo de querer pasar un buen tiempo es primordial, y estos jóvenes no ven razones por las que este derecho les deba negar. Proporcione una salida sana y buenos momentos para estos jóvenes en la iglesia o usted descubrirá que van a encontrarlo en otros lugares. Recuerde que fuimos creados con un apetito social así como espiritual. Frecuentes salidas sociales son esenciales.

Los jóvenes de intermedia serán como aquellos con quienes "juegan". Entretener a este grupo no es fácil. Si abre su casa para estos jóvenes, probablemente tendrá mucho que limpiar después. Si los llevas en caminatas, tendrá que dedicar uno de sus sábados por la tarde al evento. Los jóvenes de intermedia tienen un nivel muy superficial para juzgar a la gente, y esto abre el camino a las influencias muy perjudiciales en este momento crucial de la vida. Los maestros son extremadamente importantes en este momento. Queremos usar un toque de paciencia, para guiar e inspirar las vidas de estos jóvenes. Para aquellos que se inclinan a los deportes les animo a saludables actividades al aire libre. Fomente este espíritu como una válvula de seguridad para sus excedentes de energía. Les da mucha alegría el solo estar con su grupo de compañeros. Los jóvenes de intermedia le ponen prioridad a sus proezas atléticas. Pero recuerde que debe buscar actividades para aquellos que no estén interesados en el deporte.

Comience a cultivar el espíritu de servicio. Entregue a cada alumno tareas definidas que puedan hacer en la misma clase y en la iglesia. Enseñarles, dándoles proyectos concretos a corto plazo. Asegúrese de que puedan terminarse rápidamente. Si los proyectos han de tomar mucho tiempo, perderán el interés. Les gusta emprender algo y al final se entusiasman con el sentido de logro. Los proyectos pueden variar desde las actividades de evangelismo a simples servicios como repartir suministros o tomar asistencia. Usted puede lanzar casi cualquier tipo de proyecto si se presenta con entusiasmo y que vale la pena. Dé seguimiento a cualquier cosa que haya despertado interés.

Espiritualmente

Los jóvenes de la intermedia están en un momento en sus vidas cuando sus decisiones espirituales son intencionales, no están basadas en los sentimientos. Aunque un joven puede ser un cristiano genuino, todavía hay una creciente conciencia de Dios y una relación personal con él como Amo y Señor. Hasta este momento, la relación de un hijo a Dios se ha basado principalmente en los sentimientos. Ahora la voluntad comienza a tomar decisiones intencionales. El lapso de doce a trece años es un tiempo de un gran despertar espiritual. Este es también el momento cuando ocurren la mayoría de las conversiones, y todos los jóvenes parecen ser profundamente religiosos.

Típicamente, después de este pico viene un periodo de declive temporal, que es alarmante para la mayoría de los padres y maestros. En este momento, los jóvenes de la intermedia despiadadamente rompen con las tradiciones del pasado. Tal vez el joven que ha amado la escuela bíblica, ha leído la Biblia todos los días y ha aprendido todo el trabajo de memoria en el departamento de juveniles de repente decide que no hay nada en la oración, que la Biblia no es creíble y asistir a la escuela bíblica es ¡sólo para niños! No reaccionen con dureza o negativamente a este tipo de actitud, incluso si se siente frustrado y disgustado. Sea paciente. Dele al joven razones reales para la fe. Usted debe poder convencer a este adolescente con sólidos hechos que el cristianismo es lo que pretende ser.

Menos énfasis debe ponerse sobre el material y método y más en la relación del maestro y el alumno. Hemos de encontrar que una historia que presente similitudes a sus propias situaciones de la vida tendrá gran valor de enseñanza.

Menos énfasis debe ponerse sobre el material y método y más en la relación del maestro y el alumno

Muchos padres vinieron a mi oficina durante este período de ajuste de los adolescentes y estaban seguros de que ellos fracasaron. Es muy probable que los padres culpen al maestro por este cambio de actitud, diciendo que en el departamento de juveniles su hijo ganó pequeños premios y no se perdía un domingo para nada, pero ahora si el joven va a la escuela bíblica, tiene que ser obligado para que vaya. Este joven también les asegura a sus padres que cuando tenga la edad, no volverá más a la escuela bíblica. Pero los maestros no siempre son responsables.

El niño se ha convertido en un adolescente y está pasando por un cambio revolucionario, físicamente, cognitivo, emocional, social y espiritualmente. Como hemos dicho antes, si solo esperas y mantienes a este niño o niña para Cristo y la iglesia durante este período turbulento, ya has hecho suficiente. Ahora no podemos perder al niño. Haga de sus problemas sus socios. Sujételos a usted mismo. Si le aman a usted, pronto amarán a su Dios. Alguien dijo una vez, "Primero aprendí a amar mi maestro, luego el Dios de mi maestro."

Haga de sus problemas sus socios. Sujételos a usted mismo. Si le aman a usted, pronto amarán a su Dios. Alguien dijo una vez, "Primero aprendí a amar mi maestro, luego el Dios de mi maestro."

Demuéstreles a sus jóvenes de la intermedia que el cristianismo es práctico. Pocos experimentan genuino cristianismo viviendo en sus hogares. Algunos nunca lo ven. Los jóvenes de esta edad tienen gran admiración por la sinceridad y desprecio amargo por la hipocresía. Los maestros deben establecer camaradería real con sus estudiantes. No sienta pena por los jóvenes de intermedia; por el contrario, sienta con ellos, aprenda a comprenderlos. Póngase al nivel de sus experiencias. Si no, ¡fracasará! Dos maestros sustitutos tomaron la clase en dos domingos consecutivos de una clase de jóvenes de 14 años de edad. A uno de ellos se le conoció por "cara agriada"; el otro era "inteligente". El "cara agriada" conocía de la Biblia más en un minuto que lo que sabía el hombre "inteligente" en un día, pero no conocía a los jóvenes.

Si el estudiante no es un cristiano y no escucha el llamado de Cristo ahora, ese llamado decrecerá y se distanciará hasta que los ruidos del mundo ensordezcan sus orejas al llamado del Espíritu

Lleve a los jóvenes a escuchar el llamado de Cristo y a seguirlo. Si el estudiante no es un cristiano y no escucha el llamado de Cristo ahora, ese llamado decrecerá y se distanciará hasta que los ruidos del mundo ensordezcan sus orejas al llamado del Espíritu. Lamentablemente, una vez que los adolescentes hayan dejado la iglesia, ninguna campaña evangelística, no importa cuántas veces sea extendida, no logrará recuperar la mayoría después que se hayan ido. Estos son los hombres y las mujeres que en unos años más tarde ya no participarán más en reuniones de la iglesia y tal vez no encontrarán ningún momento en sus vidas para Dios. No podemos culpar a las escuelas públicas exclusivamente por enviar a nuestra juventud al infierno. Nosotros somos responsables. Hemos hecho de la escuela bíblica tan poco atractiva que los jóvenes dicen que van a estar muy contentos cuando no tengan que volver a la iglesia nunca más, porque la odian. Ellos son los que han crecido diciendo, "me obligaron asistir a la iglesia tanto cuando era joven que no quiero volver más." Las escuelas impías no son responsables de esto. Es culpa de la escuela bíblica.

Utilice la biografía y la historia de la Palabra. Comparta con los jóvenes los hechos y permita que vean las declaraciones de verdad. Convénzalos de que una relación adecuada con Dios a través de Cristo satisface las necesidades de hoy día. El proceso de relacionar hecho con hecho, la vida con la vida y cada alma nuevamente a Dios es la primordial tarea de enseñar a los adolescentes. Ayúdeles a ajustar sus vidas a un nuevo mundo vivo en Cristo.

El proceso de relacionar hecho con hecho, la vida con la vida y cada alma nuevamente a Dios es la primordial tarea de enseñar a los adolescentes

Fomente altos ideales. Un ideal no puede pasarse a otra persona como lo haría con un libro. Es un asunto personal. Pero todo maestro puede fomentar altos ideales. En el período de transición desde la infancia a la madurez es cuando cada persona decide lo que ha de ser lo más valioso en este mundo. Dios en su providencia ha hecho de esta etapa en la vida una donde fácilmente es más influenciada. El maestro puede desempeñar un papel importante en llevar a estos jóvenes en la dirección que deberían seguir.

Pruebe su enseñanza por el número de sus estudiantes que se dan a Cristo y lo confiesan como Amo y Señor, el amigo que añoran sus corazones a esta edad. Maestro, su responsabilidad es grande. Ganar el amor y la admiración de su clase. Durante esta edad se pueden evitar muchas tragedias al tener maestros que los comprenda.

Recuerde, esta es la edad de transición y ajuste. Más importante, no puede llevar a sus estudiantes a un lugar más alto del que usted mismo ocupa.

Si está en una relación vital con Dios y vive con sus estudiantes durante este período en sus vidas de tempestad, ambición y desilusión, usted puede ejercer la fuerza dinámica de una influencia espiritual, personal.

Si está en una relación vital con Dios y vive con sus estudiantes durante este período en sus vidas de tempestad, ambición y desilusión, usted puede ejercer la fuerza dinámica de una influencia espiritual, personal

El departamento de intermedia

¿Cómo organizamos un departamento para satisfacer las necesidades de jóvenes de intermedia? Organización requiere un programa. Nuestros objetivos requieren una visión. Cuando el Espíritu Santo da poder a un líder que tiene una visión y un programa, se obtienen tremendos resultados. Haga de su departamento de intermedia una cuestión de estudio cuidadoso. Trate de descubrir lo que atrae a los de 12 a 14 años, qué clase de maestros debe atraer, qué objetivos deben esforzarse por alcanzar.

Nuestros objetivos requieren una visión. Cuando el Espíritu Santo da poder a un líder que tiene una visión y un programa, se obtienen tremendos resultados

En primer lugar, evalúe su configuración actual. ¿Tiene suficiente personal adulto para llevar a cabo un programa eficaz? ¿Cómo podría usted reorganizar para que haya mayor eficacia? ¿Están sus líderes entrenados para su trabajo? Una superintendente de jóvenes de intermedia, mujer universitaria de alto nivel, asistió a una clase de entrenamiento cada semana de cada año que enseñó. Ella creció constantemente. Descubrió nuevos métodos. Por lo tanto, el departamento siguió adelante. Si usted no está en un lugar donde pueda asistir a una clase de entrenamiento, lea libros y busque información para el estudio en el Internet. No hay excusa para que cualquiera no se mantenga informado hoy día.

Un granjero aislado de los grandes centros urbanos no sigue trabajando con las mismas herramientas indefinidamente. Hace pedidos de catálogos, y se leen los artículos que presentan los métodos más recientes para mantener una granja. Siempre que sea posible, se agregan los equipos de último modelo. Sin embargo, es probable que ese mismo granjero crea que él o ella pueda ejecutar la escuela bíblica de la misma manera año tras año sin cambiar una sola cosa. ¿Tiene suficientes maestros para llevar a cabo un programa de estudios según los grados escolares? ¿Hace algo para entrenar a nuevos maestros? ¿Ofrece conferencias o reuniones regulares para los obreros? Estas reuniones siempre son estimulantes para los obreros y proporcionan una oportunidad para el intercambio de ideas.

Ambiente físico

¿Cómo es su ambiente físico? Primero, procure dar un vistazo a las aulas de las clases donde se reúnen los jóvenes de intermedia. ¿Son adecuadas las aulas y el acomodo? Si no, ¿qué otra cosa está disponible? ¿Han logrado que las aulas existentes sean tan atractivas como sea posible? ¿Si no, qué puede hacerse razonablemente? Puede ser que pueda mejorar reorganizando el mobiliario. A medida que su escuela bíblica vaya creciendo, muévase de un aula a otra para hacer uso de todos los espacios disponibles. Haga algunos cambios. Tal vez la clase de los adultos debe moverse del aula más grande para que los jóvenes de intermedia puedan estar allí. Recuerde, debemos hacer todo lo posible para mantener a estos adolescentes.

Centro de adoración

¿Tienen un centro de adoración? ¿Están usando ayudas visuales? ¿Qué pasa con la música? Planifique y trabaje para crear una atmósfera de adoración. A veces un hermoso cuadro es una manera simple y excelente para proporcionar un tema para el servicio de adoración. A veces puede ponerse una pantalla móvil y rápidamente transformar el aula en un centro de interés.

Currículo

¿Incluye su plan de estudios los componentes necesarios: estudio, adoración, servicio, recreación y evangelismo? ¿Está orientado el plan de estudios para satisfacer las necesidades e intereses de este grupo de edad? Hace una gran diferencia lo que enseña a sus alumnos.

Selección de los recursos

Haga un cuidadoso estudio de los materiales en su currículo. Cualquier cosa no sería suficiente. Al elegir el currículo para los jóvenes de intermedia, debemos recordar su gran deseo por los hechos. Sáquele provecho a su fascinación por los héroes y guíelos en cada lección para que vean a Cristo como el héroe. Recordemos su susceptibilidad a las influencias externas y estudiar los grandes libros misioneros de la Biblia, como el libro de los Hechos. Debemos constantemente confrontar a los jóvenes de la intermedia a enfrentarse cara a cara con las decisiones personales y desafiarlos a encontrar su lugar en este mundo de oportunidades.

Debemos constantemente confrontar a los jóvenes de la intermedia a enfrentarse cara a cara con las decisiones personales y desafiarlos a encontrar su lugar en este mundo de oportunidades

Incluya el libro del alumno

Muchos han cuestionado el valor de usar libros para los alumnos de esta edad. Sin embargo debemos recordar, que es especialmente importante animar a los estudiantes de la intermedia en el estudio diario de la Biblia, para así inspirar su forma de pensar por sí mismos con respecto a las cosas espirituales. Ya que este es el propósito principal de los libros del alumno de intermedia, todos los esfuerzos por el maestro y el líder para estimular su uso valdrá la pena.

Es especialmente importante animar a los estudiantes de la intermedia en el estudio diario de la Biblia, para así inspirar su forma de pensar por sí mismos con respecto a las cosas espirituales

Usar una variedad de métodos

Varios métodos pueden utilizarse para animar a los jóvenes de la intermedia a establecer un hábito firme del estudio diario de la Biblia. Premie a los individuos o a las clases por el trabajo que se ha completado. Muestre aprecio por el trabajo bien hecho. Exhiba en los pasillos de la iglesia muestras de los proyectos de arte terminados que reflejen las lecciones bíblicas. Publique un boletín para informarle a la iglesia lo qué los jóvenes han estado estudiando y haciendo, especialmente con respecto a proyectos de evangelismo y misiones. Quizá quiera ayudar a sus alumnos a comenzar a usar sus libros estudiando juntos haciendo una lección en la clase. Que estudien las preguntas juntos y que escriban las respuestas al descubrirlas. Recoja los libros al final de cada trimestre y lléveselos a casa para calificarlos. Encuentre algo bueno sobre cada uno y escríbale algo, así podrá inculcar en cada estudiante un sentido de un trabajo bien hecho. Esto es importante.

Provea un examen al final del trimestre. Esto no alejará a los jóvenes de intermedia. La mayoría de las veces, les gusta ver lo que pueden hacer, especialmente si las preguntas son de cierto y falso o unas que ellos mismos han escrito. Organice la prueba como un juego de béisbol, dando puntos por las preguntas contestadas correctamente. Motivación adecuada debe darse constantemente. Los jóvenes de la intermedia no son nada diferentes en la escuela bíblica que en la escuela diaria. Si el maestro no revisa los adelantos de ellos con regularidad, pronto dejarían sus libros sin tocar.

Los clubes de jóvenes

El bien que los clubes contribuyen al entrenamiento físico, cognitivo, emocional, social y la formación espiritual de los estudiantes es incalculable y se puede organizar mejor en nuestra escuela bíblica para los jóvenes. Las manos y los ojos de los adolescentes son entrenados a través de afinidades e intereses recreativos para tiempos de diversión. Se desarrolla el carácter cristiano a través de contactos saludables y proyectos. Los clubes también dan a los estudiantes un nuevo sentido de responsabilidad para ganar a sus amigos para Cristo y la iglesia. Entonces el amigo a su vez será dirigido a una comunidad de servicio. Las actividades del club, por supuesto, deben adaptarse a las necesidades y los intereses individuales. No puede forzar un programa a un grupo. Un programa de servicio es especialmente útil para estudiantes de la intermedia, y puede hacerse mucho a través de los clubes. Proyectos pueden planificarse y llevarse a cabo para satisfacer las necesidades especiales de los misioneros que estarán encantados de hacer sugerencias para el grupo del club. De esta manera, los jóvenes reciben una imagen del mundo y de sus necesidades y se les muestra qué papel pueden desempeñar en un gran programa mundial. Ellos o usted puede invitar a personas de diferentes orígenes étnicos para hablar con el club.

Según vayan aprendiendo sobre los diferentes pueblos, descubrirán las necesidades de esos diferentes grupos de personas. Tal vez una o dos aulas en la iglesia necesitan una capa de pintura. Tal vez un refugio local podría usar bolsas pequeñas de artículos de cuidado personal. Tal vez su banco local de alimentos necesite un suministro de alimentos enlatados. Hay muchas maneras en que los jóvenes de la intermedia podrían ser útil, ¡solo pídaselo! Los clubes, a través de actividades deportivas, son una manera de traer a estos jóvenes en comunidad con otras iglesias en el área, ampliando así sus intereses, amistades y conocimiento.

Actividades sociales

Cuando usted piensa en todo un año de la enseñanza y luego agrega la planificación de las actividades recreativas, pensaría que administrar el departamento de jóvenes de la intermedia por un año es exorbitante. Las cosas le parecerán fáciles, cuando usted planifique con anticipación para las actividades del año y luego divida las responsabilidades de las actividades. Deberá haber gran variedad en la "divertida" vida del joven de la intermedia. Comience sus planes en el otoño para que coincidan con el comienzo del año escolar regular. Al comenzar a mirar el calendario, inmediatamente se dará cuenta que hay muchos días especiales a lo largo del año que pueden ser la base para las ocasiones festivas.

En el otoño, juntarse para tener un banquete. Sería una gran manera para tener un buen comienzo. Anime a los jóvenes a que inviten a sus amigos a este divertido evento. Luego, en la noche de *Halloween* sería un momento perfecto para mantener a la gente joven alejada de las calles dándoles una velada maravillosa llena de comida y juegos en el salón de actividades o el gimnasio en la iglesia. La Primera Acción de Gracias es un gran tema para una celebración de Acción de Gracias.

En Navidad, permita que sus estudiantes creen un programa para presentar a la congregación o a personas que viven en un hogar de ancianos; pídales a los jóvenes de la intermedia que canten villancicos en las casas de miembros de la iglesia que no pueden asistir a la iglesia. Luego, en la víspera de Año Nuevo es otra oportunidad cuando los jóvenes pueden reunirse para disfrutar juntos de juegos y refrigerios en un lugar que ellos mismos hayan decorado. A las once de la noche, pueden moverse a la sala de servicio para una vigilia. Una manera maravillosa para repasar el año pasado, hacer una confesión y luego empezar el Año Nuevo con oración. Fiestas de celebraciones y festividades patrióticas, hay más que suficientes días festivos durante todo el año para escoger y celebrar con algún tipo de reunión. Y usted y los estudiantes pueden elegir entre una variedad de cosas que hacer: jugar, cocinar y comer, hacer espectáculos con marionetas, ver películas y compartir las palomitas de maíz con diferentes ingredientes, hacer un carnaval, hacer un día de campo, acampar en el interior y contar historias alrededor de una fogata de linternas, las posibilidades son casi infinitas. El compañerismo que resultará valdrá bien la pena del esfuerzo.

7

Escuela Secundaria

(Edades de 14 a 18 años)

Los adolescentes son personas tratando de ser gente real de la única manera que saben hacerlo. Ellos se esfuerzan por alcanzar la meta de ser una persona mayor. Pasan mucho de su tiempo tratando de encontrar su camino en un mundo controlado por los adultos. Sin embargo, el mundo en que realmente viven es el suyo propio.

A las personas mayores ésta edad les parece muy superficial. Pensamos, *no tienen un pensamiento serio en sus cabezas*. Este es el momento de grandes éxitos musicales y tecnología candente. Pasan horas en sus teléfonos celulares o por el Internet. Se pasan horas en el centro comercial, a pesar de que tienen que entregar un trabajo de redacción en su escuela el próximo día en la mañana. Combinan la música a todo volumen con las lecciones de geometría y parecen tener suficiente atención para ambos. A menudo anhelamos muestras de una actitud más seria sobre la vida. Debemos admitir que los estudiantes de esta edad tanto divierten como confunden, nos sorprenden y nos frustran.

No sólo necesitamos entender a esta juventud, sino también, de hecho, aún más, tenemos que ayudarles a entenderse a ellos mismos para que puedan darse cuenta y utilizar sus variados talentos y habilidades en el servicio a Cristo y su Iglesia. Debemos ayudarles a descubrir cómo trabajar para vivir, y no vivir para trabajar. Este proceso de crecimiento es muy confuso y a menudo doloroso. No lo crea cuando oye a alguien decir, "la juventud es el tiempo para despreocuparse y ser feliz". Esto no es siempre así; los problemas y angustias de los jóvenes suelen ser mayores de lo que podemos imaginar.

Debemos ayudarles a descubrir cómo trabajar para vivir, y no vivir para trabajar

Características por nivel de edad

Físicamente

Los adolescentes están pasando por cambios físicos. Nos encontramos diciendo "¡María se está convirtiendo en una hermosa joven!" cuando primeramente vemos a María como una joven de escuela superior. Sus brazos y piernas ya no están desproporcionados y fuera de control, y su cabello no está descuidado. Ahora definitivamente es una joven mujer. Ella está muy consciente de su ropa y maquillaje. Su cabello está con el estilo de última moda. El contraste entre esta joven un poco sofisticada con la tonta, risueña María de la secundaria casi sorprende a todos. Uno ya no se enreda sobre sus grandes pies, ni su voz hace el trapecio. Los que somos líderes de los jóvenes de la escuela superior debemos darnos cuenta que este cambio físico ocurre naturalmente durante los últimos años de la adolescencia.

Los jóvenes de la escuela superior ya no son niños. No los trate como tales. Son físicamente maduros. Esta madurez trae consigo el deseo de ser independiente y libre de sujeción de los adultos. Esta madurez también se evidencia en un gran interés por el sexo opuesto y pensamientos de establecer sus propios hogares y criar sus propios hijos. Esta es una situación profunda en que estos jóvenes se encuentran.

Mucho de lo que la gente joven hace que es tan perturbador, y casi alarmante, para los padres y maestros es debido al proceso normal de crecimiento. Pero debemos orientar a los adolescentes de no madurar tan rápido que pierdan su fe y olviden la enseñanza bíblica. Los adolescentes deben ser llevados a evitar la experimentación sexual y seguir los principios bíblicos al establecer relaciones con el sexo opuesto.

Los adolescentes están interesados en el sexo. Una de las mejores maneras de superar o por lo menos apaciguar el abrumador interés que estos adolescentes tienen en el sexo es que los jóvenes participen en actividades atléticas.

Muchos maestros de escuela bíblica han descubierto que es una de las maneras que pueden interesar y mantener a los adolescentes. Llevarlos a nadar o a una caminata; pídales entrar en una competencia atlética de algún tipo. Cuando usted se va a acampar con un grupo de estudiantes de la escuela superior, se sorprenderá por su desbordante energía y su imprudente manera de desahogarse. Invariablemente actúan antes de pensar, y no todo se hace como debería ser.

Cognitivo y emocional

A esta edad hay un profundo deseo por el conocimiento. Más allá de la aparente superficialidad, hay una constante búsqueda de algo nuevo, deshacerse de las cosas viejas. El poder de razonamiento de los adolescentes ha alcanzado una nueva altura. Rápidamente están ampliando sus horizontes. Hay una intensidad general y extrema en todo, pensamientos, sentimientos y entusiasmo. Dirijamos todo esto hacia objetivos cristianos. Definamos claramente lo que deben ser las metas y objetivos de este grupo.

Esta es la edad de los problemas, no de dudas. Los dos problemas más desconcertantes y apremiantes de los jóvenes de la escuela superior son, en primer lugar, su relación correcta con otros y, segundo, su relación con el trabajo de toda su vida.

Necesitan orientación, y este es un lugar de oportunidades para los padres y maestros. Hasta que los niños lleguen a esta edad, la enseñanza ha sido en gran medida un impartir del conocimiento. Ahora, sin embargo, las discusiones y peticiones lógicas a su razonamiento son necesarias. Muéstrele a sus estudiantes que nada está decidido hasta que se decida correctamente y que la Palabra de Dios nunca ha fallado, y les habrá dado una base para la solución de sus problemas.

Muéstrele a sus estudiantes que nada está decidido hasta que se decida correctamente y que la Palabra de Dios nunca ha fallado, y les habrá dado una base para la solución de sus problemas

Mucho del aprendizaje de los jóvenes de esta edad es mejor hacerlo con el método de aprendizaje en grupo. Cada adolescente influye en su grupo y cada grupo de adolescentes influye en él o ella. Nuestra tarea en la clase de escuela bíblica es formar un grupo cuyos miembros pueden aprender a conocer cómo vivir una vida cristiana.

Cuando Jesús organizó una escuela en esta tierra, eligió a

doce para que estuvieran con él. Sin duda, trató con cada uno como individuo, pero constantemente enseñó al grupo. Los jóvenes deben ser plantados en el entorno adecuado o no crecerán.

Los adolescentes quieren ver pruebas. Nunca olvide que sus alumnos están acostumbrados a la atmósfera del aula donde la mayoría de los maestros hablan con autoridad. Las mentes de los adolescentes están acostumbrados a trabajar con precisión matemática y demandan pruebas. Lo que usted piensa no vale ni la mitad de lo que sabe.

Los adolescentes de la escuela superior son soñadores. Trazan planes imposibles para el futuro. Gente indiferente se refiere a éstos como castillos de aire. Esta es una situación donde deberíamos tener cuidado. ¿Acaso fueron inútiles los sueños de Edison, los hermanos Wright o Alexander Bell? A menudo es difícil para nosotros creer que los adolescentes puedan dominar sus sueños, pero siempre exprese la creencia de que sus alumnos pueden tener éxito. Deles grandes cosas que hacer y desafíelos a hacer su mejor esfuerzo. ¡Pequeñas cosas no tienen ninguna magia en ellos!

Cuando Jesús organizó una escuela en esta tierra, eligió a doce para que estuvieran con él. Sin duda, trató con cada uno como individuo, pero constantemente enseñó al grupo. Los jóvenes deben ser plantados en el entorno adecuado o no crecerán

La mayoría de los adolescentes parece ser irresponsable. Rara vez se ofrecerán a hacer algo en la casa. Hay que pedirles que hagan sus deberes. Dejan todo para más tarde. Sus calificaciones no suelen ser lo que podrían ser. Aparentan ser vagos y flojos, pero se darán cuenta de que si hay algo que ellos quieren hacer, trabajarán en él incansablemente. Toman la iniciativa en las cosas que les gusta.

Estudiantes de la escuela superior son egoístas. Use esto como un fundamento para la apelación moral. El Señor reconoció esta característica en Pedro cuando llamó a este hombre vacilante una "roca" (Mateo 16:18). Es mucho mejor que un adolescente tenga demasiada confianza en sí mismo que ninguna en absoluto.

Los adolescentes tienen actitudes críticas. Desprecian el statu quo. Sus sueños les dan visiones de cómo deberían ser las cosas. Son críticos de las personas; creen que sus padres saben poco acerca de sus intereses y sentimientos. Lo triste es que en algunos casos, puede que tengan razón. Podría haber sido Mark Twain que dijo: "cuando yo era un niño de catorce años, mi padre era tan ignorante que difícilmente podría soportar tener el viejo a mi alrededor. Pero cuando llegué a los veintiuno, estaba asombrado de lo mucho que había aprendido en siete años". Son especialmente críticos de aquellos que son más viejos de ellos. A menudo se disgustan con lo que hacemos cuando estamos con ellos.

A esta edad, los adolescentes se sienten muy superiores a los niños más pequeños. Piensan en sí mismos que son muy maduros, pero los que son mayores que ellos piensan que tienen un largo camino por recorrer.

Los adolescentes son excesivamente temperamentales. Un día están listos para conquistar el mundo, y luego se tropiezan con el siguiente día, como Elías cuando estaba en una cueva, pensando en su soledad, y como dijo el profeta, "Yo soy el único que ha quedado" (1 Reyes 19:10). Hay un gemir constante en cada corazón que a menudo se expresa en voz alta: "mamá y papá no entienden. Los tiempos son tan diferentes ahora que cuando crecieron". Padres y maestros, ¿alguna vez se han detenido para preguntarse si de veras entienden? No sólo debemos conocer los problemas de la juventud, sino también debemos saber cómo tratarlos.

Socialmente

Estudiantes de la escuela superior son seres muy sociables. A esta edad, los jóvenes comienzan a ser más selectivos en elegir sus amigos. Eligen amigos con quienes desean pasar tiempo a solas. No quieren que los miembros de su familia interfieran. Son muy reservados con sus amigos y pueden escucharlos hablar con su jerga, o ver mensajes de texto, o enviar correos electrónicos que los padres encuentran difíciles si no imposible de entender. La preocupación mayor para los jóvenes de esta edad no es la duda intelectual sino cómo ser popular con su propia gente. Y, por supuesto, las mujeres jóvenes quieren ser atractivas para los jóvenes varones; y los jóvenes varones quieren sobresalir en atletismo y ser los héroes del día para ser atractivos para las mujeres jóvenes.

Los adolescentes comienzan una separación gradual de la familia y los vínculos del hogar. Por lo general, los adolescentes parecen tener terror que otros piensen que están atados a las faldas de su madre. Ya no están interesados en hacer cosas con la familia; no les atrae un día de campo con la familia o viajar juntos. Los padres no deben tomar ninguna de estas cosas personalmente. No es que los adolescentes ya no aman a sus familias, sino que se están convirtiendo en parte de un nuevo mundo social con su propio torbellino de actividades. Los adolescentes no deben ser cuestionados sobre su amor por sus familias. De hecho, deberíamos recordar que estos individuos nunca deben ser obligados a moverse en círculos limitados.

Los adolescentes están pasando por uno de los periodos más difíciles del desarrollo adulto. Los adolescentes no están teniendo los tiempos más fáciles y más felices de sus vidas; por el contrario, se enfrentan a problemas complejos. Ellos deben decidir si van a continuar con su educación, cómo mejor pueden ganarse la vida, cuál será su vocación, a qué escuela asistirán y cómo pagar por ella, entre tantas otras cosas. Y mientras que todavía estén en la escuela superior, tienen que decidir en qué actividades extracurriculares han de tomar parte, qué asignaturas optativas deben tomar, si van conseguir un trabajo a tiempo parcial, si tienen que comprar un auto, entre tantas otras cosas.

Este es un momento cuando los estudiantes necesitan una gran cantidad del liderazgo correcto. Debemos animarlos ante la situación de muchos con relación al desánimo en lo que a la formación superior se refiere. Tenemos que enfrentarlos a los hechos sobre lo que la educación y la capacitación les brindará a estos adolescentes. Por lo menos, necesitan reconocer que completar la escuela superior es el requisito mínimo para la mayoría de los trabajos; y con nuestra sociedad cada vez más compleja y dependiente de la tecnología, los adolescentes simplemente no pueden permitirse abandonar la escuela y esperar que les vaya bien más tarde en la vida. Debemos hacer todo lo posible para evitar que los adolescentes cedan a la pasión de convertirse en vagabundos.

Si estos jóvenes no hacen amigos cristianos durante este tiempo, serán muy propensos a tener amigos que los aleje de Cristo y la Iglesia

Los adolescentes quieren pasar un buen rato. Quieren divertirse. Y quieren hacerlo con su propio grupo social, dondequiera que esté ese grupo. Este es el momento cuando la iglesia debe desempeñar un papel grande en la vida de los adolescentes. No diga que la iglesia no es responsable de la vida social de los jóvenes. Si estos jóvenes no hacen amigos cristianos durante este tiempo, serán muy propensos a tener amigos que los aleje de Cristo y la Iglesia.

Los adolescentes son leales. Los adolescentes han sido leales a sus grupos sociales en la secundaria. Ahora cultive su lealtad en su clase de escuela bíblica. Enseñarles a ser fieles al grupo pequeño en la iglesia. Ésta es la base sobre la cual podemos edificar mayor lealtad de la vida. Organice sus clases de la escuela bíblica con un programa real y el desafío del servicio. La formación de coros, clubes, grupos de teatro, equipos deportivos, campamentos y proyectos de evangelismo son necesarios junto con la presentación adecuada de la palabra de Dios. Una lealtad conducirá a otra: lealtad a la clase de la escuela bíblica a la lealtad de la escuela a la iglesia; le seguirá el orgullo por su ciudad y amor por el país y la humanidad. Pero la mayor lealtad de todas que queremos desarrollar es la lealtad al Capitán de su salvación. ¡Inspire esto en ellos!

Organice sus clases de la escuela bíblica con un programa real y el desafío del servicio

Moral y espiritualmente

Cambios físicos y nuevas emociones traen preguntas a los adolescentes acerca de la moralidad. Cada jovencita con un deseo normal y natural de ser popular tiene preguntas: "¿Cómo puedo ser popular y aun mantener mis estándares altos?", "¿valdrá la pena ser buena?". "¿Qué provecho saco con ser buena?". Todo joven varón quiere saber cómo encontrar una novia; cómo obtener suficiente dinero para sacarla; si él debe hacerse novio; si podrá besar la novia; si podrá sostenerla en sus brazos; cuál es una hora más razonable para volver a casa. Estos son problemas reales que enfrentan los estudiantes de la escuela superior. Estos años de escuela superior pueden llamarse el periodo de apareamiento y con este periodo de apareamiento vienen los problemas de las citas. La iglesia que ignora este asunto va a perder a sus jóvenes al mundo, la carne y el diablo.

El problema del noviazgo es serio. Los jóvenes quieren el privilegio del noviazgo cuando realmente no existe ningún noviazgo. Estar sexualmente activo no es inusual, y gran parte de lo que pasa por entretenimiento estos días gira en torno a esto. Su prevalencia es alarmante. Decirles a los adolescentes que no deben participar en actividades sexuales y que los buenos jóvenes nunca se involucran en esas cosas es petición de principios. De hecho, no es cierto. Los días de citas y noviazgos han cambiado. Nuestros adolescentes tienen referencias sexuales delante de ellos todo el tiempo: las películas, la música, la publicidad, la televisión, el Internet. La norma de lo que es moral ha disminuido considerablemente y un gran descuido de las normas se ha convertido en la norma, incluso en los "mejores" círculos sociales. Así que los adolescentes creen que porque el sexo se ha vuelto tan "común", participar en él no es nada en que hay que pensar mucho, prácticamente se ha convertido en una costumbre. Los adolescentes dan por hecho cosas que muy bien nosotros pondríamos en duda. Esto a su vez hace que los adolescentes se cuestionen cuánto realmente conocen y entienden sobre lo que están experimentando sus padres y otros adultos. Los adolescentes le repiten a los adultos la trillada frase, "Oh, no sabes nada sobre el mundo hoy. Todo es tan diferente de cuando tenían mi edad". Y así es.

Los adolescentes deben aprender sobre el cortejar y el noviazgo tanto como deben ser instruidos para convertirse en un médico o una enfermera. De hecho, es más importante. Esta es la base para el establecimiento de un hogar cristiano, uno que podrá soportar las muchas tormentas que le asaltaran desde adentro y de afuera. A menos que Cristo sea colocado en el centro de todos los hogares donde habitan estos jóvenes cristianos, no puede haber ninguna seguridad de que el hogar vaya a perdurar.

La Iglesia debe tomar la iniciativa en esto. Este es el momento en que debemos enseñar el significado de las palabras, "¿Acaso no saben que su cuerpo es templo del Espíritu Santo, quien está en ustedes y al que han recibido de parte de Dios? Ustedes no son sus propios dueños..." (1 Corintios 6:19). La juventud debe saber lo que significa la santidad del cuerpo y cómo afectará a la destrucción de la santidad de la vida entera. Los adolescentes deben aprender que aunque Dios sembró estos buenos impulsos de sexo en todos, no son para ser disipados y arrastrados por la tierra, sino para canalizarse en lo que es de lo más alto y más sano de toda la vida.

A menos que Cristo sea colocado en el centro de todos los hogares donde habitan estos jóvenes cristianos, no puede haber ninguna seguridad de que el hogar vaya a perdurar

Aunque la mayoría de las conversiones ocurren antes de los catorce años, los jóvenes de esta edad todavía pueden ser llevados a Cristo. Sus almas se están disparando y parecen "montar con alas como las águilas" (Isaías 40:31). La libertad que sienten en alejarse del pasado y sus vínculos con el hogar e incluso de la iglesia puede convertirse en parte de toda su experiencia religiosa. Sí, los adolescentes están pasando por un momento de gran cambio, pero todavía están abiertos para que el Espíritu Santo obre en ellos. Si los estudiantes de la escuela superior están fortalecidos por los mejores hábitos de un cristiano mientras son jóvenes, se podrán mantener de ser sacudidos de sus ataduras más adelante en vida.

Los jóvenes necesitan ver que Cristo es el ancla en las tormentas que están pasando. En estos estudiantes hay una intensidad general que les lleva a los extremos en sus pensamientos y decisiones precipitadas. A menudo parecen temblar entre la exaltación y las depresiones. Cambian rápidamente del amor al odio y del éxtasis a la desesperación y de risa a las lágrimas. Pasan de un extremo a otro con tal rapidez que no entienden lo que está pasando al igual que cualquier otro. Estos niños azotados por las tempestades ciertamente necesitan un ancla para sus vidas, aunque nunca lo admitirán.

Los jóvenes necesitan ver que Cristo es el ancla en las tormentas que están pasando

Los adolescentes hacen preguntas importantes. Debemos ayudarles a responder a las preguntas, "¿por qué estoy aquí?" "¿para qué estoy viviendo?" y "¿cómo puedo explicar mi presencia?". Ayude a los jóvenes a mirarse en un espejo moral. Guíelos para que desarrollen personalidades semejantes a Cristo. Ayúdeles a ver dónde están en comparación con la medida de la estatura de la identidad completa de Cristo. Nunca permita que se compren con ellos mismos. Siempre encontrarán alguien sobre los cuales ellos pueden sobresalir. Ayude a los jóvenes a superar el cinismo acercándose a sus problemas de forma positiva. En su enseñanza, recuerde que puede llevar a estos jóvenes a los hechos, pero no a la verdad, al trabajo pero no el servicio, a las ideas pero no los ideales, a Jesús pero no la salvación.

Los jóvenes necesitan descubrir grandes cosas por ellos mismos. Queremos que no sólo aprendan a obedecer la ley, sino también que aprendan obediencia. Ayudémosles a confirmar su fe. Deje que nuestra enseñanza siempre sea marcada por la información correcta y nuestro consejo por un nivel de calma. Deje que nuestra conversación informal con ellos sea marcada por la sinceridad y la camaradería que inspirará su confianza.

En su enseñanza, recuerde que puede llevar a estos jóvenes a los hechos, pero no a la verdad, al trabajo pero no el servicio, a las ideas pero no los ideales, a Jesús pero no la salvación

Los sentimientos de fuerza que los adolescentes sienten deben ser desafiados a crecer. Hágales saber que la vida cristiana es una batalla o una carrera. Entrénelos a usar la espada del Espíritu para responder al endeble argumento de los escépticos modernos y que vean que las verdades de Dios no pueden ser derrocadas. Cuando los desafiados por el Señor Jesucristo, estos jóvenes darán el paso detrás de la bandera de su Rey en una nueva lealtad y progresiva confianza, o se quedaran atrás con dudas, finalmente se hundirán en la multitud en el exterior.

Aunque estos jóvenes están comenzando a razonar por sí mismos, necesitan contar con un trasfondo de conocimiento bíblico. Por lo tanto, no debemos entrar en discusiones inútiles o permitir que nuestros estudiantes lo hagan. Por el contrario, establezca su fe mediante la presentación de los grandes baluartes de la verdad. Deje a un lado las cuestiones insignificantes.

Hágales saber que la Palabra de Dios nunca ha fallado. Deben comprender que van a encontrar en este libro las respuestas a todas las preguntas de la vida, ya sean personales, sociales o nacionales. Que piensen en la Palabra como un libro de texto que los llevará a toda la verdad que necesitan para tomar sus decisiones más importantes.

Hágales saber que la Palabra de Dios nunca ha fallado... Que piensen en la Palabra como un libro de texto que los llevará a toda la verdad que necesitan para tomar sus decisiones más importantes

Ministrando a las necesidades de los adolescentes

¿Qué necesitan los jóvenes del departamento de la escuela superior de la iglesia? Lo que necesitan no es siempre lo que creen que necesitan. Debido a su naturaleza básica, naturalmente se esfuerzan para la aventura, logros, diversión y compañerismo; pero el mundo en que viven trata de distraerlos de las influencias cristianas que les daría la dirección apropiada. Hay cinco grandes necesidades que los adolescentes tienen que el departamento del ministerio para los jóvenes debe proveer, y cómo se satisfagan estas necesidades, determinarán cómo organice su departamento.

La necesidad de seguridad

Debemos recordar que hay un vacío de forma irregular en cada corazón, y sólo Cristo puede llenarlo. Cristo ofrece seguridad. En sus confesiones, San Agustín escribió: "nuestros corazones están inquietos hasta que encuentren descanso en [Cristo]." Nuestra enseñanza, ministerio y organización deben ayudar a dar a estos jóvenes esta seguridad que exigen. Una de las razones por las que muchos quieren abandonar la escuela superior es porque quieren la seguridad de un empleo, o que quieren la seguridad de una relación a través del matrimonio. No podemos ignorar esta tremenda necesidad de los jóvenes por la seguridad. Debemos hacer que los adolescentes vean que su seguridad se encuentra en Jesús.

La necesidad de reconocimiento

Los adolescentes desean recibir reconocimiento, así que, dele todo lo que pueda. Recuerde, los discípulos discutían la pregunta de quién debería ser el más grande (véase Mateo 18:1-6; Marcos 9:33-37; Lucas 9:46-48). Pídale al estudiante retraído que sea el ujier y escriba su nombre en el boletín de la iglesia. Se le podría pedir a un nuevo miembro que lea una porción de las Escrituras que se le haya asignado la semana anterior para que el alumno la lea el domingo siguiente. Si tiene un boletín de noticias de cualquier tipo, no deje que las mismas personas lo hagan. Tenga cuidado de satisfacer esta necesidad que se encuentra en el corazón de cada adolescente. Y anime a sus jóvenes a resaltar a quien crean que necesite reconocimiento.

La necesidad de la aventura y nuevas experiencias

Mantenga el mundo y sus necesidades delante de sus adolescentes.

Dele a estos jóvenes grandes cosas que hacer. Desafíelos a hacer su mejor esfuerzo. Las necesidades del mundo han impulsado a la gente a trabajar en las misiones en continentes lejanos, pero hoy en día existen necesidades para llevar a cabo en las calles de nuestras ciudades y en nuestros pueblos locales. Los jóvenes han dejado las pantallas de la televisión y sus computadoras para ponerse ropa de trabajo y limpiar las zonas urbanas y ayudar a construir casas y escuelas en pueblos rurales y países extranjeros con el fin de presentar a otros jóvenes a Cristo.

La necesidad de vida social

Para responder a la gran necesidad del compañerismo, encontramos que Cristo eligió a 12 sólo para estar con él, no para que le sirvieran (vea Marcos 3:14). Entre con entusiasmo en la vida de sus estudiantes. Cree un ambiente en el departamento de los estudiantes de escuela superior que ayudará a estos jóvenes a olvidar sus problemas y dificultades y carencias y lograr que se den cuenta de su fortaleza en el Señor Jesucristo: "El Señor es la fortaleza de mi vida" (Salmo 27).

Entre con entusiasmo en la vida de sus estudiantes

En la creación de un departamento, recuerde que la gente joven irá donde están sus amigos. Si su departamento no atrae a los jóvenes de la escuela superior en su comunidad, no apelará a ningún adolescente que está tratando de atraer. Esto significa que usted debe proporcionar una oportunidad para que los jóvenes tengan programadas salidas, bajo la supervisión adecuada y en el entorno adecuado. Cualquier ocasión que reúne a jóvenes de una manera sana y saludable es de suma importancia en la iglesia del Señor Jesucristo. Qué mejor lugar existe para que los jóvenes, no sólo para que hagan amistades de paso, sino también para hacer amistades para toda la vida. Si la iglesia no ofrece nada, entonces usted puede asegurar que los lugares públicos de entretenimiento estarán llenos, y su pueblo será parte de la multitud. Una razón por la cual la gente joven a menudo no se comporta bien es simplemente porque no saben qué hacer. Algunas lecciones de cortesía cristiana sería un excelente complemento a su currículo, y qué mejor lugar para practicar esas cortesías que en una función patrocinada por la iglesia.

La necesidad de ayudar y cooperar

Constantemente busquen oportunidades para que sus jóvenes adolescentes hagan uso de su necesidad de ayudar y cooperar con los demás. Los adolescentes pueden tomar parte en muchas diversas clases de servicio cristiano y ayuda. Compartir desarrolla un sentido de validez y un interés personal en un compromiso mutuo. Usted descubrirá rápidamente que los adolescentes constantemente están tratando de hacer algo que valga la pena. Libere el poder dinámico de estos jóvenes. No hay ninguna impresión como la expresión. Cuando los jóvenes se sienten como si no son necesarios, pronto pierden interés. "Úseme o me perderá" no sólo lo dice el estudiante de secundaria, sino también los jóvenes de la escuela superior y los adultos.

Organización del departamento de la escuela superior

Cuando usted organice su departamento, tome en consideración las necesidades de los adolescentes que acabamos de discutir. La necesidad de reconocimiento, por ejemplo, puede cumplirse al permitir que los estudiantes elijan a un comité estudiantil. Aquí los estudiantes tendrían la oportunidad de desarrollar habilidades de liderazgo reales. No descuide en darles ánimo e instrucción. Y no permita que sus oficiales sean meros testaferros. Si fuera a visitar cualquier escuela superior, quedaría asombrado al ver a una joven escolar presidir con prudencia y autoridad en una gran asamblea de sus compañeros. Un término de seis meses puede ser suficiente para cada cargo. De esta manera, más de los estudiantes tendrán la oportunidad de adquirir habilidades y cosechar un poco de reconocimiento.

Hora para expresarse

No es suficiente que un departamento de escuela superior tenga una buena hora de adoración y enseñanza el domingo por la mañana. Debe haber un tiempo para la expresión el domingo por la noche o durante la semana. Si usted puede agregar los clubes bíblicos y equipos de misiones (o evangelismo), coros, clubes para niños y niñas y grupos de vida y servicio, sería mejor todavía.

Grupos por edades

Cuando comience su departamento, le resultará necesario reunir a todos los estudiantes de la escuela superior juntos en una clase; pero pronto se dará cuenta que es difícil enseñar a un estudiante de décimo grado y un duodécimo grado en la misma clase. Tan pronto como su grupo crezca, divídalo en distintos grupos por edad durante la hora del estudio. Siga observando para el tiempo en que tenga que volver a dividirlo en otros grupos. Sin embargo, no divida el grupo a un número tan pequeño que no haya ningún desafío o interés. Los números son importantes para los jóvenes. ¡Nunca debe ponerlos con toda la gente en una clase para adultos!

El maestro de escuela superior

Un factor importante en el éxito de cualquier departamento es el maestro. No cualquiera puede enseñar una clase de escuela superior. Un maestro de estos jóvenes debe tener un carácter cristiano que sea auténtico. Estos jóvenes son muy críticos, y pueden reconocer y tener admiración por la autenticidad, y desprecio por la hipocresía. Muchos adolescentes no ven que se practique el cristianismo en sus hogares, así que lo buscan en su maestro.

El maestro debe exhibir una comprensión compasiva que fomente la camaradería. Compasión no significa pena, sino "sentir con" una empatía. El maestro nunca debe pensar que lo que hacen los estudiantes de la escuela superior es tonto o chocante. El maestro nunca debe llamar a sus romances amor juvenil, sino considerarlos todos como serios.

El maestro debe tener profundos conocimientos de la lección de la Biblia. La preparación, por supuesto, le ha de dar al maestro seguridad, impresión de exhibición y poder. Por el contrario, la falta de preparación hará que el maestro sea tímido, vago y débil.

El maestro debe tener convicciones positivas. En esta época de la duda e incertidumbre, los jóvenes necesitan un maestro que cree que la Biblia es la Palabra de Dios en el sentido pleno y que se basa en su propia vida cristiana y la experiencia cristiana para probarlo. ¿Cuántos pueden decir con Pablo, "Sed imitadores de mí, así como yo de Cristo" (1 Corintios 11:1)?

Los jóvenes necesitan un maestro que cree que la Biblia es la Palabra de Dios en el sentido pleno y que se basa en su propia vida cristiana y la experiencia cristiana para probarlo

El maestro debe estar interesado en las actividades sociales de los estudiantes. El maestro debe entrar en las vidas de sus estudiantes. Si los estudiantes están interesados en el béisbol, consiga algunas entradas y llévelos a un juego. Si los estudiantes están interesados en el exterior, llévelos en una caminata. En definitiva, descubra los intereses de su grupo y hable con ellos acerca de esos intereses. Recuerde, un aburrido es una persona que habla de sí misma cuando usted quiere hablar de usted mismo. No sea un aburrido ante los ojos de sus adolescentes. Conozca lo que sus estudiantes quieren conocer o deberían conocer, cualquiera que sea su edad. Su objetivo es capacitar las aspiraciones de cada alma según los más altos estándares posibles.

No sea un aburrido ante los ojos de sus adolescentes

El maestro debe tener cierta comprensión de los jóvenes de esta edad. Un padre que tiene o que recientemente ha criado a un adolescente o un maestro de escuela superior podría ser un candidato ideal para ser el maestro, siempre y cuando se cumplen los otros requisitos para los maestros. Una persona puede aprender mucho de la lectura de libros y buscando en el

Internet, pero la experiencia real con la gente joven es definitivamente una ventaja.

El maestro debe tener el tiempo para estos jóvenes y todas sus actividades. No es fácil encontrar a adultos que sean capaces de dirigir a estos estudiantes y que estén dispuestos a pasar el tiempo necesario para tomar parte en todas las actividades. Demasiadas veces los voluntarios no pueden con esta gran tarea. No sugiero que nadie acepte este lugar de liderazgo permitiendo que él o ella crea que no es un trabajo duro. Por el contrario, permita que la persona sepa que estos adolescentes han de desafiarlos en todo lo que son y lo que tengan que ofrecer, pero la recompensa es grande.

8

Universitarios

(Edades de 18 a 25 años)

Personas de edad universitaria casi son una generación perdida para la iglesia promedio, sin embargo, la mayoría de los líderes mundiales del futuro, corporativos y nacionales, procederán de los recintos universitarios de hoy. Aunque en general hay excepciones, recuerde que es la excepción la que hace la regla. Alguien ha dicho que el mundo es literalmente llevado adelante sobre las espaldas de la juventud. Esto significa que la iglesia debe estar vitalmente interesada en ellos. Invierta su tiempo y sus recursos para desafiar a estos jóvenes para Cristo, para mantenerlos en la iglesia y prepararlos para sus lugares de responsabilidad en el mundo.

Características según la edad

Confianza en sí mismo es la clave de esta edad. Los universitarios son propensos a pensar en términos muy amplios. Están seguros de que si tienen una oportunidad, a la larga pueden hacer algo grande. Estos jóvenes tienen un gran sentido de poder. Sería un crimen que les ocurriera algo y hacerles perder su autoestima. Todo maestro de este grupo de edad debe desafiar a los estudiantes al máximo, y van a responder si son desafiados correctamente. Si usted quiere mantenerlos, debe darles tareas difíciles que hacer, lecciones difíciles que aprender, proyectos difíciles para intentar hacer.

Estos jóvenes necesitan metas definidas. Muchos jóvenes de esta edad abandonan la iglesia debido a la falta de algo que hacer que se sientan dignos de invertir su tiempo y habilidades que por cualquier otra razón. Este grupo tiene que tener objetivos establecidos muy definidos, que podrían incluir hacer trabajo de investigación para un ejercicio intelectual o trabajo misionero de alguna clase.

La mayor necesidad de los jóvenes adultos es un adulto mayor que los entienda y que sea su confidente. Necesitan a alguien que sea honesto con ellos y les ayude a evaluarse a sí mismos.

La mayor necesidad de los jóvenes adultos es un adulto mayor que los entienda y que sea su confidente. Necesitan a alguien que sea honesto con ellos y les ayude a evaluarse a sí mismos

Maestro, sea esa persona. Esté siempre disponible. Sea fácil de alcanzar. Mantenga su confianza como lo más sagrado. Estos jóvenes adultos están pasando por lo que podría llamarse un período de ajuste final a la edad adulta completa y necesitan el consejo y la orientación de un verdadero amigo.

Transición a la edad adulta

Después de los jóvenes se gradúan de la secundaria, nunca son igual que antes. Ahora deciden la siguiente dirección para sus vidas: ir a la universidad, empezar un trabajo o entrar en las fuerzas armadas. Aunque podrían permanecer en el hogar, jugarán papeles muy distintos en la familia. Ya no son niños. Para los padres esto siempre es muy difícil de aceptar, porque sus hijos siguen siendo niños para ellos mientras viven bajo sus techos. Esto significa que deben hacerse ajustes muy reales entre los padres y sus hijos.

Dos intereses principales

Hay dos cosas que son de sumo interés para los jóvenes en edad universitaria: qué trabajo harán por el resto de sus vidas y con quién se casarán. Estos jóvenes ya no buscan dirección de su familia, sino el mundo. Una educación universitaria o servicio en el ejército es una cosa muy beneficiosa para los más jóvenes mientras determinan qué van a hacer por el resto de sus vidas, aunque otra opción podría ser que valga la pena asistir a un colegio comunitario local o incluso trabajar por un año.

Estos jóvenes adultos necesitan la oportunidad para ser más maduros. Necesitan aprender que deben convertirse en adultos responsables con el fin de conseguir un empleo remunerado para ayudar a mantener un matrimonio exitoso. Aunque ellos han absorbido mucho durante los últimos años de su vida atravesando por periodos de ajustes físicos y sociales, ahora deben preocuparse por el desarrollo de una nueva capacidad para el trabajo y la autosuficiencia. Ya sea que asistan a la universidad, un colegio comunitario, el servicio militar o incluso un trabajo, necesitan la orientación de los adultos entrenados sin sentir las restricciones que experimentaron en sus adolescencias. Lo triste es que prácticamente todas las opciones de lo qué deben hacer después no están orientadas para los cristianos. Esto significa que la iglesia debe suministrar lo que el mundo carece, y muy pocas iglesias han asumido esta responsabilidad.

La responsabilidad de la iglesia

La iglesia debe enseñar a estos jóvenes adultos el hecho que Dios los ha creado con un propósito y les ha dotado con personalidades y habilidades que él espera que las utilicen para sus propósitos. Cuando alguien le preguntó a Daniel Webster lo que él consideraba el pensamiento más grande que alguna vez pasara por su mente, él respondió: "Mi responsabilidad personal a Dios". Es la iglesia la que enseña a los jóvenes la más grande de todas las verdades. Ellos quieren una respuesta a la misma pregunta que tenían en la secundaria: " ¿Para qué estoy vivo?" ellos necesitan descubrir el propósito más grande de sus vidas, cómo pueden servir mejor a Dios y sus semejantes. La iglesia también debe asumir la responsabilidad de proporcionar los principios bíblicos de un adecuado hogar cristiano para canalizar el instinto a casarse y establecer una familia que a esta edad es más fuerte. Todo joven adulto busca a una pareja para cumplir con el deseo de tener un hogar y formar su propia familia. La canalización adecuada de este divino impulso demostrará ser una de las mayores garantías para nuestra civilización, ya que el hogar cristiano es el baluarte de la democracia. El ajetreo de los tribunales de divorcio es suficiente evidencia de la falta de formación que nuestros jóvenes han recibido en el área más importante de sus vidas.

Ministrar a las necesidades de los adultos jóvenes

Algunos líderes de la Iglesia han dicho que los estudiantes

universitarios no están interesados en la Biblia y que sólo están interesados en el sexo opuesto. Condenan el departamento universitario, diciendo que su único propósito es para conseguir pareja. Incluso si eso fuera cierto, ¿qué mejor lugar podría haber para conseguir pareja? Sería mucho mejor que la iglesia se preocupe con ayudar a conseguir parejas cristianas que tratar de reparar hogares destruidos y conciliar los corazones quebrantados. Estos jóvenes están interesados en encontrar a su pareja adecuada y en el establecer un hogar cristiano. Están interesados en las enseñanzas bíblicas que se refieren al hogar, la familia y el matrimonio.

Responder a sus interrogantes

Creo que la decisión más importante en la vida de alguien debe ser elegir al Señor Jesucristo como su Salvador. La próxima decisión importante corresponde a la elección de la pareja para su vida. La persona que uno elija para casarse le hará sentirse una persona completa o romperlo en pedazos. Muchos jóvenes se me han acercado para preguntarme cómo saber si realmente están enamorados. La iglesia debe preparar a estos jóvenes para responder a esta pregunta y muchas más referente a esta importante relación. Haga todo lo posible para promover la amistad entre los miembros del departamento universitario. He descubierto que las amistades formadas en condiciones saludables cumplen una gran necesidad.

Haga todo lo posible para promover la amistad entre los miembros del departamento universitario. He descubierto que las amistades formadas en condiciones saludables cumplen una gran necesidad

Otra cosa que un joven quiere saber es, "¿Dónde puedo yo en invertir mi vida?" Estos jóvenes quieren hacer una contribución al mundo, pero no saben qué hacer ni a quién acudir para que le ayuden a responder a la pregunta. Lo más importante en la vida no es aprender cómo ganarse la vida, sino cómo hacer una vida. A menudo las decisiones demasiado apresuradas conducen a resultados trágicos. Enseñe a los jóvenes a esperar en Dios y a descubrir su voluntad para sus vidas.

Dirigir el grupo

Estos jóvenes deben tener el liderazgo de la mejor capacidad y calidad, aquellos en los cuales pueden poner la mayor confianza. El pastor debe ayudar al maestro en esta área. Estos jóvenes deben aprender que si ponen a Cristo primero y "buscan... primeramente el reino de Dios y su justicia;... todas estas cosas les serán añadidas" (Mateo 6:33).

Estos jóvenes deben aprender que si ponen a Cristo primero y "buscan... primeramente el reino de Dios y su justicia;... todas estas cosas les serán añadidas" (Mateo 6:33)

Los campamentos, conferencias y retiros de fin de semana deben ofrecerse para que estos jóvenes puedan tener períodos especiales donde puedan considerar bajo el liderazgo adecuado las oportunidades que ellos tienen por delante y los problemas que enfrentarán en el mundo. Estas actividades de grupo llevadas a cabo lejos del ruido de la sociedad a veces pueden ser tiempos de gran discusión y estudio. Todo grupo universitario también debe tener un equipo de evangelismo. Esto siempre ayuda al grupo a crecer espiritualmente y les da el entrenamiento práctico que les mantendrá en un buen lugar más adelante en la vida.

Enseñar la Biblia

Sin duda que todos aceptarán que la Biblia debe ser el libro de texto para la enseñanza, pero ¿cuál es el propósito de enseñar de la Biblia? ¿Es simplemente para que los jóvenes conozcan los hechos registrados en este libro sagrado? Muchos maestros están satisfechos con que los estudiantes obtengan información de los hechos ya sea que hagan uso de ellos o no. Por supuesto, queremos que los estudiantes conozcan la Biblia, pero la enseñanza bíblica que termina allí falla.

La primera razón para enseñar la Biblia a estos jóvenes es para que tengan un apropiado conocimiento de Dios y una creciente fe en Él, la cual fue revelada en el Señor Jesucristo. La Biblia, también dará sentido a la vida. Aquí encontramos la voluntad de Dios para cada individuo. Saber que Dios tiene un gran plan para sus hijos y que somos una parte de su plan es un descubrimiento emocionante. Jesucristo es la respuesta para cada vida. La Palabra de Dios lo revela en toda su majestad y poder. Él es aquel, también, que conoce y comprende todo lo que sentimos y atravesamos, porque él era humano como nosotros. Debemos presentar la razonabilidad de la palabra de Dios. Debemos examinar la evidencia interna y externa que prueba su verdad y su valor. De a los jóvenes una razón para la fe que hay en ellos.

Jesucristo es la respuesta para cada vida. La Palabra de Dios lo revela en toda su majestad y poder

Otra razón para enseñar la Biblia es para que los jóvenes experimenten la verdad de la Palabra en la manera que trabaja en la vida diaria. Los jóvenes no sólo necesitan poder ver las verdades bíblicas exhibidas en la vida de otros, sino que también necesitan vivir esa verdad ellos mismos. Al modelar la vida de Jesús, a su vez atraerán a otros a la fe en Jesús. Los jóvenes crecerán cuando se conviertan en quienes atraigan otras personas ellos mismos.

La mejor manera de fortalecer nuestra propia fe es ayudar a producir fe en otra persona. No sólo ser un edificador de fe enseñando a los estudiantes de manera convincente al modelar el ejemplo de Jesús usted mismo, sino también fortalecer su fe reclutando a los jóvenes adultos para que trabajen en la convicción y convencimiento de otros. Cuando se da este tipo de instrucción, este grupo de edad universitaria será uno que ha de continuar creciendo. Recuerde, que está entrenándolos para el liderazgo mundial. Deles muchas oportunidades para expresarse. Déjelos expresar sus propias opiniones y presentar sus propias interrogantes.

Los jóvenes no sólo necesitan poder ver las verdades bíblicas exhibidas en la vida de otros, sino que también necesitan vivir esa verdad ellos mismos

Departamento de universitarios

El departamento de jóvenes universitarios en muchas iglesias, debe ser un grupo de jóvenes de la edad de los universitarios en lugar de un grupo de universitarios. Si tienen un departamento propio, y por supuesto lo deben tener si hay suficientes para hacerlo, la organización debe seguir el mismo patrón de casi como se ha descrito para el departamento de jóvenes de secundaria. Los domingos, asegúrese de dejar que los estudiantes lleven a cabo la sesión de clase. Este es un período de entrenamiento valioso para los líderes. En primer lugar, está la preparación física del aula misma. ¿Se ve atractiva? ¿Crea un ambiente adecuado para la enseñanza? Posiblemente, el vicepresidente de clase podría hacerse responsable de esto. Si fuera necesario, pida a los ujieres de la clase que se encarguen de repartir cancioneros y las Biblias y entregando boletines de la iglesia mientras los estudiantes vayan entrando, saludando a todos y creando un ambiente agradable y acogedor. El presidente de la membresía se encarga del registro de asistencia y anota cualquier visitante. En cuanto la clase se reúne, el presidente toma su propio lugar y presenta un programa para la sesión de la mañana. La primera media hora podría consistir en oración, música, anuncios, presentación de visitas, la lectura de las Escrituras, una ofrenda y cualquier adición especial al programa. El presidente siempre debe velar por la hora, ya que el tiempo de la clase del domingo en la mañana está destinado principalmente para la enseñanza de la Palabra. Si todos estos componentes se han llevado a cabo bien, entonces el maestro podrá comenzar a enseñar en un ambiente que ya está agradable y con expectativa.

Durante los meses cuando la escuela está en sesión, cuando el personal militar está en una misión o cuando los que tienen trabajo deben ausentarse, deben mantenerse en contacto con estos jóvenes hasta que regresen. Se les puede enviar literatura para que los ausentes puedan mantenerse al día con lo que está pasando en el grupo y en la iglesia. Cuando los estudiantes universitarios se gradúan o cuando los militares regresen a casa, sus logros y éxitos deben ser reconocidos. La iglesia debe mostrar su interés en las carreras y actividades académicas de estos jóvenes. Un poco de ayuda financiera para ayudarles en sus actividades de entrenamiento o carreras proporcionaría un enlace a la iglesia.

El maestro del joven universitario

Se ha dicho que los jóvenes no responden a los programas sino a personalidades. Esto significa que el primer problema del grupo de edad universitaria es encontrar un maestro que va a atraer a los jóvenes adultos al programa y a quien los jóvenes adultos aceptarán.

Ellos necesitan ser desafiados constantemente a invertir todos sus talentos en la obra del Señor y pasan su tiempo en los más altos esfuerzos, tanto en pensamiento, palabra y obra. Necesitan ser enseñados a ser guarda de su hermano. El maestro debe inspirar y desafiar a este importante grupo.

Enseñar con amor y lealtad

Existen sólo dos maneras de controlar este grupo de edad. Uno es por la fuerza y el otro por amor. Muchos dictadores han tratado el primero.

El método de Cristo fue el último. No hay forma de obligar a este grupo en la iglesia. El maestro debe atraerlos a través de las cuerdas de amor y lealtad. El maestro debe tener una pasión por los seres humanos que sólo puede ser superado por su pasión por Cristo.

Las intenciones y sinceridad del maestro influirán grandemente estos jóvenes adultos. Esto no significa una sombría piedad. Significa una santidad que refleja y honra al Señor Jesucristo y atrae a otros a sus pies en adoración.

El maestro debe atraerlos a través de las cuerdas de amor y lealtad.
El maestro debe tener una pasión por los seres humanos que sólo puede ser superado por su pasión por Cristo

Enseñar con la verdad

El maestro debe tener pasión por la verdad. Cuando un maestro ama a los jóvenes y adora al Señor, él o ella tendrá pasión adicional para conocer la verdad y presentarla. El maestro nunca debe entregarse a especulación. Cuando estamos tratando con asuntos de vida y muerte, el Señor Jesucristo y la eterna salvación, nunca debemos ser inseguros u ocultar. Nuestra enseñanza debe ser clara como el cristal, la clase que satisface el inquisitivo corazón de estos estudiantes. No estamos comprometidos en la enseñanza simplemente del tema, sino en enseñar a la gente.

Enseñar relacionándose

Es mejor cuando el maestro de los jóvenes adultos tiene una estrecha relación con sus alumnos. El maestro de escuela bíblica no es el único maestro que estos individuos tienen. Son lanzados en contacto con muchos otros que también podrían tener gran influencia sobre ellos: los profesores en la universidad, mentores en el trabajo, oficiales militares de alto rango. Estas otras personas que tal vez tengan admiración por ellos pueden ser personas intelectuales con personalidades emprendedoras, pero también pueden tratar la Biblia ligeramente y hacer que el estudiante piensen que sólo los imbéciles creen en los hechos del Libro. Esto hace que el estudiante busque el conocimiento en una posición de conflictos de lealtades contradictorias de la iglesia, el maestro de la escuela bíblica, el pastor, los padres y las enseñanzas de esta nueva voz que él o ella ha aprendido a admirar. El maestro del grupo de edad universitaria constantemente debe estar consciente de la vida diaria de los estudiantes para que cualquier conflicto pueda ser resuelto rápidamente y las lealtades apropiadas sean restablecidas.

Es mejor cuando el maestro de los jóvenes adultos tiene una estrecha relación con sus alumnos

Enseñar con ayuda externa (si fuera necesario)

El joven promedio tiene limitado conocimiento de la Biblia, así que el maestro no debe sorprenderse si esto resulta ser el caso de los estudiantes en el departamento de los jóvenes universitarios. Esto, por supuesto, debe ser atendido y rectificado con rapidez. Pero en la misma clase habrán aquellos que han crecido en la escuela bíblica y tienen una buena comprensión las Escrituras. A menudo es difícil enseñarles a todos al mismo tiempo. Esto significa que el maestro debe buscar ayuda externa. Alguien versado en la palabra de Dios, alguien que puede animar a los estudiantes, asesorarlos en las Escrituras, debe ser encontrado e incitado a reunirse en privado con los estudiantes que necesiten ayuda.

PARTE 3

Escuela bíblica para adultos

Periodo del desarrollo	Nombre del Grupo de Escuela Dominical	Edades
Adultos	Jóvenes Adultos Profesionales	25+
	Parejas Jóvenes	25+
	Adultos	35+

9

Adultos

(Edades de más de 25 años)

Aunque los adultos generalmente son los maestros de la escuela bíblica y oficiales de la iglesia, generalmente no se piensa en este grupo cuando hablamos de la escuela bíblica. Pero los adultos, casi todos mayores de veinticinco años, son una parte importante de la escuela bíblica.

Muchas escuelas bíblicas creen que han despachado su deber cuando tienen una clase de estudio bíblico para este grupo. Dicha clase generalmente le interesa a sólo unos pocos de los hombres mayores y mujeres en la congregación, que parecen estar dispuestos a estudiar de una guía de estudios trimestral estándar.

Los tiempos, sin embargo, han cambiado. Un creciente énfasis en la importancia y la necesidad de la educación para personas adultas o volver a capacitarlos atraído un aumento en la asistencia a las universidades locales; y se ofrecen clases nocturnas en muchas áreas.

La educación cristiana se ha rezagado. Siempre ha enfatizado de la importancia de la formación de los niños y jóvenes, pero de repente, los educadores cristianos comenzaron a darse cuenta que los jóvenes necesitan adultos capacitados para guiarlos. La formación de estos líderes definitivamente debe ser una parte del programa de formación cristiana en la escuela bíblica. Los adultos son el fundamento de la escuela bíblica y su ministerio de enseñanza. Cada institución debe producir su propio liderazgo si ha de seguir existiendo. Un Departamento de Adultos adecuadamente organizado puede abastecer la demanda de hombres y mujeres con un verdadero corazón de la misión de Cristo y su iglesia.

Alguien muy bien ha dicho que los asuntos de la democracia están en manos de los adultos, y el éxito o el fracaso de la democracia dependen directamente del grado de inteligencia y maestría exhibida por las personas en cuyas manos está su destino. La influencia que ejerce el máximo poder en nuestra sociedad actual es el hogar, y los adultos definitivamente dan forma al plan y determinan el propósito del hogar.

Debemos tener mucho cuidado que el programa para adultos esté vinculado con la iglesia en todos los sentidos. El ministerio del adulto debe ser centrado y dirigido por la iglesia.

Sin embargo, debemos tener cuidado que un grupo de adultos no se convierta en ley en sí mismo en sus planes y dones. Si la clase es demasiado grande, puede ser demasiado independiente. Es preferible que varias clases diferentes estén disponibles para los adultos, y si cualquiera de las clases se vuelve demasiado grande, debe dividirse en grupos más pequeños. Y cada grupo debe contribuir directamente a la iglesia de alguna manera. Por lo menos, cada clase de adultos debe ser una clase de Biblia. Este debe ser el fundamento de todas las clases de la escuela bíblica.

Generalmente más de cincuenta por ciento de cualquier iglesia está compuesta por adultos, sin embargo probablemente cerca del 90% no asisten a la escuela bíblica. Parece como si la iglesia ha fracasado en desarrollar un programa que los adultos encuentran interesante y vital.

La Biblia, sin embargo, tiene muchas respuestas, pero es un libro cerrado para muchos. Hombres y mujeres deben aprender la Palabra. Deben conocer a Jesús y deben saber cómo ganar a sus vecinos y socios de negocios para Cristo

Muchos hogares hoy en día tienen problemas difíciles, pero ¿hasta dónde han ido a la iglesia para resolver estos problemas? Pocos adultos recurren a la iglesia para consejería y orientación para resolver problemas conyugales o familiares. Porque la iglesia tiene poco que ofrecer para satisfacer las necesidades de los adultos, millones de adultos pasan por sus puertas sin prestar la menor atención a ella. Muchas personas pasan por sus puertas sin prestar mucha atención tampoco. La gente no cree que la iglesia tiene respuestas. La Biblia, sin embargo, tiene muchas respuestas, pero es un libro cerrado para muchos. Hombres y mujeres deben aprender la Palabra. Deben conocer a Jesús y deben saber cómo ganar a sus vecinos y socios de negocios para Cristo.

De hecho yo sé, que un programa basado en las necesidades vitales de hombres y mujeres adultos puede ser desarrollado, y el programa puede atraer a cientos de adultos de todas las edades y de todas las profesiones. Se ha logrado. De hecho, el número de adultos en el programa igualó el número de estudiantes en la escuela bíblica para las personas más jóvenes.

Empresarios y profesionales

Los hombres o mujeres jóvenes que abandonan la escuela y aún no están casados deben tener un lugar de compañerismo. En cada joven que tiene una carrera en negocios o profesional, existe un hambre innata de compañerismo. Este grupo no puede conectar con la gente casada de la misma edad. Sus intereses son amplios y variados. Una iglesia debe no sólo reconocer las necesidades de estos adultos sino que debe ser capaz de demostrar que está interesada en satisfacer esas necesidades y está lista para hacerlo.

Joven, pero maduro al mismo tiempo

Generalmente estos jóvenes han concluido su crecimiento físicamente pero siguen creciendo emocionalmente, socialmente y espiritualmente. En cierta medida, la juventud de la edad universitaria sigue estando presente, pero la verdadera madurez está comenzando.

Muy a menudo, este es un período que el más joven espera con gran interés y los ancianos miran hacia atrás con gran anhelo. La mayoría de la gente entra en estos años con gran placer, con ganas de recibir un sueldo regular y vivir en su propia casa. No todos se dan cuenta de la ardua labor que se realiza durante estos años, con los hombres y las mujeres probando sus teorías en la vida práctica. Cómo pensar y cómo resolver las cosas, se está convirtiendo en algo permanente. Los adultos están en peligro de establecerse en un mundo en constante movimiento y sólo quedarse ahí.

Permítanos inspirar en ellos el espíritu de un profeta en mirar más allá de las metas inmediatas de alimento y refugio a la verdadera meta de la vida. A esta edad los jóvenes adultos han pasado por muchas de sus dudas intelectuales e indecisiones y están dispuestos a afrontar la verdad directamente. Ayúdeles a lidiar con los temas sociales, doctrinales y prácticos de las Escrituras.

Nunca se es demasiado viejo para jugar

Los adultos nunca son demasiado viejos para jugar. No podemos ignorar este gran impulso. El juego da un nuevo sabor a la vida y presenta un balance que el adulto necesita.

La iglesia le ha dado una banca a los adultos pero muy poco adicional. Planifique actividades recreativas para este grupo. Auspicie las actividades en el gimnasio, la sala de actividades o un aula de la iglesia.

Si no encuentran el lugar para poder expresarse aquí, frecuentan bares y otros lugares de diversión para su recreación. Dada la oportunidad, le sorprenderán las maneras en que pueden entretenerse. Se cansan de los juegos que vienen en cajas, rompecabezas y juegos de mesa puede llegar a ser aburridos. Esto no es cierto para las personas de edad empresarial y profesional sino ¡todas las edades!

Buscando un compañero de vida

Siempre debemos tener en cuenta que los miembros de este grupo de jóvenes adultos todavía están buscando su pareja. Ellos se han vuelto mucho más críticos y evalúan muy cuidadosamente la cuestión del matrimonio. Debemos dar a la gente de esta edad oportunidades para conocer a personas del sexo opuesto que comparten sus intereses y madurez espiritual.

Disfrutan hacer las cosas juntos

El programa de lunes a viernes con este grupo debe ser variado. Grupos de todos tipos deben ser organizados para que la gente pueda juntarse para compartir intereses similares. Estos jóvenes tienen mucho tiempo en sus manos. Probablemente, tienen todas las noches libres, y usted puede estar seguro de que van a descubrir lugares a donde ir. Nadie necesita estar cargado con planes elaborados, y sin duda, un banquete o una fiesta formal debería realizarse ocasionalmente; pero una provisión para este grupo es hacer cosas juntos, es todo lo que necesitan.

Necesitan hacer proyectos que valgan la pena

Si a los jóvenes adultos no se les dan proyectos que les interesen, se volverán muy egoístas. Busque interesarlos en cosas que valgan la pena. Pequeñas asignaciones nunca han de captar su interés o entusiasmo.

Podrían estar interesados en tomar una decisión sobre las maneras de recaudar dinero para la compra de provisiones para un misionero, ya que podrían rechazar recoger latas de comida para un refugio local.

Parejas jóvenes

Paralelo al grupo de los empresarios y profesionales de esta edad está el grupo de parejas jóvenes, es obvio que sus intereses son muy diferentes. El joven empresario no está interesado en cómo debe ser alimentado un bebé o la mejor manera de manejar las finanzas de una familia, sin embargo, estos son los temas que están absorbiendo las parejas jóvenes.

Las parejas jóvenes están haciendo muchos ajustes, y la iglesia debe ayudar a resolver algunos de sus problemas. Sé por experiencia que cuando una clase de parejas jóvenes es enseñada por un maestro que da verdadera consideración a los miembros de dicha clase, muchos otros jóvenes querrán unirse al grupo. Las parejas jóvenes están interesadas en lo que la palabra de Dios tiene que decir sobre el hogar, la crianza de los niños y su responsabilidad con la comunidad, su país y su iglesia.

Oportunidades de servicio

Este grupo está muy enfocado en servicio. Están más que dispuestos a ayudar a que las aulas de clases para los niños más pequeños en la escuela bíblica sean atractivas porque esperan que sus hijos algún día asistan a esas clases. A las parejas les encanta hacer cosas juntos, y todo lo que les permita hacer esto les interesa. Esto incluye ayudarse mutuamente si uno de ellos enseña una clase de escuela bíblica.

Actividades sociales

Parejas jóvenes pronto descubrirán que no es bueno quedarse en casa constantemente, así que buscarán unirse a un club o alguna actividad social que les permita asistir junto con otras parejas de su misma edad. Será mucho mejor tener actividades sociales en la iglesia a que las parejas salgan a reunirse en un club en la comunidad. Ya que las parejas jóvenes por lo general no tienen mucho dinero para gastar en la vida social, el entretenimiento que ofrezca la iglesia puede ser una gran bendición para ellos.

Preocupaciones matrimoniales

Parejas jóvenes tienen verdaderos problemas en el matrimonio, y estarán muy dispuestos a expresar sus problemas o dificultades cuando saben que la persona que dirige el grupo es alguien en quien tienen confianza. Son muy conscientes de su inexperiencia con la relación matrimonial. Presente temas de discusión donde las parejas puedan plantear preguntas y ayudarse unos a otros con respuestas. Si es posible, invite a alguien capacitado a hablar a su grupo para lidiar con esas preguntas. También puede considerar a una pareja madura en la fe y años avenir y hablar a su grupo sobre sus experiencias y cómo abordaron problemas e inquietudes a través de los años. Usted encontrará que en tales ocasiones se habrá engendrado gran compañerismo. Para salvar su vida, la iglesia debe salvar su vida de hogar. Hay cada cosa en el mundo para separar el esposo y la esposa. La iglesia debe ver que Jesús, no el mundo, los ganan.

Para salvar su vida, la iglesia debe salvar su vida de hogar. Hay cada cosa en el mundo para separar el esposo y la esposa. La iglesia debe ver que Jesús, no el mundo, los ganan

La vida en la Iglesia

Demasiadas veces las parejas se interesan tanto el uno en el otro y en su vida social que evitan la iglesia. Las parejas jóvenes que son invitadas a reuniones sociales del departamento de parejas jóvenes rara vez asisten a algo más que las fiestas y funciones, mientras que los miembros que vienen a orar llegan para quedarse.

Observe esto cuidadosamente. Los hombres jóvenes que nunca llegarían a la iglesia irían con sus esposas para reunirse con un grupo de personas en la comunidad que sean de la misma edad y de intereses similares. Cuando hay un lugar atractivo en la escuela bíblica para los niños de estas parejas jóvenes, los padres y las madres los traerán.

Este es el momento para atraparlos. Una vez están atrapados, verá que tienen preocupación por la calidad de la escuela bíblica y su enseñanza, porque descubrirán lo que la instrucción religiosa puede hacer por sus hijos. Es increíble pensar que podemos levantar una escuela bíblica para los niños sin el interés los padres.

Composición de la clase

Es definitivamente mejor tener una clase independiente para parejas jóvenes. No estarán interesados si los ponen con adultos que son mayores que ellos. Sus vidas son polos opuestos.

Los oficiales de esta clase deben ser un esposo y una esposa. Esto les hace sentir una igual responsabilidad y un igual interés.

Líderes mentores

No hay ninguna edad que sea más importante en su relación con líderes mentores para las generaciones más jóvenes de la iglesia. Estos jóvenes adultos no deben dedicar todo su tiempo, talentos y dinero a los clubes y actividades frívolas cuando hay niños y niñas en la comunidad y en la iglesia que necesitan su ayuda. Ellos no deben descuidar la iglesia del Señor Jesucristo, ni deben permitir que las generaciones más jóvenes descuiden la iglesia. Deben aprender y enseñar que la Iglesia es la única institución que puede traer esperanza para las generaciones más jóvenes y los muchos problemas que tienen. Haga todo lo posible para entrenar a parejas jóvenes para que sean maestros, mentores y amigos de los adolescentes. Son lo suficientemente maduros para ser líderes sabios y lo suficientemente joven para ser amigos deseables. Esta es la edad que los juveniles y jóvenes adolescentes idealizan. Parejas jóvenes tienen en sus manos como cristianos la única solución a los problemas de los jóvenes (y toda) generación: la verdad del evangelio del Señor Jesucristo. Ayúdelos a darse cuenta que como miembros de la iglesia de Cristo, tienen la responsabilidad de llevar y ser mentores de la generación más joven.

Adultos

¿Qué hacemos con los adultos más allá de la edad que acabamos de discutir? Por supuesto que muchas de las cosas que hemos dicho sobre otras edades también se aplican a los adultos maduros. Pero de treinta y cinco años en adelante, parece no haber fronteras definitivas que separen diferentes grupos. Y aunque las mujeres y los hombres adultos disfrutan las reuniones durante la semana en clubes de su género, es una buena idea tener una clase de escuela bíblica para personas de mediana edad. La organización de la clase de estudio bíblico para adultos necesita tener muy poca variación de la organización de los grupos más jóvenes.

Todos tienen un denominador común

Hombres y mujeres en esta categoría de años están llegando a su apogeo. Para muchos, su capacidad de ganancias es grande, se ha establecido su posición social y sus hijos están empezando a dejar una huella en el mundo. Por otro lado, están los que no tienen muchos recursos y para quien la vida ha sido dura. Pero todos encuentran denominadores comunes en Cristo y su Palabra. ¿Cómo puede la iglesia mantener el interés de este grupo dinámico? El líder debe ofrecer un amplio y variado programa para captar su atención. Cuando el maestro presenta las grandes necesidades del mundo y trae a la atención de estos adultos lo que Cristo ha proporcionado para satisfacer estas necesidades, usted encontrará que tanto hombres como mujeres se interesan. Debido a esto, la clase de escuela bíblica para adultos puede ser la tierra fértil de muchas ideas para el trabajo misionero y eventos de servicio. Durante la Segunda Guerra Mundial, hombres y mujeres de esta edad mantuvieron reuniones todos los domingos para grandes grupos de jóvenes militares. Ellos proporcionan un gusto y un toque de hogar y terminaron con un gran desafío para que los hombres aceptaran y sirvieran al Señor Jesucristo. Para este tiempo, el presidente de una de las grandes sociedades fiduciarias fue el motor detrás de este gran programa.

Todos deben ser entrenados

Debe haber capacitación constante durante la edad adulta porque las personas de esta edad son los impulsores y agitadores en la iglesia. Prácticamente todo el cuerpo oficial de la iglesia proviene de este grupo de edad. La gente de esta edad fueron los que establecieron campamentos donde miles de jóvenes establecieron una relación vital con el Señor Jesucristo. Programas misioneros y proyectos de construcción entre los cientos de miles han sido patrocinados y llevados a cabo bajo el liderazgo de las personas de esta edad. De hecho la gran comisión de la iglesia sólo se llevará a cabo mientras estos hombres y mujeres sean desafiados por nuestro maravilloso Señor.

Todos pueden ser desafiados

Es cierto que los hombres de esta edad, así como las mujeres a menudo tienen definidos sus intereses propios. Las mujeres generalmente están interesadas en los programas misioneros y de las damas de la iglesia, mientras que la mayoría de los hombres están interesados en el lado del gobierno y negocios de la iglesia. En el pasado, la vida de muchas mujeres estaba centrada en el hogar y la crianza de los niños, pero ahora hay muchas mujeres que también están trabajando fuera de la casa. En el pasado las vidas de los hombres se centraba más alrededor de su lugar de trabajo, pero ahora hay muchos hombres que administran la casa mientras sus esposas ganan un salario. Los papeles de hombres y mujeres "tradicionales" ya no son tan tradicionales. Sin embargo, si a los esposos se les presentan los desafíos comunes en la iglesia a través de la palabra de Dios, sus hogares y vidas personales experimentarán crecimiento espiritual. Demasiadas veces la mujer supera a su marido en el crecimiento espiritual, y se encuentra muy limitada en su influencia en su hogar si su esposo no está con ella. Si el hombre sobresale, también es imposibilitado. Esta es la razón que las clases mixtas de estudio bíblico son de enorme importancia y valor. Ambos cónyuges reciben la misma instrucción e inspiración y pueden hablar de todo esto juntos.

PARTE 4

Construyendo su escuela bíblica

10

Organización

Hemos empleado mucho tiempo y espacio hablando acerca de los niños, jóvenes y adultos que la escuela bíblica debe servir. Esto es un trabajo asombroso, ¿no? ¿Qué hace ahora para organizar una escuela bíblica que tenga un lugar para cada edad y satisfacer las necesidades de cada grupo?

Este capítulo se ocupará de la organización de una escuela bíblica que pueda hacer precisamente esto. Si está administrando una escuela bíblica de 65, 200 o 500 o 1000, los procedimientos son básicamente los mismos. Si usted está construyendo una casa de cinco habitaciones o una mansión de 20 habitaciones, hay ciertas cosas que son necesarias para hacer posible albergar a una familia. Debe haber un fundamento y un techo, pisos y ventanas, un lugar para cocinar, comer y dormir. Y así es con la edificación de una escuela bíblica para dar cabida a sus miembros desde la cuna hasta la tumba.

La organización de una escuela bíblica debe ser como las funciones de un reloj: siempre trabajando pero fuera de vista; siempre corriendo, sin embargo pocas veces visto

Debemos recordar que la organización es un sistema. La falta de organización es confusión. La diferencia entre una muchedumbre y un ejército entrenado es simplemente organización. Organización asegura resultados en la mejor y más rápida manera con el mínimo pérdida de tiempo y esfuerzo. La organización de una escuela bíblica debe ser como las funciones de un reloj: siempre trabajando pero fuera de vista; siempre corriendo, sin embargo pocas veces vista. La gente quiere participar en una organización que esté trabajando y creciendo.

Por mucho tiempo se ha pensado que la escuela bíblica es una organización sólo para los niños. Los estudiantes de la intermedia generalmente fueron considerados como muy difícil de manejar, por tanto no fueron incluidos. Pensaron que los estudiantes de escuela secundaria no estaban interesados, y las parejas jóvenes, demasiado ocupadas. Y así fue. Sin embargo, ahora vamos a hablar de una escuela bíblica que se encarga de todas las etapas de la vida, tal como hemos descrito en los capítulos anteriores de este libro.

Mantenga sus metas en mente

Mientras organiza lo que ha soñado y planificado para su escuela bíblica, mantenga siempre sus metas en mente. Esto le dará dirección para su planificación y trabajo.

Independientemente del tamaño de su escuela bíblica, hay ciertas cosas que comparten todas las escuelas bíblicas: todas las escuelas bíblicas tienen la misma población, niños y niñas, hombres y mujeres. Todas tienen el mismo objetivo: ganar a todos para Cristo y que dediquen sus vidas al servicio. Todos son apoyados por contribuciones financieras voluntarias. Todos son enseñados por laicos que invierten su tiempo y talento para Cristo.

Todas tienen el mismo objetivo: ganar a todos para Cristo y que dediquen sus vidas al servicio

Los principales objetivos de una escuela bíblica no son alcanzados por casualidad. Las escuelas bíblicas, como algunas empresas, pueden ejecutarse tan pobremente que ponen muy poco interés sobre la gran inversión de tiempo y talentos. Esto es desalentador para todos. Cuando una escuela bíblica está bien organizada, de algún modo pueden realizarse planes, los objetivos pueden alcanzarse y el entusiasmo puede ser mantenido.

Mantenga su más alto nivel

Una vez que se logre alcanzar un nivel de programación, usted tiene que mantenerlo. Muchas escuelas bíblicas han elaborado un buen programa, pero debido a la falta de trabajadores, de tiempo o de interés, las escuelas se han deslizado y se han vuelto mediocres. Promedio es el peor enemigo de los mejores. Lo anterior es bastante fácil; lo último es muy difícil. La mayoría de los líderes de la escuela bíblica tienen un período corto de resistencia. La triste realidad es que una sesión pobre en la escuela bíblica, en el coro o en un grupo pequeño contrarresta a todos los programas buenos donde se ha trabajado muy duro para ponerlos en su lugar. Si un estudiante llega a una sola sesión y no está contento, él o ella dirá: "Oh, yo fui a esa escuela bíblica. No me gustó." Usted puede responder, "¿Cuándo fue eso? Tenemos una buena clase. Usted debe haber llegado allí el domingo cuando no vino el maestro [o alguna otra de una docena de razones]. Debes regresar." "No, no me gustó." Él o ella sólo recuerda el mal tiempo.

Cuando llegué por primera vez a California, solía viajar unas 20 millas a un encantador restaurante en particular cuando quería impresionar a mis amigos visitantes. Hacía comentarios de la perfección de cada plato. La sopa estaba bien caliente; la ensalada estaba helada; el pastel acababa de salir del horno. Pero un día el pastel que sirvieron era del día anterior. Nunca volví, no porque era demasiado lejos o demasiado caro, sino porque una vez me sirvieron un pastel con una corteza empapada. Usted podría decir: "Eso no es justo, cuando cada vez durante años era tan delicioso." Pero sabes, había perdido la confianza. Ese único fracaso me hizo preguntarme si en otro momento, otra cosa no será tan buena. Es difícil vivir un fracaso. No tenga uno en su escuela bíblica.

Las escuelas públicas capacitan solamente para esta vida. Tenemos la responsabilidad de la formación para la vida venidera. Estudiantes de las escuelas públicas aprenden sobre César y sus hazañas, pero nada sobre Cristo, la persona más importante en la historia. Maestros de las escuelas públicas pasan la mayor parte de su tiempo de entrenamiento de los cuerpos y cerebros y dejan el alma. Todos nuestros jóvenes necesitan a Dios, sin embargo, la Biblia es el libro más mal enseñado en el mundo. Estudiantes han aprendido a controlar un balón de fútbol en un campo, pero ¿podemos enseñarles cómo controlar sus apetitos mundanos?

Organícese para enseñar (y alcanzar)

Ya que la escuela bíblica está organizada para enseñar (y alcanzar), su primera tarea es descubrir maestros. No digan que no pueden conseguir maestros, porque eso significa que no pueden tener una escuela bíblica. Recuerde, un adulto y un niño pueden hacer una clase. ¿Quién puede buscar a tres o cuatro a su alrededor y enseñar efectivamente y alcanzar a nuestros jóvenes?

Excelencia en la enseñanza es la necesidad primordial de toda escuela bíblica. Esto significa que debes colocar buen material didáctico en las manos de cada maestro, un plan de estudios que ayudará a los maestros a conocer lo que ellos deben enseñar en la clase que se les asigne e información acerca de cómo enseñar mejor el grupo de edad de la clase. El buen material didáctico hace ambas cosas. Los únicos maestros sin esperanzas son los que no sienten la necesidad de mejorar o que no están dispuestos a cambiar aunque estén convencidos de la necesidad. Nuestra comisión dada por Dios nos llama a la mejor enseñanza. Nada menos que esto satisfará el mandato de Cristo.

Presentar a Cristo como Señor y Salvador

¿Presenta su escuela bíblica a Cristo como Salvador a los niños y las niñas y a los hombres y las mujeres? ¿Cuántos se han convertido a Cristo y se han unido a la iglesia el año pasado?

La escuela bíblica ofrece una gran oportunidad para ganar almas porque está organizada desde la clase de cuna hasta el departamento de adultos para alcanzar y atraer a las personas. La Gran Comisión de Cristo debe ser llevada a cabo: "Id por todo el mundo," y hacer discípulos enseñándolos y luego hacer maestros de los discípulos para que puedan salir en círculos de constante crecimiento (Mateo 16:15).

Éxito en la enseñanza de la Biblia, cosechando el fruto de nuestro trabajo, es como el éxito en cualquier otro proyecto: se debe comprar al precio del esfuerzo.

Recuerde, cuando usted gana un niño para Cristo, en el futuro quizá gane un continente.

La escuela bíblica ofrece una gran oportunidad para ganar almas porque está organizada desde la clase cuna hasta el departamento de adultos para alcanzar y traer a las personas

Para la Adoración

Cada día es un día de reverencia, pero los jóvenes hoy en día tienen poca consideración por las cosas santas. Debemos capacitar a toda la gente para adorar a Dios, tanto en sus devociones privadas y en los servicios públicos que están en el centro de la vida de la iglesia los domingos.

Debemos recordar constantemente que el carácter humano es como un triángulo con un lado derecho. La gente joven no puede aumentar a lo largo de lo horizontal en su relación con el mundo hasta no aumentar sus experiencias en la perpendicular hacia Dios.

Aquí está exactamente la razón para la adoración, agrupar a las personas por edad en servicios por separado puede ser una buena idea. Entonces es probable que haya crecimiento en discernimiento espiritual. No debemos ponerle la armadura de Saúl al pequeño David. La gente necesita poder adorar a Dios en su propio nivel de entendimiento y de la manera en la que mejor puedan entrar en la presencia de Dios. Si pudieras tener sólo cuatro grupos de servicios de adoración, debería tener primaria, preadolescente, adolescentes y adultos. (Para más información sobre adoración, consulte el capítulo 11).

Para el compañerismo

Compañerismo cristiano es esencial para mantener la vida cristiana. Como se mencionó anteriormente, Cristo nos enseñó esto cuando eligió a los 12 para "estar con él" (Marcos 3:14). Estudie sobre el compañerismo que se mantuvo en la iglesia primitiva y que se describe en la última parte de Hechos 2. Cultive la comunión a través del intercambio de las experiencias espirituales, jugando juntos y reuniéndose juntos para disfrutar de sus intereses comunes. Planifique actividades sociales y recreativas para todos los departamentos de la escuela bíblica. Esto cubre los intereses por edades. Recuerde que a todos les gusta ir donde están sus amigos, ya sean jóvenes o adultos. ¿Qué disposiciones ha hecho para esto?

Compañerismo cristiano es esencial para mantener la vida cristiana

Para el servicio

La mayoría de la gente joven quiere acción. Canalice este deseo para que los jóvenes aprendan a servir en proyectos cristianos. Ellos quieren hacer cosas que valgan la pena. Permita que servir sea un honor y un privilegio. Enseñe a los jóvenes el gozo de servir proporcionando una variedad de proyectos para ellos.

Usted encontrará que la gente joven emprenderá cosas tremendas si alguien les ayuda y les da dirección. Se comprometerán a proyectos misioneros, organizar clubes para los niños más pequeños, formaran parte de equipos de evangelismo y serán voluntarios en equipos de trabajo. Incluso los niños más pequeños pueden emprender proyectos a través de sus clases siempre y cuando los proyectos estén orientados para que coincidan con sus habilidades. Cualquier buen currículo incluye ideas para proyectos que pueden ser logrados por el grupo de edad para los cuales se ha escrito el plan de estudios.

Para la capacitación

Aunque la escuela bíblica está organizada para la enseñanza de la palabra de Dios para todas las edades, su misión más importante es presentar al Señor Jesucristo a niños y niñas y hombres y mujeres como su Salvador personal, pero esto no es todo. La escuela bíblica debe capacitar a personas de todas las edades para la vida. Siempre debemos destacar la razón para vivir. "¿Por qué estoy aquí?" y "¿Cuál es el propósito de mi vida?" son las preguntas a las que debemos responder. Cualquier enseñanza que esté por debajo de esto no alcanzará el propósito de Cristo.

Aunque la escuela bíblica está organizada para la enseñanza de la palabra de Dios para todas las edades, su misión más importante es presentar al Señor Jesucristo a niños y niñas y hombres y mujeres como su Salvador personal

El ministerio de Cristo en la tierra era un ministerio de entrenamiento. Trabajó con sus 12 escogidos por tres años, enviándolos a hacer proyectos de trabajos prácticos. Muchas veces fracasaron, pero siempre fue paciente. Él estaba preparando a estos hombres para llevar el evangelio de la redención por el mundo. Cristo había producido hombres y mujeres que fueron a su vez productores de sí mismos. Les enseñó a ganar a otras personas, así que en el primer siglo el apóstol Pablo fue capaz de decir en Colosenses 1:6 que el evangelio había sido predicado a todos los hombres, una exageración, sí, pero la propagación del evangelio fue increíble. ¿Están nuestras escuelas bíblicas organizadas para producir liderazgo? ¿Estamos tan siquiera produciendo nuestros propios líderes? ¿En nuestras escuelas bíblicas, entrenamos a hombres y mujeres para asumir los puestos de enseñanza y todas las demás fases de liderazgo que son tan esenciales para mantener una escuela?

Hay una razón por la escasez de líderes en nuestra escuela bíblica. No les hemos entrenado. Alguien ha dicho que hay un acertijo que todos deben responder: "¿Cuándo es que una escuela no es una escuela?" La respuesta es una triste: "Cuando es una escuela bíblica".

Organicemos la escuela bíblica de tal manera que se les enseñe a los estudiantes a ser siervos activos de nuestro maravilloso Señor y Salvador Jesucristo. Que podemos verlos salir con el poder que Cristo describe en Hechos 1:8 para predicar el evangelio "hasta lo último de la tierra".

Organicemos la escuela bíblica de tal manera que se les enseñe a los estudiantes a ser siervos activos de nuestro maravilloso Señor y Salvador Jesucristo

Organícese para atraer

Agruparlos por edades

Debemos organizar la escuela bíblica para enseñar un libro de texto, la Palabra de Dios, para un grupo de personas que abarca un gran curso de años. ¿Cómo se puede lograr? Ya hemos indicado que la Palabra de Dios tiene un mensaje para todas las edades. Hay "leche para bebés," "pan para la juventud" y "carne para adultos". Sin embargo, demasiadas veces tratamos de alimentar a los bebés con el filete de la Palabra y resulta imposible de digerir. Pablo dijo que "los niños en Cristo" deben ser alimentados "con leche" (1 Corintios 3:1-2). Quizá sea una tragedia mayor que todavía estemos sirviendo a nuestros adultos espiritualmente maduros la leche de la Palabra cuando deben comer carne.

Debemos organizar la escuela bíblica para enseñar un libro de texto, la Palabra de Dios... la Palabra de Dios tiene un mensaje para todas las edades

Debido a esta diferencia en la dieta, debemos agrupar a nuestros estudiantes por edades. Este es el ideal hacia el cual debemos siempre trabajar. Porque hay una diferencia en la comprensión de cada edad, agruparlos por edades es la manera de lograr los mejores resultados en sus esfuerzos de enseñanza y la manera de atraer a la gente de cada edad. Sin embargo, lograr tener un departamento para cada grupo de edad puede en el principio ser imposible para escuelas bíblicas pequeñas.

Al principio puede tener una clase para cada grupo de edad. Luego a medida que crece la escuela, la clase podrá dividirse en departamentos separados. Si no hay ningún departamento para los adolescentes, no habrá adolescentes en la escuela bíblica.

Si ningún departamento ha sido organizado para los estudiantes de la escuela secundaria, ha de faltar ese importante grupo. Recuerde que no podemos agrupara personas que no tengan intereses comunes. Las diferencias de edad son grandes barreras. La razón por la que muchas escuelas bíblicas no tienen preadolescentes en sus clases es porque han intentado poner a este grupo de edad tan mal entendido con los estudiantes de primaria o secundaria. No encajan en ningún lugar. Si no ofrecemos un departamento especialmente para ellos, los perderemos.

La mejor y más efectiva manera de agrupar a los niños en la escuela bíblica es agrupándolos según el grado en que está el niño en la escuela pública. Esto elimina muchos problemas. Si un niño entra en la escuela bíblica y está en cuarto grado, coloque al niño con los estudiantes de cuarto grado.

Aunque un padre puede afirmar que el niño es avanzado para su edad y que son amigos con los niños en la clase de escuela bíblica de quinto grado, coloque al niño en la clase de cuarto grado. Si fuéramos a seguir la sugerencia de los padres de una niña de cuarto grado de ponerla en una clase de quinto grado, encontrarías que mientras el niño asiste a la escuela bíblica, el niño está fuera de lugar. El próximo año será imposible hacerlo retroceder.

Limite el tamaño de la clase

El tamaño de la clase es importante. Clases de los grupos de niños idealmente no deberían tener más de 8 alumnos en cada una. Si tiene un maestro fuerte, una clase de alumnos de primaria podría tener 10 o 12 alumnos. Recuerde que si hemos de lograr nuestros objetivos, debemos tratar a nuestros alumnos como individuos, no como que todos son iguales sólo porque están en el mismo grupo.

Permítanos hacer referencia a la parte 1 sobre las

características del grupo de edad y mirar otra vez a la organización que es necesaria para llevar a cabo tal escuela. (Asegúrese de revisar las características del nivel de edad que fueron dadas en los capítulos anteriores para cada grupo de edad y tomarlas en consideración al organizar su escuela bíblica).

Recuerde que si hemos de lograr nuestros objetivos, debemos tratar a nuestros alumnos como individuos, no como que todos son iguales sólo porque están en el mismo grupo

Mantener la organización con el fin de crecer

Una cosa es organizar una eficiente escuela bíblica y otra, mantenerla. Todos están interesados en determinar cómo pueden aumentar sus números de asistencia, porque una escuela bíblica viva debe ser una escuela bíblica creciente. Cuando alguien comentó: "¡Saludos, Andrés, cómo estás creciendo!" el niño de cuatro años le respondió, "por supuesto, porque estoy vivo." ¿Está viva su escuela bíblica?

Las maneras para aumentar la asistencia en la escuela bíblica se han discutido anteriormente en este libro, pero a continuación está una corta lista de lo que deberíamos proporcionar para aumentar nuestros números:

1. Mejor liderazgo
2. Mejores maestros
3. Mejor currículo
4. Mejor planificación

5. Mejor programación
6. Mejor equipo

Por supuesto que nuestros números pueden aumentar simplemente debido a un aumento en la población de la comunidad. Pero para atraer a gente nueva a la escuela bíblica, necesitamos mejorar todo. Y la lista de lo que tenemos que ofrecer también es una lista de lo que tenemos que mantener si queremos que nuestros números aumenten aún más.

Mantenga a las personas una vez que las tenga

Estudie inmediatamente la causa por la cual una clase está en descenso. Cada clase de escuela bíblica está organizada para el individuo. Para lograr que una clase pueda crecer, debemos mantener al individuo después que hayamos ganado su interés. La escuela bíblica no crece añadiéndole "grupos" de niños. La escuela bíblica sólo crece cuando cada niño o adulto se orienta en el programa. La gente no debe dudar cuando declaran que resulta más fácil buscar a los niños que mantenerlos.

Puedes lograr buscar a personas de cualquier edad para que vengan, si presenta un programa que les interese y los entretenga. Vendrán para un evento especial que atrae su interés, pero el próximo domingo, no los verá.

Debe tener un programa que los lleve a través de un domingo a la siguiente. Debe haber un seguimiento cuidadoso de cada persona individual si va a mantener a los niños y niñas en la iglesia y para Cristo. Este tipo de edificación puede ser lenta, pero es duradera.

Cierre la puerta de atrás

Un buen maestro debe comunicarse con el hogar de cada

estudiante. Nunca podrá conocer bien a sus estudiantes si no conoce de qué tipo de hogar vienen. Muchas escuelas bíblicas pasan una gran cantidad de tiempo en abrir la puerta del frente invitando a los jóvenes pero olviden cerrar la puerta de atrás. Por lo tanto, se enfrentan al problema trágico de perder a las personas tan rápido como las ganan.

Una de las mejores maneras de superar esta pérdida constante en la escuela bíblica es tener un programa definido para ponerse en contacto y mantener el contacto con los estudiantes. Hay dos cosas que debemos prestar atención si deseamos conservar a las personas que llegan a través de nuestras puertas.

La primera es darles una cordial bienvenida. Una de las críticas más comunes que las visitas hacen cuando van a cualquier iglesia es el hecho de que nadie les habla.

No permita que se diga esto de su escuela bíblica. Sea cordial con todas las visitas. Logre que todo el que venga se sienta feliz que vinieron. Cada departamento, desde el niño más pequeño hasta el adulto mayor, debe tener un plan definido para saludar a los nuevos miembros.

La segunda cosa importante es un programa de llamadas personales. Si desea tener un programa eficaz de llamadas, debe tener un plan muy definido que se puede realizar con eficacia. Cristo envió a los 70 para recoger la cosecha (ver Lucas 10:1). Y la comisión de Cristo a cada discípulo es de ir por todo el mundo (véase Mateo 28:19). Cuan diferente ha sido nuestro método. Establecemos excelentes planes y luego esperamos que la gente venga a ver lo que hemos hecho. ¿Cuál es la mejor forma de planificar nuestra vocación?

Cada persona debe tener una tarea definitiva asignada. Como los vendedores de puerta en puerta del pasado, cada persona no debe ir a cualquier lugar para vender las mercancías. Deben tener su propio territorio y velar por él.

Gane con un equipo de hacer visitas

Equipo

El equipo de los que hacen las visitas para la escuela bíblica debe visitar primero a los miembros de su clase o departamento. Los que visitan deben cubrir el territorio sistemáticamente. Una de las formas que hemos cubierto un territorio muy grande fue reuniendo a todos los que visitan con un simple almuerzo después del servicio del domingo. Esto incluyó a todos los oficiales y maestros de cada departamento de la escuela bíblica y a todos los que logramos interesar en participar en esta gran tarea.

Es más fácil hacer las cosas con un equipo, y este enfoque también permite comenzar temprano. También encontramos que si se le asigna un tiempo definido, las personas dejarán a un lado otras cosas y se unirán. Si tienen que ir a casa para la cena, las visitas inesperadas u otros obstáculos pueden impedir que comiencen. Después de una palabra de desafío y de oración, a las personas que harían las visitas se les entregaron tarjetas en las cuales estaban los nombres de las personas que iban a ser visitadas (y sus direcciones correctas) y cualquier registro de las personas que pudiera ser de interés. A las personas que hacían las visitas también se les entregaron materiales para dejarlos en cada hogar. A veces los materiales incluían información de lo que estaba pasando en la iglesia que pudiera ser de interés para cada miembro de la familia.

Esta información se le dejaba a la familia junto con el boletín de iglesia de ese día. Les compartimos a las personas que estaban haciendo las visitas que su visita al hogar era de suma importancia, incluso si no hay nadie en casa. Si no había nadie en la casa, se les entregó una carta para dejarla en el hogar. Cuando la familia estuviera de vuelta, descubrirían que alguien de la escuela bíblica había mostrado interés por su hogar. También si no había nadie en casa, se le hacía una llamada telefónica a la casa como un seguimiento muy útil.

Pedimos a cada maestro que visitara a cada miembro de su clase, independientemente de que hubiera varios niños de esa familia en la escuela bíblica o no. Cuando las seis o siete personas llegaron para hacer las visitas un domingo por la tarde, la familia inevitablemente pensaría que la escuela bíblica es importante. Al principio los maestros pueden sentir que esto es un esfuerzo duplicado, pero después de una experiencia en nuestra escuela bíblica, nunca pudimos dejar de hacerlo. Una familia tenía una madre y un padre y seis niños que asistían a nuestra escuela bíblica. Siempre estaban allí. Cuando llegó el día para hacer las visitas, cada maestro sintió que no era necesario hacer una visita a esa casa, pero la familia había hecho los preparativos para las visitas que estaban esperando: Sándwiches y pastel y las cosas para beber estaban listas, pero para las cinco de la tarde, nadie había llegado. Imagínese la decepción en ese hogar.

Cuando se hagan las visitas, no descuides de los asistentes regulares y cualquiera que haya visitado o de alguna manera mostrado interés. Hacer visitas puede ser muy desalentador si sólo visitas después de las ausencias. Cuando la gente comienza a cerrarle la puerta en la cara o actuar aburrido durante su visita, el hacer visitas puede dejar de ser algo gozoso.

Por otro lado, cuando llega a una casa y encuentra la verdadera cordialidad, se alegra el corazón. Después que las visitas se hayan concluido, pídale a su grupo que vuelva a la iglesia con las tarjetas. Si es una tarde fría, téngale refrigerios disponibles. Permita que todos comparen notas y presenten los informes de los que no han llegado o está enfermo o necesita ayuda. A menudo hemos descubierto familias que estaban listas para aceptar al Señor Jesucristo y deberían estar en la comunión de la iglesia.

Un ministerio fructífero

Este tipo de llamado es uno de los ministerios más fructíferos de la iglesia. Muchas personas no están en la iglesia simplemente porque nadie les ha invitado. El honorable Wu Tingfang, el ex embajador chino de los Estados Unidos, a menudo había elogiado el confucianismo por encima del cristianismo. El último domingo que estuvo en los Estados Unidos, habló en la iglesia del reverendo Huie Kim en Nueva York. Aceptó la invitación, diciendo: "cuando yo era un niño en China estaba muy impresionado por las vidas de los misioneros. Cuando vine a los Estados Unidos, estaba determinado en aceptar la primera invitación para asistir a una iglesia cristiana." Luego hizo una pausa y agregó, "Esta es la primera invitación que he tenido". Qué trágico pensar que León Trotsky, uno de los fundadores del comunismo en Rusia, nació en la ciudad de Nueva York al alcance de cientos de iglesias cristianas, pero nadie nunca lo invitó a escuchar el evangelio. ¿Qué hubiera pasado si Gandhi hubiese sido alcanzado para Cristo cuando estaba en Inglaterra en la universidad? Piense en lo que haría una visita, especialmente cuando la visita no está en las manos de unos pocos sino en manos de una clase entera.

Cada miembro de la clase se sentirá responsable de todos los otros miembros. Durante muchos años en la Primera Iglesia Presbiteriana de Hollywood, el departamento de estudiantes universitarios utilizaba el lunes por la noche para hacer sus visitas. Limitaban su tiempo de siete a nueve. Luego se juntaban a comparar sus impresiones y tener compañerismo. A menudo invitan a una de las personas a quienes visitaron a unirse a ellos e ir al siguiente lugar con ellos. Esto había establecido una verdadera amistad y camaradería. También encontramos que hacer visitas también tendría éxito si se deja a conveniencia del maestro. Pueden suceder muchas cosas para evitar que uno lleve a cabo el plan. El individuo puede hacer un buen trabajo, pero el compañerismo y la inspiración de trabajar juntos tienen grandes beneficios.

El acercamiento

Siempre tengan tarjetas listas que contenga la información correcta. La ortografía correcta del nombre, la dirección correcta, el registro de asistencia, si la persona es cristiano o no, si la persona es un miembro de la iglesia o no. Escriba la información necesaria en la tarjeta para hacer informes completos. Distribuya una tarjeta para cada persona en la familia. Los visitantes de la iglesia o las clases de escuela bíblica deben ser constantemente animados a regresar, y es necesario convencer a los miembros de más tiempo que todavía son importantes. Usted encontrará que visitar es una de las mejores soluciones al problema del ausentismo. En la escuela pública, siempre que alguien está ausente es contactado por teléfono. Se pierden más eruditos bíblicos porque a los que están ausentes no se les visita más que cualquier otra razón. Si llevan un cuidadoso programa de visita, usted notará un aumento definitivo en el promedio de asistencia de la escuela bíblica. Algunos han afirmado que ha habido tanto como un 25 por ciento de aumento. Otra persona dijo que la escuela bíblica debe planificar cruzadas en lugar de concursos.

Si le es imposible hacer una llamada personal, escribir una carta o enviar una tarjeta; pero tenga en cuenta que las recompensas son pequeñas en comparación con las visitas personales. Se ha dicho que las tarjetas son 10 por ciento efectivas, las cartas 25 por ciento, las llamadas 40 por ciento y las visitas personales el 80 por ciento.

Para ilustrar lo que han hecho las tarjetas y las cartas cuando hacer una visita era imposible fue demostrado en nuestro departamento de primaria. El primer domingo después de que un niño estuviera ausente, se le enviaba a la casa una tarjeta postal. El segundo domingo, si el niño no había regresado, estaba en camino una carta firmada por el superintendente. El tercer domingo, una secretaria llamaba a la casa del ausente. El cuarto domingo, se le enviaba una postal doble al maestro, pidiéndole que le hiciera una llamada personal y anotar en la tarjeta de devolución sus comentarios. En un domingo de un departamento de unos 300 estudiantes, 34 estaban ausentes. Después de la primera postal, respondieron 27; para el tercer domingo, quedaron 7 que tuvieron que dar seguimiento a través de toda la trayectoria hasta la llamada personal.

Haga llamadas amistosas y persuasivas y no se rinda. Mantenga su verdadero propósito en mente. Simplemente no acepte un informe que diga "Sin respuesta" o "llamado y nadie en casa" o "se mudó". Esto no dice nada. Es como si la persona no hiciera nada. Las llamadas deben hacerse hasta que consiga una respuesta. Las visitas se deben hacer hasta que alguien esté en casa. Deben hacerse visitas hasta que se confirme que el niño se ha mudado, y luego encontrar la nueva dirección, porque el niño aún puede estar dentro de su comunidad.

Cualquiera puede ser entrenado para llamar. Muchas personas sienten que no están calificadas para salir a visitar. Se preguntan qué deben hacer y decir. A continuación le damos algunas sugerencias. Si va a una casa donde usted quiere alcanzar a un prospecto, en primer lugar asegúrese de tener toda la información claramente en mente. Preséntese como que viene de tal y tal iglesia. Pregunte si es conveniente que usted le haya visitado en este momento. Después de algunas observaciones generales, llegue al punto de por qué está ahí. No le haga perder el tiempo a las personas con hablar de asuntos no pertinentes.

Si usted está hablando con los padres, hablarles de la iglesia, donde está localizada, cuándo se reúne la escuela bíblica, y lo que tiene que ofrecer para sus hijos. Todos los padres son fáciles de convencer de la importancia de la formación espiritual. Pocos admiten que creen que la iglesia no tiene lugar en la vida de los hijos. Pregúntales dónde han asistido a la iglesia y cuál es su formación religiosa. Hágales el acercamiento como si usted esperara que hayan tenido alguna afiliación con una iglesia en algún lugar. Nunca discuta o critique. Asegúrese de conocer a los miembros que componen la familia y si alguno de ellos podría estar interesado en visitar a la escuela bíblica. Sea breve. Estamos viviendo en un tiempo muy ocupado, y la mayoría tiene cada momento previsto. Salga con una cordial invitación a toda la familia para asistir a la escuela bíblica y a otros servicios de la iglesia.

Un programa coherente de llamar a posibles nombres de quienes podrían llegar a la escuela bíblica es uno de los grandes medios de edificación de la escuela bíblica constructivamente. Estas listas de prospectos pueden mantenerse llenas accediendo a todas las fuentes posibles. Anime a los miembros de la escuela bíblica y los miembros de la iglesia que compartan los nombres de quienes creen que deberían ser alcanzados para el Señor Jesucristo a través de su escuela bíblica.

Asegúrese de que el liderazgo esté calificado

Cuando consideramos que Jesús pasó casi los tres años de su ministerio público capacitando a sólo 12 hombres, empezamos a comprender la importancia del liderazgo. Creo que puedo decir sin contradicción que la tarea más grande de la escuela bíblica es capacitar a líderes cristianos para responder en la hora de crisis en la que los jóvenes de hoy han sido provocados. Hay cualidades de liderazgo que debe tenerse en cuenta al elegir personas para ocupar el cargo en la escuela bíblica, ya sea la posición de ser pastor de los niños, un maestro, un líder de jóvenes adolescentes o siendo entrenado para ser un líder de jóvenes.

Que sea cristiano

Suponemos que cada líder debe ser un cristiano consagrado a Cristo y a su servicio. Esto es obvio, pero es necesario mencionarlo.

Que conoce su propósito en la vida

Conocer su propósito en la vida es el punto de partida para todos los líderes. La gran mayoría de la gente en este mundo no conoce cuál es su propósito en la vida. Pablo dijo: "Una cosa hago" (Filipenses 3:13). Su primera oración fue "¿Señor, qué quieres que yo haga?" (Hechos 9:6); y la mayor declaración de todo era, "Para mí el vivir es Cristo" (Filipenses 1:21). ¿Sabe usted lo que espera lograr con su enseñanza?

Inquebrantables decisiones

Quien vacila en su decisión revela una falta de confianza propia, o confianza en sí mismo. Una persona así no puede conducir a los demás. Nadie le seguirá a una persona así. Un líder debe ser definitivo en todos los planes que él o ella presente, ya sea para la enseñanza o en la organización de la clase. Recordemos la decisión que Josué tomó: "Elijan ustedes mismos a quiénes van a servir... Por mi parte, mi familia y yo serviremos al Señor" (Josué 24:15).

Inquebrantable valor

Ningún seguidor desea ser dirigido por un líder que carece de valor. Hace falta valor para enfrentar los problemas de una clase, o cualquier otro grupo de personas. Habrá muchas veces cuando un líder pueda sentirse que quiere darse por vencido. Pero un buen líder no se rendirá. La joven reina Ester se convirtió en una líder cuando se atrevió a decir con valentía sin inmutarse, "así que iré al rey... y si perezco, que perezca" (Ester 4:16). No dejó manera de retirarse. Ella podría ganar o perecer.

Planes definitivos

Estamos comprometidos en una empresa de gran importancia, tanto para el tiempo y la eternidad. Para asegurarse del éxito, un líder debe tener planes que sean viables y claros. De hecho, los logros de un líder no pueden ser mayores que la firmeza y la definición de sus planes.

Los logros de un líder no pueden ser mayor que la firmeza y la definición de sus planes

Disposición de hacer más que la tarea que tiene asignada

Un líder es más de lo que se requiere de sus seguidores. Un líder debe estar dispuesto a prestar servicio humilde. "El que sea mayor entre vosotros, sea como el más joven; y el que es el jefe, como el que sirve"(Lucas 22:26). En otras palabras, un buen líder es uno que es el siervo de todos y quien pregunta cómo puede servir mejor. Un líder siempre debe ir la segunda milla.

Personalidad agradable

Ninguna persona desaliñada o descuidada puede convertirse en un líder exitoso. Liderazgo pide respeto y el egoísmo es fatal para el éxito. Hasta Jesús "creció... en gracia con Dios y los hombres" (Lucas 2:52, NVI).

Compasivo y comprensivo

Debe haber armonía entre los dirigentes y los que son llevados. Los maestros, por ejemplo, deben aprender a orar no sólo con su clase, sino también por su clase.

Leales y cooperadores

Inhabilidad para cooperar con los demás ha perdido más posiciones y grandes oportunidades en la vida que todas las demás razones juntas. Aquellos que no son leales a su confianza y leales a los que están por encima o por debajo de ellos no pueden mantenerse en el liderazgo por mucho tiempo. Estas son cosas que ningún líder o seguidor ha de tolerar.

Entusiasta

Sin entusiasmo, un líder no puede ser convincente. El entusiasmo es contagioso. La persona que está realmente entusiasmada es bienvenida en cualquier círculo. Un entusiasta no admite la derrota, nunca se rinde. Recuerde que un desertor nunca gana y que un ganador nunca se rinde.

Determine el personal

Pastor de niños

El pastor de niños debe ser un individuo con características específicas para el liderazgo: lleno de agallas y gracia; un líder, no un conductor; un consejero, no un dictador. Él o ella debe ser capaz de inspirar a las personas que trabajan con él o ella. El pastor de niños debe ser un estudiante que estudia el personal y las necesidades de la escuela y necesita leer todos los libros que se pueden que le ayudarán a convertirse en un mejor líder. El pastor de los niños debe saber lo que están haciendo otras escuelas. El pastor de niños no sólo debe ver las necesidades del presente sino también hacer planes para el futuro. El pastor de niños debe ser un maestro, capaz de dirigir a los mejores maestros y administrar la escuela en su responsabilidad educativa. Todo pastor de niños debe llevar a cabo una reunión regular con el personal. Para lograr que la reunión sea un éxito, debería seguir una agenda. Iniciar una reunión y pedirle a la gente lo que quieren discutir es mortal, mientras que una reunión bien planeada atraerá a los maestros y el resto del personal. Cuando esta reunión se lleva a cabo correctamente, su valor no puede ser sobrestimado. La escuela bíblica es el campo más fértil en la iglesia, y el maestro tiene la tarea más difícil; por lo tanto, el maestro debe ser entrenado e instruido en lo que se espera.

La reunión del personal tomará determinación, trabajo, perseverancia, empuje y oración para que sea un éxito, pero vale más de lo que cuesta. ¡Tenga reuniones regulares! Ningún pastor de niños que realmente conoce el valor de esas reuniones podrá seguir sin ellas. Las reuniones del personal ayudarán a todo aquel que tenga algo que ver con la escuela bíblica. Y ayudarán a unificar el trabajo. Los deberes del pastor de niños también incluyen estar involucrado en la capacitación de los maestros, proyectos misioneros, calificando adecuadamente la escuela bíblica, la biblioteca, días especiales (Navidad, Pascua, Día de los niños, etc.), convenciones misioneras, en fin, todo lo que concierne a la escuela bíblica. Todos estos deben ser discutidos en la reunión de personal. El alma de cada estudiante es un campo de batalla, no un patio de recreo. Las reuniones de personal deben ser sesiones de información para preparar al personal para la batalla.

Secretaria, o asistente administrativo

Toda escuela bíblica debe tener un secretario general, o asistente administrativo. Gran parte del éxito de cualquier organización depende de la eficacia de esta posición. Los registros deben mantenerse; los archivos muertos no tienen ningún valor. El constante mantenimiento de los registros exige servicio paciente y detallado. Una buena secretaria significará una escuela bíblica creciente. Los escapes se detendrán. Se enviarán cartas. Habrá ánimo para hacer las llamadas. Las listas de inscripción no será sólo una lista de nombres, pero cada nombre representará a una persona por la que Cristo murió y quien El necesita. La secretaria también es la mejor persona para llevar un registro de lo que ocurre en las reuniones.

Tesorero

También, un tesorero, generalmente es necesario. Esto no significa una persona que sólo cuenta el dinero de todos los domingos pero que estudiará al tema de la mayordomía en dar y sugerir lugares y formas para hacer la mejor inversión de las ofrendas de la escuela bíblica.

Presidente misionero

Toda escuela bíblica debe tener una visión misionera. Si quiere que los jóvenes y los adultos se interesen por la obra misionera, debe dejarlos conocer las necesidades y las posibles vías de servicio. Es el deber de cada presidente misionero presentar los recursos ante el grupo para que estimulen y mantengan el interés en proyectos que atraigan a los estudiantes para servir en un lugar u otro.

Coordinador de niveles por edad

Una persona siempre debe ser responsable de un determinado grupo de edad. Tan pronto como una clase sea suficientemente grande como para valerse por sí misma, su organización debe agregar a un coordinador para ese nivel de edad para esa clase. Debe hacerse mucho trabajo por el coordinador de ese nivel de edad para estudiar las características de la edad de los niños en la clase. Deben buscar constantemente nuevos métodos de enseñanza. Los contactos con los hogares deben mantenerse. El servicio de adoración adaptado para ese grupo de edad es la responsabilidad del coordinador de ese nivel de edad. Según la clase crezca y necesite ser dividida, podrá darse cuenta que ahora usted tiene la necesidad de crear un departamento, que consistiría en las clases de un determinado grupo de edad. El crecimiento es, por supuesto, bueno; pero el crecimiento también crea el problema de conseguir maestros y mantener un alto nivel de enseñanza. Este último debe ser una preocupación constante del coordinador.

El coordinador es responsable no sólo de ganar nuevos estudiantes pero también mantenerlos. Hacer concursos, enviar cartas a la casa, llamadas telefónicas y visitarlos en la casa también son algunas de las responsabilidades. El coordinador del nivel de edad descubrirá que lo que quede a voluntad de improvisación probablemente terminará en fracaso, así que el coordinador no debe creer que surgirá algo. El Coordinador debe asegurarse de todo y todos estén donde deben estar.

Secretario y tesorero para el nivel edad

Tan pronto como haya varias clases de un nivel de edad, sería una buena idea para ese nuevo departamento que tenga su propia secretaria. Una buena secretaria hará más de lo que usted pueda imaginar para aumentar la asistencia y ponerse en contacto con los hogares, incluyendo el envío de las tarjetas de informes.

En el departamento de los juveniles especialmente, el envío de tarjetas indicando el porcentaje de logros para el mes deben ser enviadas a casa, y los ausentes deben contactarse. La ayuda de una buena secretaria puede ser indispensable para el coordinador del nivel de edad. Un tesorero para cada departamento debe agregarse cuando sea necesaria esa posición.

Comité de educación

Toda escuela bíblica debe tener un comité de educación designado en gran parte por el cuerpo ejecutivo de la iglesia. Este grupo de hombres y mujeres debe reunirse regularmente para estudiar las necesidades de la escuela bíblica y ayudar a formular las políticas para llevar a cabo su programa. El comité puede llevar las necesidades de la escuela bíblica ante el cuerpo ejecutivo de la iglesia y que estén conscientes de lo que se está haciendo o lo que debe hacerse. Pueden supervisar las visitas, la administración, el programa misionero y el plan de estudios. El nivel de enseñanza y la capacitación de los maestros también deben ser de su preocupación. Constantemente deben tomar en cuenta las necesidades físicas de la escuela bíblica. Un grupo como este encontrará innumerables oportunidades para ayudar a edificar una escuela bíblica victoriosa. Cada iglesia debe tener un grupo como este.

11

Adoración

La mayoría de nuestros jóvenes hoy en día se han criado en una época de grandes avances científicos y tecnológicos. Debido a esto, generalmente se sienten que deben acercarse a toda verdad por el método científico, quieren pruebas y evidencias. Esta es una de las cosas que ha cultivado una actitud racionalista en la sociedad en general, incluso hacia las cosas espirituales. Creemos que el mundo se muere por un poco de amor. Hay un vacío de forma irregular en el corazón de cada hombre, mujer y niño que sólo puede ser llenado por Dios. Sin embargo, parece que el cristianismo no está ofreciendo a los jóvenes los datos y hechos que les satisfagan. Están, por lo tanto, instintivamente apartándose de la adoración en la búsqueda de la realidad en la experiencia. Quieren esta misma realidad en sus experiencias religiosas. Los jóvenes no quieren religión hoy más que antes, quieren realidad. Los servicios de adoración deben ser significativos y hermosos, si desean atraer a los jóvenes que están buscando algo basado en la realidad. A través de las experiencias de adoración, los jóvenes pueden acercarse a Dios. Aquí pueden encontrar la respuesta a sus propias necesidades y las necesidades del mundo. Nosotros como cristianos sabemos que Cristo es la respuesta. Tenga en cuenta que los hombres y las mujeres de la universidad que una vez se echaban para atrás con los brazos cruzados, mirando al predicador como él o ella presentaba el mensaje, hoy día se inclinan hacia delante con la esperanza de que este mismo mensajero de Dios pudiera dejar algunas joyas de verdad que puedan captar.

Este gran cambio de actitud ha pasado relativamente recientemente. Esto significa que todos aquellos de nosotros que llevemos la parte de adoración del culto de cualquiera de los niveles de edad de la escuela bíblica no debemos nunca ser culpables de preparación descuidada, repetición sin sentido o sustitutos de última hora que quiten la dignidad del servicio en el cual estamos adorando a Dios. Queremos que los jóvenes se acerquen a Dios en un espíritu de reverencia y fe sencilla y gran expectativa. Después de cada experiencia de adoración, queremos que salgan con una nueva comprensión de Dios, un nuevo deseo de hacer su voluntad y servirle, y más que todo lo demás, un sentido de su presencia. Esta es nuestra oportunidad para hacer que Dios sea verdadero.

Después de cada experiencia de adoración, queremos que salgan con una nueva comprensión de Dios, un nuevo deseo de hacer su voluntad y servirle, y más que todo lo demás, un sentido de su presencia. Esta es nuestra oportunidad para hacer que Dios sea verdadero

En toda nuestra enseñanza, estamos comprometidos con el crecimiento de nuestros estudiantes. Deben crecer espiritualmente como intelectual y físicamente, al igual que creció Jesús. Esto es lo que queremos que nuestros jóvenes hagan. Deben llenar sus vidas con una conciencia de Dios y su responsabilidad ante él. Los líderes jóvenes deben tener razón suficiente para vivir; necesitan saber por qué están aquí. Todo su aprendizaje está en el presente, en este instante. Cuando los estudiantes están en la presencia de Dios, están aprendiendo algo sobre su padre celestial revelado en el rostro y la presencia de nuestro Señor Jesucristo. Nuestra enseñanza debe descubrir las necesidades de los que aprenden y ayudarlos a satisfacer sus necesidades. Sólo hay uno que conoce todas nuestras necesidades y orígenes de todas nuestras necesidades. Deje saber a los niños de la seguridad de su posición en el Señor Jesucristo.

La adoración debe llevar a un joven a:

- el conocimiento de Dios,
- el entendimiento del plan de Dios, y
- el compromiso de su vida.

Adoración, si es real, debe resultar en cambios de:

- el pensamiento y
- la conducta.

Adoración conducirá al crecimiento espiritual real si el programa está:

- relacionado con experiencias reales del grupo,
- planeado para llevar la experiencia al hogar,
- para enseñar a los estudiantes adorar sólo a Dios, y
- planeado para relacionarse con el programa general de la iglesia.

Adoración debe conducir al servicio para compartir:

- en la obra de la iglesia,
- en dar,
- en las misiones, y
- en la mayordomía de la vida.

Adoración trae consigo experiencias de compañerismo:

- con Dios y
- con otros cristianos.

Adoración proporciona una oportunidad para la expresión:

- hablando con Dios y
- al expresar los deseos del corazón.

Adoración resultará en:

- un concepto creciente de Dios,
- un despliegue de ideas espirituales,
- una dirección a la vida, y
- un sentido de reverencia.

Es mucho más fácil para las mentes adultas prepararse y comenzar una experiencia de adoración que lo es para las mentes de los niños. Por esta razón, desde el principio tenemos que llevarlos de la mano y llevarlos a un sentido de la realidad de la presencia de Dios. "Más Jehová está en su santo templo; calle delante de él toda la tierra" (Habacuc 2:20).

Lo que debemos constantemente considerar es cómo crear un espíritu de adoración. Consideremos paso a paso la planificación de un servicio de adoración.

Un ambiente de adoración apropiado

Es obvio que debemos crear un ambiente de adoración. Usted sabe cómo se siente cuando entra en un santuario donde las cabezas están inclinadas y se escucha la suave música llegar a sus oídos. Todos hemos experimentado esto. Cuando hablamos del servicio de adoración, no nos referimos a apertura de actividades cuando se están pasando las tarjetas de asistencia y se hacen anuncios de todas las funciones de la escuela, con algunos coros entremezclados aquí y allá. Estamos hablando de un programa de adoración que cada grupo por edad debe tener. Para crear la atmósfera adecuada, echemos un vistazo a la preparación del lugar de reunión. Si las cosas están desordenadas, reinará la confusión. Un centro de adoración simple en cualquier tipo de sala a menudo es en sí mismo un llamado a la adoración. Los ojos inmediatamente son atraídos a algún objeto de belleza que se coloca delante de ellos. Mientras que los niños pequeños no comprenden totalmente lo que son símbolos, la ubicación central de la Biblia o un hermoso cuadro siempre atraerán su atención.

Música de adoración

La música juega un papel importante en la vida de los niños. Música reproducible con canciones puede ser enviada a casa para que los padres puedan ayudar a los niños a aprender las palabras. La mayoría de los niños les encanta esta forma de expresarse y encuentran los ritmos y las melodías de la música divertidas para imitar. Generalmente se aprenden las canciones fácilmente y las cantan enérgicamente, y sobre todo a causa de esto, es una manera poderosa para implantar en los niños la palabra de Dios y sus principios al cantar con ellos. Las canciones aprendidas temprano en la vida retienen importancia y pueden sembrar verdad profundamente en las vidas de los niños. Las canciones en su plan de estudios comunicarán el amor de Dios y su obra en las vidas de niños en palabras que entienden. La idea de presentar la música, sin embargo, puede ser aterrador para los maestros que no se sienten musicalmente inclinados.

Algunos pueden sentir que cantan fuera de tono, no recuerdan la letra o no pueden cantar tan bien como un artista profesional. Sin embargo, recuerde que están cantando delante de un grupo de niños, no los críticos musicales. Los niños más pequeños especialmente no juzgarán a un cantante menos-que-perfecto porque ellos también están desarrollando sus propias habilidades musicales y son menos que perfecto. Y nunca le diga a un niño que deje de cantar o que cante más moderado. Cuando el nivel de ruido es demasiado alto, sólo hay que repetir la canción en una voz susurrante. "¡Eso fue genial! Esta vez, vamos a cantar la canción en un susurro". A los niños les encanta la música y el movimiento, así que no dude en integrar estos elementos en la adoración. Dios mira el corazón más de lo que escucha la voz. El cantar enseña a los niños que la música es un don de Dios, que trae alegría y que incluye a todos. Hasta los niños tímidos pueden ser animados a participar cantando con el grupo mientras usted modela su entusiasmo y el propósito por el cual cantamos: para dar alabanza y adoración a Dios.

Maneras para seleccionar canciones

Los canticos deben reforzar la verdad de la Biblia para el día y contener conceptos bíblicos que sean claros para todos los participantes. El currículo según el nivel de edad ofrece canciones desarrolladas específicamente para enseñar a los estudiantes de diferentes edades acerca de Dios y para ayudarles a memorizar las escrituras de manera apropiada para la edad.

Canciones deben contener vocabulario apropiado para la edad. Algunos maestros tal vez quieran cantar sus cánticos favoritos más viejos. Demasiado a menudo, los adultos tenemos un lazo emocional a una canción de infancia; sin embargo, nuestras canciones de escuela bíblica favoritas pueden confundir a algunos de los más pequeños. Primero debe considerar si un antiguo cántico favorito ayudará a los niños a entender la palabra de Dios en su propio nivel. Otros maestros pueden sentirse más cómodo cantando canciones que se utilizan para cantar en servicios de adoración para adultos. Sin embargo, en muchos casos estas canciones utilizan vocabulario y conceptos abstractos y simbólicos en su naturaleza y, consecuentemente, no se entienden por los niños más pequeños.

Las canciones deben ser elegidas por el líder, no los niños. No deben preguntarles a los niños "¿Qué quieren cantar?". A un niño le toma mucho tiempo hacerle entender cuál cántico quiere cantar y las canciones que puede elegir cualquier niño puede no necesariamente relacionarse con la lección del día.

Formas de utilizar la música

Una canción puede rellenar huecos de tiempo, recuperar la atención de los niños o darles una oportunidad para moverse. Estas son todas buenas razones para cantar. Y todas estas también son oportunidades para adorar.

Para señalar tiempos de transición — una transición "la canción tema" señala al grupo que es hora de pasar a otra actividad. Dependiendo de la edad de su grupo, considere el uso de canciones durante las transiciones cuando los niños llegan y se retiran, cuando se dividen o se unen de grupos grandes a más pequeños y cuando es tiempo para recoger y limpiar. Cuando los niños escuchan o cantan la canción, ellos mismos pueden prepararse para la siguiente actividad. Escoja una canción infantil favorita del currículo que sea alegre o una grabación instrumental de una canción clásica animada para usar como una señal de transición.

Para lograr un cambio de humor — usando una variedad de

canciones cuando cantan como grupo es una buena manera de ofrecer un cambio de ritmo. Algunas canciones son más animadas y alentará la participación. Otras canciones de ritmo más lento pueden ayudar a tranquilizar a los estudiantes y prepararlos para oración o una historia de la Biblia.

Para fomentar el movimiento — a los niños les gusta la actividad y les encanta los ritmos rápidos y animados. Use gestos con las manos u otros movimientos (aplaudir, dar pisadas, etc.) mientras cantan para ilustrar la letra. Muchas canciones cuentan una historia, expresan emociones o se describen acciones. Deje que los niños actúan las palabras o crear los movimientos mientras cantan. Muchos niños están familiarizados con el lenguaje de señas y disfrutarán de hacer las señas de la letra de una canción. (Tenga en cuenta, sin embargo, que algunas canciones con movimientos intentan expresar conceptos altamente simbólicos que los niños pequeños a menudo malinterpretan. Sólo porque una canción es pegadiza y los movimientos son divertidos no significa que los niños están aprendiendo el concepto previsto.)

Para tocar instrumentos — los niños pueden con facilidad aprender a tocar instrumentos de percusión, como tambores, panderetas, címbalos, triángulos, campanillas y campanas. Los niños mayores pueden ser hábiles en la guitarra o el piano. Busque y use el talento de su grupo. Sin embargo, evite presionar a un niño a ser un acompañante habitual. Utilizando instrumentos de ritmo, especialmente con los niños más pequeños, ayuda a desarrollar las mentes de los niños y la coordinación y a la vez, una forma para que los niños participen:

- *Tenga un desfile de alabanza.* Tocar una canción seleccionada de una grabación infantil mientras marcha alrededor de la sala, tocando los instrumentos. Los niños también pueden simplemente tocar sin una grabación mientras marchan.

- *Un juego de congelación.* Tocar música grabada mientras los niños tocan los instrumentos y caminan en un círculo. Detenga la música grabada como una señal para que los niños se congelen en su lugar. Después que los niños se congelan, permita que los niños se intercambien los instrumentos y luego continuar cuando les dé su señal.
- *Permita que los niños puedan explorar.* En ciertos momentos, deje varios instrumentos a la vista con los que los niños puedan experimentar. Puede poner una grabación de música de niños y permita que los niños utilicen los instrumentos para practicar llevar el ritmo de la música.

Los niños pueden encontrar formas de utilizar los instrumentos que nosotros los adultos no hemos imaginado. Si un niño usa un instrumento como un arma, simplemente tómelo y muéstrele al niño la forma correcta de usarlo. Luego invite al niño a repetir sus acciones. "Ladón, por favor, ¿podrías enseñarme cómo usar los palillos como le he enseñado?"

La mayoría de los niños no necesitan instrucción adicional. Los niños también pueden tener dificultad para compartir instrumentos rítmicos. Esté alerta para reforzar su comportamiento positivo. "David, sé que le gusta más la pandereta roja. Gracias por darle a Jake la oportunidad de usarla, incluso cuando es difícil hacerlo".

Como un ministerio — Los niños pueden practicar y cantar durante la adoración o al visitar a un hogar de ancianos, miembros de la iglesia que no pueden salir de sus casas o en eventos de la iglesia.

Como parte de un proyecto de arte — Permita que los niños

diseñen sus propios cancioneros de sus canciones preferidas escribiendo las palabras, decorando las páginas y adjuntando las páginas con clavitos o cintas. Los niños también disfrutaran dibujando láminas de algunas de las canciones. Invite a los niños a contribuir a los servicios de adoración proporcionándoles varios materiales para usar en el diseño y creación de carteles que ilustran una frase o dos de una canción favorita.

Formas de presentar la música

Recuerde, usted no está actuando o proporcionando entretenimiento. Usted está usando una canción para guiar a los niños en el aprendizaje. Su perfección musical no tiene importancia. Sin embargo, su entusiasmo e interés son vitales. Esté dispuesto a cometer errores. Si olvida la melodía, siga con las palabras. Los niños estarán encantados de que usted, también, está aprendiendo. Relájese y disfrute cómo responden los niños a las canciones. Cuando verdaderamente canta de un corazón de amor hacia el Señor, los niños son rápidos para captar su emoción de gozo.

Cantar un solo. A veces un maestro se intimida cuando un grupo de niños pequeños se les quedan fijamente mirando mientras él o ella canta un solo. Recuerde, sin embargo, que los niños que solamente han experimentado la música como algo para escuchar participarán simplemente mirando y escuchando. (Cuanto más joven el niño, más han de escuchar y menos han de cantar).

Añadir movimientos. Si una canción no incluye los movimientos o los aplausos, usted puede añadirlos. Puede aplaudir al ritmo o inventar los movimientos para acompañarlo. Cuando haga los movimientos, los niños pueden participar imitándole, sin importar o no que estén cantando. Una meta de la música es involucrar a todos los niños para que cada uno aprenda las Escrituras y los conceptos bíblicos en una manera divertida y memorable.

Recitar las palabras. Si usted se siente totalmente incómodo cantando una canción, repita las palabras de la canción como un poema.

Invite a un miembro del coro para que cante. Invitar a alguien que tiene una buena voz para cantar es, por supuesto, una opción. Esto le da un descanso y al mismo tiempo da a los niños un cambio de ritmo.

Escuchar una grabación. También puedes poner música grabada para ayudarle a usted y los niños a disfrutar de la música.

Formas de enseñar música

Un maestro no necesita ser un experto en la música para dirigir un cantico y enseñar nuevas canciones. La clave principal es la preparación, no el talento.

Conozca la canción. Al introducir música nueva, memorice las palabras y el tono de manera que pueda dar atención a los niños, no a estar mirando la partitura. Practique cantando en su casa para sentirse cómodo con la canción.

Use la música pregrabada. Música infantil está disponible con su plan de estudios o en las tiendas donde venden recursos para iglesias y establecimientos de música. Aprenda una nueva canción escuchando la grabación varias veces y luego ponga la grabación para presentar la canción a los niños. Cante junto con la grabación e invite a sus estudiantes a cantar junto a usted hasta que se aprendan la canción. Alguna música está disponible en versión karaoke, sólo la pista instrumental. Si no se puede encontrar música pregrabada, haga una grabación de un amigo cantando o tocando la canción, o invite a su amigo (o un miembro del coro) a enseñar la canción en persona.

Utilice ayudas visuales para ayudar en el aprendizaje de nuevas letras. Escriba las palabras de una nueva canción en un cartel, pizarra, o transparencia para que los niños puedan verlas fácilmente. Mostrando las palabras ayuda a que los niños miren hacia arriba, así pueden cantar más fuerte en lugar de que sus rostros estén enterrados en su cancioneros o mirando hacia abajo a las partiduras de la canción. Otra ventaja en mostrar las palabras es que los niños no tienen nada con que jugar y pueden concentrarse en la canción. Para los niños pequeños que todavía están aprendiendo a leer, utilice imágenes en vez de palabras cuando sea apropiado.

Hable con los niños sobre las canciones que cantan juntos. Haga preguntas: "¿Qué nos enseña esta canción acerca de Dios?" "¿Qué nos hace recordar esta canción que debemos hacer?" "¿Cuándo sería un buen momento para recordar y cantar las palabras de esta canción?" Explique cualquier palabra desconocida. Para un aprendizaje eficaz y fortalecer sus objetivos, utilice las canciones provistas de su currículo o seleccione las canciones que se ajusten a la verdad bíblica de la lección. No elijan canciones simplemente porque suenan bien o sirven para llenar el tiempo. Para que puedan entenderse por los niños más pequeños, las canciones no deben usar palabras abstractas que expresen poca acción específica o sentimientos. Asegúrese de que esté claro lo que están enseñando las palabras de la canción.

Repita las canciones varias veces. Cuando a los niños les gusta algo, especialmente los más jóvenes, quieren experimentarlo una y otra vez. Posiblemente quieran cantar una canción que les gusta varias veces en una sola sesión. La repetición también ayuda a los niños a memorizar la letra. Al enseñar una canción nueva, cántela durante varios servicios corridos.

El servicio de adoración

Cada uno de los componentes de un servicio de adoración es muy importante. No permita que ninguna de estas cosas necesarias sea una ocurrencia tardía a un servicio de adoración bien pensado y bien planificado.

La preparación

La preparación en oración para el servicio de adoración es muy importante. Fomente la formación de un círculo de oración de maestros y deje que los niños vean al personal orando. La actitud de los maestros afecta las actitudes de los estudiantes de una manera muy definida, y la actividad antes de la sesión por parte de los niños juega un gran papel en cómo se acercan al servicio de adoración. Si entran de manera desordenada y ruidosa, sería difícil cambiar inmediatamente a un espíritu de adoración. Todos deberían acercarse en un espíritu de reverencia.

El llamado a la adoración

Lleve a los niños a la adoración con música apropiada. Permita que sea la música en lugar de la voz humana que de la señal para que se unen.

Use una hermosa canción de las escrituras, tales como "El Señor está en su santo templo" (basado en Habacuc 2:20) o "Venid y adorémosle" (basado en el Salmo 19:1). Todas esas canciones incorporan a los jóvenes como adoradores en presencia de Dios. Los mismos estudiantes también pueden ser animados a memorizar algunas partes de las Escrituras o una estrofa de un himno de adoración para usar como una apertura apropiada. O tal vez desee variar el llamado a la adoración y adaptarla al tema del día, la oración, misiones, la consagración, mayordomía y así sucesivamente.

La alabanza

Alabar al Señor"(Salmo 104:35) la música relaja la tensión y estimula emociones de adoración. Es un medio de despertar sentimientos de alegría y asombro, reverencia, devoción y un sentido de la presencia de Dios. Realza el significado y profundiza la impresión de nuestra otra enseñanza. La música debe ser cuidadosamente elegida, dedique tiempo a esto. Debe utilizarse cuidado y prestar mucha atención. Muy pocos líderes toman es serio este asunto tan importante. Todas las canciones deben tener valor musical real y estar escritas en la gama vocal del grupo. Las palabras también deben tener significado. Elija canciones que profundizan en el significado del tema para el día. Algunos de los hermosos himnos de la iglesia son una buena opción, pero asegúrese de que los diferentes grupos de edad comprendan todas las palabras y conceptos en la letra. Queremos que las canciones proporcionen un medio para la expresión de ciertos anhelos y aspiraciones, incluso en los corazones de los jóvenes. Algunas canciones nos llaman al servicio. Siempre elija la canción que vaya con el tema. A veces las palabras de una canción pueden leerse como un poema mientras se toca la melodía. Esto enseña a los jóvenes que hay un mensaje real en las palabras de la canción.

Recuerde, Cristo cantó una canción en la última cena (véase Mateo 26: 30; Marcos 14:26). No sabemos cuál fue la canción, pero podemos estar seguros de que se convirtió en parte del espíritu de ese lugar sagrado. Pablo dijo: "Que la palabra de Cristo habite en abundancia en vosotros, con toda sabiduría enseñándoos y amonestándoos unos a otros con salmos, himnos y canciones espirituales."(Colosenses 3:16). Esta es la parte de la enseñanza. Recuerde, canciones han sido cantadas a través de las edades para adorar a Dios.

Los Salmos están llenos de canciones. Utilice tantos instrumentos como sea posible de vez en cuando: piano, violín, xilófono, casi cualquier instrumento puede ser utilizado y a veces incluso utilizar una grabación. Permita que los grupos de los diferentes niveles de edad entren al local de reunión y escuchen en silencio mientras se tocan una o dos canciones preferidas. De esta manera, la música de la iglesia comenzará a tener más sentido para ellos. Las campanas pueden ser una novedad para ellos. Permita que un buen líder sea el conductor del grupo y siga las reglas que nos dio el gran compositor de la fe cristiana, John Wesley:

1. Aprenda la melodía.
2. Cante las palabras como están impresas.
3. Cante vigorosamente y con valentía.
4. Canten todos. "Si para usted es una cruz, cárguela, y se encontrará con una bendición".
5. Cante modestamente. Haga el esfuerzo para unir sus voces.
6. Cante en el tiempo. No se adelante ni se quede atrás.
7. Por encima de todo, cante espiritualmente. Tenga a Dios presente en cada palabra que cante. Busque complacerlo a Él más que a usted mismo o cualquier otra criatura. Ponga atención estrictamente al sentido de lo que cante y permita que su corazón no se deje llevar por el sonido sino lo que se ofrece a Dios continuamente.

No repita continuamente un par de canciones. Hay un gran almacén de la cual podemos extraer.

La oración. "Señor, enséñanos a orar" (Lucas 1:11)

Todos podemos estar de acuerdo que la oración debe ser parte del servicio de adoración, porque es de suma importancia para una experiencia vital de la adoración. Debemos enseñarle a todo individuo a reverenciar este alto y santo privilegio de poder venir confiadamente ante el trono de gracia. Insista que haya silencio absoluto. Sólo se le habla a Dios.

La oración debe expresar la experiencia de los grupos involucrados según su edad en el servicio. No queremos que usen una expresión antigua que esté más allá de su comprensión. Varíe la experiencia de oración. Es preciso darles oportunidades a los individuos de diferentes grupos de edad para participar. Cuando ore un adulto, él o ella debe recordar hacer la oración corta porque la capacidad de los niños para mantener la tranquilidad y la atención es muy limitada. Sea muy positivo en el pensar y expresión. No permita que los niños asocien un gemido con hablar con Dios.

Simplifique el lenguaje. Estudie de la Oración del Señor como un modelo. A veces puede hacer que todo el grupo ore al unísono. Las experiencias en grupo son poderosas en las vidas de los jóvenes. Una ilustración de esto es la lectura de la Oración del Señor. Con demasiada frecuencia se repite sólo ocasionalmente y con poco sentido cuando debería decirse con gran expresión.

No abra siempre con "Vamos a orar," pero busque un versículo de las Escrituras o una estrofa de un cántico de adoración o un pedacito de un poema que quizá ponga el corazón en sintonía con Dios. Grupos de jóvenes pueden unirse en períodos de silencio para adorar a Dios. No abra un servicio con una oración silenciosa, pero espere a que el deseo de tener comunión con Dios haya sido estimulado por el canto y la lectura de las Escrituras. (Para obtener más información acerca del uso de oración con los grupos de edad específicos, vea los capítulos anteriores según el nivel de edad.)

Las Escrituras. "Lámpara es a mis pies tu palabra" (Salmo 119:105)

Damos por sentado que la Escritura es una parte esencial del servicio de adoración, pero demasiado a menudo la preparación para esta importante característica es improvisarse. Las Escrituras desempeñan un papel importante durante el tiempo de oración y los cánticos de adoración y el llamado a la adoración, pero también debe haber un periodo cuando las palabras de la Santa Palabra tratará directamente sobre el tema de la mañana. Decida cuál lectura de las Escrituras sería significativa para el grupo que está dirigiendo. Esto significa que el pasaje debe ser cuidadosamente seleccionado en oración. Utilice con frecuencia la escritura que ha sido memorizada por el grupo y permita que la repitan juntos. Preparación cuidadosa por parte de la persona que va a leer siempre es esencial, ya sea el pastor de los niños, un maestro o un estudiante. Sugiera que el pasaje sea leído un número de veces, preferiblemente en voz alta. Debe leerse con gran expresión para que todos la comprendan y todos puedan disfrutarla. Permita que el lector encuentre un mensaje para él o ella misma. El lector debe hacerlo propio antes de que pueda compartirlo. La lectura de las Escrituras debe hacerse de manera inteligente para que la sublime belleza y simplicidad de la misma Palabra sea expuesta y la autoridad divina de su enseñanza sea enfatizada. Lea la escritura directamente de la Biblia y asegúrese de que la Biblia sea manejada con reverencia. Queremos que el mensaje devocional de la palabra satisfaga las necesidades del alumno. Las Escrituras son nuestro desafío eterno.

Usted encontrará que el significado de un pasaje de las Escrituras aumentará si una atractiva reproducción de algunas grandes obras de arte que tengan que ver con el contenido de la lección se utiliza juntamente con la lectura.

Usted puede utilizar diapositivas, láminas más grandes, o una presentación en PowerPoint o un DVD. Pequeñas reproducciones, comprados o copiadas del Internet, pueden entregarse a los estudiantes.

Ofrendar. "Más bienaventurado es dar que recibir" (Hechos 20:35)

Algunas de las lecciones más importantes sobre la mayordomía cristiana se presentan durante el acto de las ofrendas. Nunca hablo de traer una colección de monedas; por el contrario, haga referencia a sus "regalos de amor" como ofrenda. Nuestro objetivo en dar énfasis en esta parte del servicio de adoración no es para garantizar tanto dinero como sea posible de los estudiantes sino para entrenarlos en reconocer su responsabilidad por el apoyo de la iglesia y la difusión del evangelio. Esto ha de ampliar sus simpatías y desarrollar en ellos el espíritu de generosidad y el deseo de dar porque aman.

Si tiene un domingo dedicado a las misiones y los misioneros, que el tema de las misiones inspire en sus corazones un deseo de dar tanto de ellos mismos y de su dinero al Señor. Después de haber visto una película mostrando la necesidad de la gente que sufre con la enfermedad de Hansen, un niño en la escuela bíblica de vacaciones vino al superintendente y le dijo que quería que le enviara el dinero que tenía para el campamento a las víctimas. Al ver su necesidad, el niño fue movido a la acción. ¿Inspira usted a sus alumnos a ser inversionistas reales en el Reino de Dios? El conocimiento crea interés.

El mensaje

La parte del mensaje del servicio de adoración no debe ser para predicar un sermón o incluso dar un pequeño sermón. El mensaje debe ser breve, para el período de instrucción está el período de la enseñanza. No use la lección de escuela bíblica en el servicio de adoración. Es injusto para el maestro que el objetivo de la historia se presente de antemano. La lección será decepcionante si la historia ha sido contada en el servicio de adoración.

El mensaje en el servicio de adoración sólo debe dar énfasis en ciertas fases de la vida cristiana, historias misioneras, lecciones de la templanza, significado e historias de las canciones de adoración o la discusión sobre el significado de la escritura que debe ser memorizada.

Varíe el programa. Aquí puede usar la enseñanza dramática. Alguien puede utilizar el franelógrafo para contar la historia en las Escrituras o de una de las canciones de adoración. Las grabaciones visuales podrían presentarse para ilustrar canciones de adoración o lanzar un desafío misionero.

Un drama sencillo con un tema misionero o de mayordomía o con una conexión directa a las actividades en el currículo mejorará la importancia de las actividades. Una lección ilustrada podría ocasionalmente usarse para romper cualquier monotonía. Cualquier otra manera para llenar 10 a 12 minutos también puede utilizarse para presentar un mensaje que tenga significado.

Tiempo de compañerismo

Casi todo grupo de edad necesita unos cuantos minutos para dar la bienvenida a los nuevos estudiantes y para celebrar sus cumpleaños o hacer anuncios especiales directamente a los alumnos de ese grupo. Esto por supuesto no es una parte del servicio, pero siempre es importante un período de compañerismo.

Sugerencias

- ¡Comience bien! Elija un tema. Conozca cuál es tu objetivo.
- Tenga unidad. Permita que todo contribuya al tema.
- Asenso gradual hasta un clímax. Permita que cada componente prosiga en orden lógico y luego termine con el propósito con fuerza.
- Lleve a cabo el servicio con dignidad.
- No incluya material que no sea pertinente.
- permita que la experiencia de adoración encaje con la experiencia del grupo.
- Involucre al grupo en la lectura de las Escrituras, oraciones, himnos y respuestas.
- Deje que los jóvenes realicen sus propios servicios.
- Comience a planificar con tiempo. Permita que los jóvenes sugieran y recoger los materiales.
- Ensaye hasta que las cosas funcionen sin problemas.

Evaluación

- ¿Satisface el servicio el intelecto?
- ¿Motiva el servicio la voluntad?
- ¿Estremece el servicio las emociones?
- ¿Disciplina el servicio la conducta?

Notas

Gospel Light, *Children's Ministry Smart Pages* (Ventura, CA: Gospel Light, 2004).

Gospel Light, *Preschool Smart Pages* (Ventura, CA: Gospel Light, 2010).

12

Currículo

Alguna vez le han preguntado, "¿por qué es que he asistido a la escuela bíblica toda mi vida y todavía no sé nada de la Biblia? He podido pasar exámenes en muchos otros temas; tengo mi título, pero sé que fracasaría si tuviera que tomar un examen en la Biblia".

Consideremos por un momento las razones de tal ignorancia del más grande libro del mundo. Creo que los jóvenes y adultos han sido confundidos por el método del "salto" que demasiadas veces se ha utilizado para presentar la Palabra, saltando desde el Génesis a Jeremías, de Saúl el rey a Saúl el perseguidor, los hechos de Abraham a los hechos de los apóstoles. Creo que un plan para cubrir la Biblia completamente y sistemáticamente eliminará la confusión desesperada y la interminable repetición de las mismas historias que alimentan el aburrimiento y el disgusto. Tal vez su experiencia ha sido algo así como la del pequeño niño en el departamento de juveniles que dijo: "¿Tengo que seguir asistiendo a la escuela bíblica? Sólo se vuelve más y más tonta. Todo lo que hacen es contar las mismas historias una y otra vez". ¿O será que el problema está en que no hemos tenido asignaciones de trabajo definidas en nuestras clases? Nunca hemos sido inspirados para estudiar. Nuestra única instrucción fue "Niños, el próximo domingo veremos en la lección 5" con ningún comentario adicional. ¡Qué emocionante fue todo esto!

¡Cómo nos estimulaban para que creáramos hábitos de estudio e interés!

La responsabilidad de seleccionar

¿Quién es responsable de la selección del currículo de la escuela bíblica? Alguien siempre debe tomar la iniciativa. Aunque el maestro es el más cercano a los estudiantes, no es bueno que el maestro tome la decisión, porque la elección del currículo acabará afectando a todas las clases en la escuela. Para que sea considerado eficaz, el currículo debe satisfacer las necesidades de todos los estudiantes a lo largo de toda la escuela bíblica.

El pastor de niños, posiblemente con la participación de los coordinadores de nivel de edad, en relación con el comité de educación, debe hacer la selección. Los maestros son los que van a usar el material, es bueno que ellos participen en la revisión de los materiales para ayudar a decidir lo que se utilizará. Nunca cometa el error de permitir que cada maestro o coordinador de cada nivel de edad seleccione el plan de estudios por cuenta propia; todo el grupo debe ser considerado. Con frecuencia, este es el caso en muchas escuelas bíblicas y significa que no habrá ninguna continuidad en la presentación de las lecciones. Elija un currículo que sea el más adecuado en su totalidad para su escuela bíblica. De esta manera habrá la progresión de estudio y crecimiento.

Elija un currículo que sea el más adecuado en su totalidad para su escuela bíblica. De esta manera habrá la progresión de estudio y crecimiento.

La selección de un currículo

Al escoger un plan de estudios, debemos tomar en consideración algunos hechos. Sabemos que no hay nada malo con nuestro libro de texto, la Biblia. Debe ser la manera en que hemos presentado los grandes hechos y la manera en que hemos ensenado la Palabra. Cuando consideramos los motivos de la trágica falta de interés que existe en el estudio de las Escrituras, tendremos que admitir que hemos cometido un crimen espiritual. Hemos hecho que los niños digan, "cuando no tenga que hacerlo, nunca volveré a la escuela bíblica. Ahí no hay nada para mí." En lugar de hacer crecer el amor por la palabra de Dios y reconocer que ofrece las respuestas a los problemas complejos de la vida, encontramos que muchos estudiantes de la escuela superior y los universitarios están dando la espalda a la Biblia y la tratan ligeramente. No podemos decir que el profesor de la universidad tiene toda la culpa de todo esto. La escuela bíblica es responsable en gran medida.

Los jóvenes no están dispuestos "a dar una respuesta a cada hombre que pide una razón de la esperanza que hay en vosotros" (1 Pedro 3:15). Cuando un profesor sutilmente repudia la Biblia mediante la presentación de lo que el estudiante piensa que es una razón lógica para no creerlo, el estudiante ni se inmuta en la confusión y cree que por primera vez que él o ella ha visto la luz de la verdad. *Debemos enfrentar el hecho de que los jóvenes no pierdan su fe en la universidad, no tenían ninguna fe que perder.* El objetivo de cualquier plan de estudios debe ser hacer frente a estos hechos alarmantes y con la ayuda de Dios alcanzarlos. Entonces, nuestra pregunta es, "¿Qué vamos a enseñar?"

Por más de 20 años, me enfrenté a esta pregunta, y me llevó a escribir una serie de lecciones para la escuela bíblica que levantó una escuela bíblica de más de 5000. Cuando hacemos esta pregunta, uno normalmente quiere preguntar ¿qué materiales usaremos? ¿Qué currículo hemos de estudiar? Debemos tener en cuenta que el plan de estudios que debemos considerar es más que el material impreso que se nos ofrece. Es la suma total de los eventos reales que hacen la vida del estudiante y de donde él o ella aprende. Esto incluye todo tipo de experiencias. De hecho, incluye todo lo que afecta al individuo de alguna manera. Debido a la falta de espacio y tiempo, nuestra discusión aquí será limitada principalmente a los materiales escritos.

Normas de un buen currículo

1. Está basado en la Palabra de Dios

Porque creemos que la Biblia nos indica el significado de nuestra vivencia con Cristo, con el Padre y con los demás, debemos entender su mensaje. Es la Palabra de Dios. Ponemos gran énfasis en la Palabra de Dios en el tiempo limitado que tenemos para la enseñanza porque reconocemos su poder. Pablo hace una declaración de este tipo en Romanos 1:16-17. No hay otras palabras que puedan transformar a una vida tan rápidamente o sacar a una persona de la oscuridad a la luz admirable. Otras cosas son importantes, pero esto es lo más importante.

Ponemos gran énfasis en la palabra de Dios en el tiempo limitado que tenemos para la enseñanza porque reconocemos su poder

2. Señala a los estudiantes a Cristo y a la necesidad de hacer un compromiso con Él

Jesús dijo: "Yo soy el camino, la verdad y la vida" (Juan 14:6). Cuando enseñamos quien es Él, lo enseñamos todo. No estaremos satisfechos hasta ver a todos comprometidos con Cristo en sentido completo, Él, su manera de vivir y sus enseñanzas, lo que significa vivir Cristo.

No estaremos satisfechos hasta ver a todos comprometidos con Cristo en sentido completo, Él, su manera de vivir y sus enseñanzas, lo que significa vivir Cristo

3. Hace hincapié en la importancia de la iglesia (comunidad o grupo de discípulos)

En el día de Pentecostés, el cuerpo de creyentes estaba reunido por el Espíritu Santo. Ha continuado creciendo hasta hoy día. Jesús dijo, "las puertas del infierno no prevalecerán contra ella" (Mateo 16:18). La enseñanza separada e independiente de la Iglesia es probable que salga por la tangente, aunque esto no esté relacionado a cantidad o a determinación inflexible de locales. Tenga cuidado con esto.

4. Teológicamente se relaciona con la enseñanza de la iglesia en la cual se enseña.

Cada denominación tiene algunas de sus propias ideas teológicas e interpretaciones que la hacen un poco diferente de cada otra denominación, pero la mayoría de nuestras grandes denominaciones están en acuerdo sobre las doctrinas fundamentales en las que se han establecido las grandes iglesias protestantes del mundo. De todas maneras, el llamado de Cristo a que seamos sus discípulos sigue allí en el evangelio.

5. Está relacionado con el hogar

A menos que lo que enseñemos tenga aplicaciones muy prácticas, se perderá la mayor parte de nuestro ministerio en la escuela bíblica. El hogar es el terreno en el cual el niño crecerá. Por lo tanto, debe ser alcanzado para Cristo.

6. Es instructivo

Permítanos determinar si se han considerado cuidadosamente la edad del niño y su capacidad de aprender. Esto es absolutamente necesario. Las leyes del aprendizaje deben respetarse. Las necesidades e intereses de cada grupo de edad deberían tenerse en cuenta. Debe introducirse constantemente una variedad de métodos para estimular el interés y evitar el aburrimiento.

Debería haber una secuencia cronológica en la elaboración del material. Verifique que los materiales sean simples y competentes para enriquecer. Mire la letra. ¿No sólo si es buena la impresión, pero si es el tamaño que el sistema escolar público ha sugerido para cada grupo de edad? Esto varía considerablemente desde el primer grado en adelante. En este momento, los materiales del estudiante son para que cada niño lo lea. Verifique que esto sea verdad al revisar su material.

Un buen currículo no tratará de enseñar más de lo que se les puede enseñar con eficacia en el tiempo asignado. Presente algunas verdades con una pureza original que exija atención. Es bueno dejar que los estudiantes declaren lo único que hayan aprendido ese día en relación con sus propias vidas.

7. Ofrece ayuda para el maestro

Estimular la ayuda para el maestro no significa recursos de apoyo para el maestro perezoso. No significa que el maestro puede leer el manual el sábado por la noche y estar preparado para enseñar la lección o, peor aún, leer directamente del manual el domingo por la mañana, aunque la historia sea contada en el idioma de los estudiantes. Creemos que un buen currículo ha de enseñar a los maestros y ayudarlos en el gran ministerio de la enseñanza creativa.

Los libros del maestro deben estar repletos de métodos de enseñanza, la psicología del nivel de edad, el procedimiento de la clase y los materiales que iluminarán el material de la lección. Creemos que es una buena idea tener la historia para los niños en el libro del maestro escrito en el lenguaje de los niños de ese nivel de edad, porque son pocos los que están conscientes de las limitaciones de vocabulario de los niños más pequeños y la comprensión de los niños mayores. Sabemos que los maestros buscaran materiales y medios para enseñanza, pero muchos están limitados al no tener bibliotecas fácilmente accesibles y lugares o dinero para comprar el equipo adecuado.

8. Está bien equilibrado

El currículo no debe ir una y otra vez a la misma fase de la enseñanza o la misma porción de la palabra o tratar con solamente una fase de la vida cristiana. No debe detenerse en el evangelismo pero debe presentar a Cristo como Salvador a cada niño y niña; luego debería seguir en este gran ministerio de evangelismo capacitando a cada niño para que, a su vez, sea maestro. Todo estudiante debe ser alguien que puede no sólo hablar de las grandes verdades de las escrituras sino también las vive en su vida diaria.

9. Debe ser por grados

El buen currículo debe ser por grados. Establezco esta declaración en la información proporcionada en los capítulos anteriores de este libro referente a las variadas y diversas necesidades de cada grupo de edad. Vamos a discutir los diferentes tipos de lecciones por grados en la siguiente sección de este capítulo.

10. Debe inspirar la participación estudiantil

Los estudiantes deben ver que lo que están aprendiendo puede ser aplicado a situaciones de la vida. La lección no sólo debe ser enseñada sino también aplicada. Los estudiantes deben ver la relación entre la enseñanza y sus propias vidas o tendrá poco significado para ellos. Verifique que su plan de estudios se adapte a las necesidades y la capacidad de los estudiantes. Considere cuidadosamente el formato. La apariencia de los materiales debe ser atractiva. No importa cuán excelente sea el material, a menos que sea atractivo a los estudiantes lo rechazará.

La lección no sólo debe ser enseñada sino también aplicada. Los estudiantes deben ver la relación entre la enseñanza y sus propias vidas o tendrá poco significado para ellos

Tipos de currículo

Existen varios tipos de materiales curriculares, pero limitaremos nuestra discusión al material uniforme, de grupos, por grados, (calificado por departamentos) y calificado por grados específicos. (Por supuesto, en la actualidad hay para grupos grandes, pequeños grupos y currículo para el aula de clases. Y estos son uniformes, el material calificado para grupos por grados o grados específicos, aunque probablemente hoy día no se utilizan estos términos más. Pero cuando escribí currículo, esos eran los términos que eran populares.)

Uniforme

El tipo de currículo uniforme consiste en lecciones que tratan ciertas porciones de la Biblia. Usted podrá encontrar estudios por temas y cronológicos. Toda la escuela estudia los mismos temas de la lección en todos los grados y clases desde la guardería hasta los adultos. Las clases uniformes han sido ampliamente utilizadas. Debido a quela misma lección se presenta a cada grupo de edad, se ha eliminado la necesidad de la organización detallada y la meticulosa planificación en la escuela bíblica más pequeña, y también tiene la ventaja que cada miembro de cada familia está aprendiendo juntos. Una de las desventajas del currículo uniforme es el hecho de que no siempre se puede intentar adaptar la enseñanza teológica de la Palabra a todos los grupos con éxito. Todos creemos que la Biblia es nuestro único libro de texto, pero la adaptación de toda la Palabra de Dios a todos los niños de todas las edades debe ser cuestionada. Demasiadas veces el niño se adapta a la lección en lugar de la lección al niño. Es muy dudoso que la enseñanza de todas las verdades de la Biblia sería de provecho o que se pudiera entender por un niño. Otra desventaja es que en las lecciones uniformes, al parecer sólo se logra cubrir el 35 por ciento de las escrituras.

Grupos por grados

En el plan de estudios para los grupos por grados, todos en cada departamento estudian la misma lección. Si el departamento está compuesto de una clase o de muchas clases, las clases son todas idénticas. Por ejemplo, todos los niños de primaria, si están en primero, segundo, tercero o cuarto grado, aprenden la misma lección. Las lecciones para los grupos por grados ofrecen más material de estudio de la Biblia que las lecciones de los uniformes desde el niño de la guardería hasta el departamento de los jóvenes. Aun así, es difícil cubrir toda la Biblia con este tipo de presentación. Si el hombre de Dios ha de ser "completamente equipado para toda buena obra", debe darle más tiempo al estudio de la Palabra en el currículo de escuela bíblica (2 Timoteo 3:17).

Grados específicos

Las lecciones para grados específicos están escritas en el lenguaje y con las experiencias del niño como individuo en mente, no menospreciando el hecho de que cada niño cambia radicalmente de un año a otro. Cada año marca tremendos adelantos en los intereses de los niños y en su capacidad de comprender y los materiales específicos por grados toman ventaja de cada paso en este proceso.

Un currículo para grados específicos ha sido cuidadosamente elaborado y está en uso en el sistema escolar público hoy día. Según vaya avanzando el niño en dominio de los hechos, los métodos y la materia son cuidadosamente adaptadas a su edad. Los grados específicos deben convertirse en algo común en la escuela bíblica.

El plan para grados específicos lleva una ventaja definitiva educativa y pedagógica sobre el plan de lección de grupo que se adapta a las necesidades de cada edad, que es tan importante. Es obvio que se aburriría un estudiante de tercer grado por lo que se presentaría al de primer grado. Los estudiantes de primer grado que no saben leer podrían fracasar en material que desafiaría a los estudiantes de tercer grado. Los niños pequeños deben recibir el trabajo, contenido y preparación que satisfagan sus niveles de comprensión, interés y necesidad. Es fácil ver que las necesidades materiales y espirituales varían ampliamente en los niños en un lapso de tres años. Este hecho en sí mismo debe superar todos los otros argumentos. Una maestra de tercer grado en una escuela pública consideraría una imposibilidad usar a un lector para ese grado y esperar que los de primer grado que apenas están aprendiendo a leer, que comprendan su contenido. Sin embargo algunas escuelas bíblicas intentan hacer justo esto mismo.

La escuela bíblica es el único lugar del mundo donde los niños de diferentes grupos de edad son agrupados para fines educativos. Muchas escuelas bíblicas pequeñas sienten que no pueden dividir sus clases de tal manera para presentar lecciones para grados específicos.

Sea como sea, muchos lo están haciendo. Si tiene que empezar con material clasificado para grupos, háganlo; pero trabaje hacia el objetivo final de que la escuela bíblica sea dividida como las escuelas públicas. Conociendo la dificultad de algunas situaciones, las lecciones clasificadas para grupos han sido preparadas como un paso a las lecciones por grados. Pero puede estar seguro de que los educadores de la escuela bíblica han resuelto los problemas y han presentado los resultados de años de investigación sobre la mejor manera de enseñar a los niños de diferentes edades, y toda la instrucción es por grados específicos.

Piensa en su propia escuela bíblica como niño cuando tenía unos nueve o diez años, ¿le enseñaron esas lecciones como "El profeta Amós denuncia la auto indulgencia"? ¿Habría sido capaz de comprender una lección así? Los principios de la enseñanza de materiales para grados específicos son idénticos a las de nuestro Señor, porque él siempre tenía en mente como enseñar según la capacidad de sus oyentes para entender.

Razones para usar un plan de estudios

Muchos se preguntarán, "¿por qué deberían los maestros tener un plan a seguir? ¿Por qué no depender totalmente de los recursos propios del maestro cuando él o ella presenta las verdades de la Biblia?". Es difícil para todos los maestros descubrir todas las verdades que el espíritu de Dios tendría para un grupo de estudiantes en particular. El currículo escrito debe ayudar al maestro en la exposición y la explicación de las escrituras y en aplicarla al grupo de edad que enseña.

A fin de que la mayor cantidad de material y el tema sean cubiertos en la experiencia de cualquier niño en la escuela bíblica, es peligroso permitir que cada maestro elija por sí mismo lo que ha de enseñar. Por seguro encontraríamos demasiada repetición. Sería imposible para cualquier maestro conocer lo que cada uno de sus estudiantes haya aprendido en años anteriores. Además, muchos maestros tienen temas preferidos o interpretaciones cuando se trata de enseñanza. Hay muchas facetas gloriosas de la verdad que deben ser presentadas para que cada joven sea "completamente equipado para toda buena obra" (2 Timoteo 3:17).

Buenos currículos son escritos por aquellos familiarizados no sólo con la Biblia, sino también con las características y necesidades de los diferentes grupos de edad. Es tan necesario que el agricultor conozca la tierra como la semilla si se espera una buena cosecha. Así que el maestro debe conocer el corazón del niño para que sea eficaz.

Es importante recordar que usted está enseñando a los niños, no los materiales. Estudie un currículo que se mueva a lo largo en la instrucción desde el niño más pequeño hasta el adulto y que no se repitan las mismas historias y materiales. Los objetivos generales de un plan de estudios tienen que ser cuidadosamente considerados, y cada estudiante debe ser conducido de una experiencia a otra, de un año a otro.

Objetivos de la enseñanza

Lo más importante a considerar con respecto a la enseñanza es la necesidad del alumno. Esta necesidad debe cumplirse si el estudiante es de 2 o 5, 12 o 20, o 30 o 50 años. Cada grupo de edad tiene una necesidad particular peculiar a su edad, sexo, capacidad intelectual, comprensión espiritual y el medio ambiente. Consideremos entonces, los objetivos de enseñanza.

Llevar a todo individuo al conocimiento de un Salvador Vivo

Creemos que la Biblia, la Santa Palabra de Dios, describe a tal Salvador y declara los grandes principios que producen una tal vida. Un buen plan de estudios, entonces, debe estar centrado en Cristo y mostrar inquietud por los niños, y la Biblia debe ser nuestro único libro de texto. Las experiencias de la vida de los niños deben basarse en el fundamento de la palabra infalible de Dios. Debemos darles hechos así sabrán cómo edificar sus vidas correctamente.

Imagínese a un niño de ocho años al otro lado de un arroyo, llamando a su padre para que venga a ayudarlo. No sabe cómo cruzar el arroyo. Su padre no le responde. El niño comienza a gritar. El niño parece darse cuenta de que debe encontrar su propio camino para cruzar el arroyo, se mira a sí mismo. Murmurando, toma una pila de piedras y construye un puente. Cuando llega a su padre, preguntó, "¿Papá, sabías que las piedras estaban ahí?" Claro que sí. Había provisto para eso.

Las experiencias de la vida de los niños deben basarse en el fundamento de la palabra infalible de Dios

¿Les damos piedras a nuestros hijos para que puedan cruzar la corriente turbulenta de la vida? Debemos darles una pila de piedras, hechos que puedan utilizar para edificar según sus necesidades. Debemos resistir el impulso de construir todo el edificio para ellos. Deje que la emoción y la experiencia de saber que la Palabra de Dios les lleva a Cristo y seguridad y es una guía para sus vidas.

Ir más allá de una simple comunicación de datos

No estamos aquí simplemente para explicar el significado de las Escrituras. Su ministerio es eficaz solamente mientras la Palabra de Dios sostenga las experiencias de vida de los estudiantes. El cristianismo no es un código de ética o moral. No es memorizar un montón de escritura sino encomendar una vida a Cristo. A menudo uno evalúa la efectividad de un determinado currículo escrito por el número de fechas y hechos que un estudiante puede recitar como resultado del estudio. Debemos estar interesados en los hechos que crean fe y en el estudio que trae salvación. Un currículo completo invade todas las esferas de la vida. Esto es lo que debemos considerar.

Debemos estar interesados en los hechos que crean fe y en el estudio que trae salvación. Un currículo completo invade todas las esferas de la vida

Que sea correcto para cada nivel de edad

Todos tenemos la responsabilidad de conocer las características del grupo de edad que vamos a enseñar. ¿Cómo podemos llenar las grandes necesidades en los corazones y vidas de los estudiantes de secundaria promedio si no los conocemos? ¿Cómo hemos de satisfacer sus necesidades de seguridad, reconocimiento, aventura y muchos otros rasgos que conforman sus personalidades?

Nuestra enseñanza debe alcanzarlos justo dónde están. Cristo se encontró con sus discípulos en el punto donde estaban: dijo: " Aún tengo muchas cosas que deciros, pero ahora no las podéis sobrellevar" (Juan 16:12). Incluso después de tres años de asociación íntima, él sabía que había áreas de verdad y revelación que los discípulos no podían comprender aún.

Antes de que Pedro fuera ser el gran predicador en Pentecostés, su vida personal debía ser depurada. Tenía que tener nuevas experiencias con el Señor, su Maestro, y para entender el poder y la guía del Espíritu Santo.

En un buen currículo, iniciaremos exactamente dónde está el niño y movernos a lo largo de la línea sobre línea, precepto tras precepto, aprovechando las experiencias y conocimientos de hoy para la enseñanza del mañana.

En un buen currículo, iniciaremos exactamente dónde está el niño y movernos a lo largo de la línea sobre línea, precepto tras precepto, aprovechando las experiencias y conocimientos de hoy para la enseñanza del mañana

Para dar a conocer la presencia de Dios

¿Qué deben nuestros estudiantes conocer acerca de Dios que realmente vaya a afectar sus vidas? Primero deben aprender sobre su relación con Dios el Padre y estar conscientes de su presencia. Deben entender la soberanía de Dios. Luego deben aprender cómo conocer la voluntad de Dios y el propósito para sus vidas. A temprana edad, los niños deben llegar a tener una apreciación de Cristo, el hijo unigénito de Dios y el hecho de que él es Dios. Deben familiarizarse con Jesús de una manera tal que no vacilarán para dejarlo todo y seguirle. Queremos llevar a nuestros estudiantes a un compromiso completo de sus vidas a un vivo y amante Salvador. A su vez serán testigos de ese mismo Señor.

Para infundir los grandes principios que Cristo ha fijado para la vida cristiana

Pablo dijo: " ya no vivo yo, mas vive Cristo en mí" (Gálatas 2:20) y "Cristo en vosotros, la esperanza de gloria" (Colosenses 1:27). El comportamiento de los cristianos se determinará por las normas que ha establecido Cristo. Los estudiantes deben conocer el poder de Dios en la hora de la tentación. Ellos deberán tener una comprensión cabal de la ley más grandiosa del mundo, la ley del amor, que se reproduce la tolerancia pero no compromiso. Deben aprender, como Pablo, de evaluar las cosas reales de la vida. Deben aprender que la vida cristiana es la más difícil sin embargo, la vida más emocionante. Que los estudiantes sepan que no hay nada que se compare con ella.

Para presentar los recursos de fortaleza para vivir como un cristiano

El plan de estudios deberá presentar a los estudiantes los

recursos para la vida cristiana. El primero es la Palabra de Dios. Permitan que tengan un conocimiento de su autoridad y poder. Ellos deben estar entrenados en las técnicas de una vida devocional, pues con la Palabra deben venir el gran privilegio de la oración. No debemos fallar para hacerles saber la importancia del compañerismo cristiano como es revelado en el libro de los Hechos.

Para enseñar el significado completo de los sacramentos

Demasiadas veces el servicio de comunión es un mero ritual. Aquí es el lugar para enseñar la importancia del simbolismo. Esta es la enseñanza visual en su mejor momento.

Para establecer una apreciación del ministerio del Espíritu Santo

Pocos cristianos hoy conocen el poder y el consuelo de este ayudante invisible. Los estudiantes deben aprender acerca de este gran regalo (vea Lucas 11:13).

Para cultivar la comprensión y el compromiso a la Iglesia

La iglesia es la única institución (no exactamente en el sentido moderno del término, que conlleva más bien algo simplemente político y empresarial) que Cristo vino a establecer y edificar. Jesús dijo: "Edificaré mi iglesia" (Mateo 16:18). Pocos entienden el significado de esta gran comunidad. Pablo es cuidadoso para hablarnos de la iglesia visible y su liderazgo (lo dicho arriba para institución vale para liderazgo).

Debemos poner ante nuestros alumnos su gloriosa responsabilidad. Hábitos de asistencia a las reuniones de la iglesia, la adoración pública y privada deben ser cultivados en el corazón de cada niño, de acuerdo al espíritu del evangelio, conforme vivió y enseñó Jesús. Permita que cada niño entienda que la iglesia es heredera de Cristo, y dondequiera que se levante una comunidad de la iglesia, habrá que trabajar para contribuir, por la influencia del seguir a Cristo, a la cultura de esa comunidad, al prestigio del individuo, a la preocupación con las personas mismas, como los ancianos, los huérfanos y presos; a la educación en todas sus fases.

La iglesia, como comunidad de los seguidores de Cristo, bendecirá a la gente en todos los lugares, pues es llevada amar como Él amó.

Para fomentar la participación en las misiones o el evangelismo de la iglesia

Hoy día el mundo ha sido traído a cada hogar; incluso los niños más pequeños conocen los nombres de países como Corea y China e Irán. Ya no son territorios extraños.

Ningún currículo debería dejar a un lado el estudio de éste, el más grande de todos los estudios aparte de la de la persona de Cristo mismo. Estamos capacitando a jóvenes para el liderazgo mundial en respuesta al mandato de Cristo que dice "Id por todo el mundo y predicad el evangelio a toda criatura" (Marcos 16:15).

Contenido de la enseñanza bíblica

Párvulos

Podemos comenzar con los pequeños de dos y tres años de edad y compartirles historias de la Biblia acerca de Dios y las maravillas del mundo que les rodea. Queremos que estos niños conozcan las historias sobre el bebé Jesús que fue enviado de Dios. Les gusta oír sobre el amor de Jesús y la amistad. Actividades de juegos significativos, hermosas canciones sobre el mismo tema y láminas que cuentan la misma historia son partes muy importantes de este currículo. Queremos que las experiencias que estos niños tienen en la escuela bíblica sea tan agradables que incluso estos pequeños de dos y tres años esperen con alegría por el tiempo encantador que pasan en la casa de Dios.

Principiantes

Enseñe a los niños de cuatro y cinco años que todas las historias que se les presentan son historias de la Biblia. Son historias muy reales y verdaderas. Este es un precioso puñado de años. Vamos a sembrar bien. Si no desea las malas hierbas de la duda, no siembren las semillas. Todo lo que se siembre durante estos años crecerá abundantemente después. Elija historias que satisfagan a estas pequeñas criaturas llenas de asombro y curiosidad y credulidad. Sus sentidos son las ventanas a sus almas. Deben probar, oler y manejar la Palabra de verdad. De hecho, a menudo ven mejor con sus dedos que con sus ojos. Los niños deben recibir la instrucción de la palabra en la forma de las historias hermosas que Dios ha puesto allí. En la Palabra de Dios, vamos a encontrar suficiente para satisfacer a estos corazones jóvenes y sensibles: historias de Jesús y sus amigos, Semana Santa y Navidad, regalos de nuestro Padre celestial, el amoroso Ayudante y los planes de nuestro Padre celestial nos dará amplio material. Los principiantes necesitan actividades de juego significativo y un montón de tiempo para hablar de lo que están aprendiendo.

Primarios

Al crear interés en las historias de la Biblia, debemos tomar ventaja del hecho de que la "actividad" es la palabra clave de los niños más pequeños de la primaria, primero y segundo grado. Aunque los niños de primaria no piensan cronológicamente, sería bueno mostrarles el desarrollo de historias de la Biblia en una especie de secuencia. Historias del Antiguo y Nuevo Testamento deben ocuparse de cosas que son interesantes para los niños. Los niños de primer grado son nuestra gran oportunidad.

Puede enseñarles a leer la palabra de Dios desde el principio. Están encantados de leer las historias de la Biblia en cuanto entran en la clase. Al final del cuarto grado, los niños han llegado a comprender una amplia variedad de historias de la Biblia tanto en el Antiguo y Nuevo Testamento. Puede destacarse a Cristo en nuestra vida y la importancia de su iglesia. Debe haber historias de Jesús y sus palabras y acciones e historias sobre los ayudantes de Jesús. Las hermosas historias de hombres como José y David, y las emocionantes historias de los reyes y los profetas les serán de intriga. El currículo debe incluir trabajo para memorizar, ayudas visuales, cierta cantidad de actividad de arte y la orientación para aplicar los principios bíblicos a la vida cotidiana.

Debe alentarse la importancia del papel que desempeña el hogar en las experiencias de aprendizaje de los niños. En los *estudiantes mayores de primaria*, los de tercero y cuarto grado, nos encontramos con el adorador de héroes y el amante de la aventura. Actividades para los niños ahora se han convertido en energía de motivación. Debemos capturar sus intereses y espíritu aventurero, llevándolos al gran libro de historias de la Biblia, el Antiguo Testamento, y contarles todas las grandes historias de estas páginas fascinantes. Estos niños deben aprender la Biblia en orden cronológico. Ellos están empezando a razonar las cosas por sí mismos y aprecian el enfoque más lógico. Presentando los héroes del Antiguo Testamento, creemos, que sigue la declaración de Cristo en Lucas 24:27 y 44: "Y comenzando desde Moisés, y siguiendo por todos los profetas, les declaraba en todas las Escrituras lo que de él decían. Que era necesario que se cumpliese todo lo que está escrito de mí en la ley de Moisés, en los profetas y en los salmos." Las características y capacidades según el nivel de edad deben considerarse para lograr que el estudio bíblico sea intrigante para los estudiantes de primaria. Sus lecciones deberían ser tesoros de conocimiento de la Biblia, llevándolos a una comprensión real de lo que significa conocer a Jesucristo y a "sed hacedores de la palabra" (Santiago 1:22). El currículo debe contener trabajo para memorizar apropiado para la edad, porque esta edad es la oportunidad de oro cuando el poder de la retención está en su apogeo.

Los niños han aprendido a leer por sí mismos. Preguntas se pueden contestar de manera inteligente. Las historias que pueden usarse para desafiar a este grupo de edad de admiración por los héroes deben ser las de los patriarcas, José, y Moisés, las conquistas y aventuras en la tierra prometida, los reyes y los profetas, siempre recordando que cada historia en el Antiguo Testamento señala hacia adelante hasta el más grande de todos los héroes, su Señor y Salvador Jesucristo. Las lecciones del Antiguo Testamento señalan a Cristo la luz del mundo, el cordero de Dios, el cordero de la Pascua, el maná caído del cielo. Este grupo de edad presenta un fuerte desafío evangelístico. Rápidamente se están acercando a la edad cumbre de conversión (antes de los 14 años); por lo tanto, cada pieza de currículo debería conducir hasta este paso más importante en la vida del niño.

Preadolescentes

Los preadolescentes quieren hablar de temas importantes, así que asegúrese de incluir significantes tiempos regulares de interacción verbal para los estudiantes. Use historias de la Biblia que muestran cómo vivía la gente en la Biblia. Lleve a los preadolescentes a usar la Biblia y ayúdelos a ver cómo se aplicarán las verdades bíblicas a sus propias vidas a través de la exploración directa de las verdades bíblicas. Permítales discutir entre ellos cómo piensan que el personaje principal en la historia de la Biblia se sintió cuando trató de seguir a Dios, y el tiempo cuando los preadolescentes a su edad sienten lo mismo. Luego permítanles el tiempo que necesitan para discutir sus descubrimientos con sus compañeros, lo que harían en una situación como esta para demostrar que quieren seguir a Dios. La discusión que les lleva a través de la comparación cognitiva de lo conocido a lo desconocido mediante la aplicación de la verdad de la Biblia será importante en ayudarles a disfrutar de la clase, identifique el principio de la Biblia y continúe hasta la aplicación a la vida.

Recuerde que los preadolescentes están cambiando cómo piensan acerca de Dios y fe de conceptos concretos a los abstractos. Tienen muchas preguntas que deben ser exploradas y contestadas. Guíe a los preadolescentes a usar la Biblia. La fe de los preadolescentes puede parecer nueva, como nunca antes existente, pero en realidad es simplemente diferente. Ayude a cada preadolescente a personalizar su nueva comprensión de fe desde el punto de vista de un pensador abstracto.

Los preadolescentes han aprendido mucho contenido bíblico y verdades espirituales a un nivel concreto, pero ahora deben volver a pensar y volver a poseer todos los conceptos que anteriormente han abrazado. El preadolescente debe entenderse a sí mismo y a Dios en un nivel más abstracto.

Este proceso no niega la realidad de la fe como niño ni

tampoco las múltiples reafirmaciones subsecuentes de la fe en los adolescentes y en los años adultos no niegan la realidad de la fe de adolescente. Son progresivos, no excluyentes. Tome ventaja de la disposición espiritual del preadolescente y su interés en un poder relacional superior.

Esto puede ser un divino anhelo para la conexión con él. La nueva capacidad de pensar de manera abstracta le permite al preadolescente renovar su búsqueda para entender el Dios inmensurable. Los adolescentes más jóvenes necesitan ver la vida cristiana como vital y emocionante. Todo lo que hacemos en nombre del Señor debe ser atractivo para los demás, pero debe ser especialmente atractivo si queremos ganar a los adolescentes más jóvenes. Los preadolescentes que están aburridos con la iglesia están en peligro espiritual. Aunque no queremos cambiar el evangelio y los fundamentos de la fe por la diversión y los juegos, tenemos que recordar que la diversión y los juegos tienen mucho que ver con la fe para los preadolescentes.

Intermedia

Los estudiantes de la intermedia están rompiendo con las tradiciones de sus pasados y aún no han encontrado ningún anclaje para sus mentes o almas; por lo tanto, debemos ser muy cuidadosos en la clase de material que se ofrece para desafiar el intelecto creciente de estos alumnos de séptimo, octavo y noveno grado. Tienen conocimiento pero poca experiencia, y las cosas pueden aburrirlos considerablemente. Durante esta etapa de separarse de los patrones de la infancia, ellos deben ser guiados de manera inteligente y discreta. Están comenzando a dudar de la realidad de las cosas que habían aceptado sin duda durante la infancia. Debido al estudio de la ciencia y la introducción a muchos nuevos campos de aprendizaje, a menudo cuestionan la autoridad de la Palabra de Dios, la viabilidad de la oración y hasta la soberanía de Dios.

Tenga mucho cuidado de que el contenido del material de la lección que se vaya a enseñar sea preciso y bien escogido. Intelectualmente, este grupo de edad está interesado en captar nuevos hechos y aprender cosas nuevas. Enséneles a estudiar la Biblia a través de las tareas diarias y tareas interesantes y desafiantes. Haga lo que haga, nunca insulte su inteligencia. Ayude a los estudiantes de la intermedia a encontrar significado en sus propias vidas a través del estudio de la vida de su maravilloso héroe Jesucristo, quien les pondrá a prueba con las cosas que él dijo e hizo. Deben aprender el hecho de la deidad del Señor Jesucristo, que es tan debatido hoy día.

Un estudio del libro de Juan proporcionarían los datos necesarios para una serie de lecciones para cubrir a ese tema. Deben empezar a entender la soberanía de Dios en su trato con sus criaturas y sus planes en nuestro grandioso mundo. Los estudiantes de esta edad deben ser desafiados por la instrucción del fundamento de la iglesia y su primer gran alcance misionero como se describe en el libro de los Hechos.

Escuela media

El plan de estudios para estudiantes de la escuela media debe preparar a cada uno de ellos para poder compartir por qué creen en Jesucristo y lo que Cristo ha hecho en sus vidas. Este es el momento para fortalecer su fe y arraigarse firmemente en la Palabra de Dios.

Los estudiantes de la escuela media deben ser fortificados para las preguntas intelectuales de la duda que se les presentarán ante ellos cuando dejen la escuela. La enseñanza que reciben ahora debe darles un fundamento seguro para sus futuros.

Si vamos a edificar una fe que soporte los insidiosos ataques del adversario, debemos cavar profundamente y colocar las piedras del fundamento firmemente. Los estudiantes de la escuela media han dejado atrás los días de su infancia. Conocen las historias de la Palabra y su enseñanza moral y espiritual, y se han presentado los hechos fundamentales de la fe cristiana.

Ahora deben ser introducidos a las verdades más completas de las Escrituras. Presente la Biblia como un todo. En vez de estudiar la vida de Cristo, presente a los estudiantes de la escuela media los milagros, parábolas y enseñanzas excepcionales del Señor Jesucristo. Comparta estudios específicos en las doctrinas cristianas y las evidencias. Vaya a la ciencia, arqueología e historia para encontrar ilustraciones que prueban que la Biblia es verdadera y también para hacer que vivan las escrituras. Los horizontes de este grupo de edad se amplían rápidamente. Son capaces de captar estas profundas y más intensivas verdades bíblicas. Presente tareas y problemas que desarrollaren hábitos inteligentes de estudios de la Biblia. Permita que cada verdad bíblica se relacione con el desafío de la vida diaria.

Este es el momento para fortalecer su fe y arraigarse firmemente en la Palabra de Dios

Universitarios

Los adultos jóvenes en edad universitaria necesitan creer que la Biblia es la firme verdad. Viven en un mundo que arroja dudas sobre la fe en Dios y que pretende atraer a la gente joven para almacenar "tesoros en la tierra" en lugar de "tesoros en el cielo" (Mateo 6:19-20). Estos jóvenes adultos están preocupados por sus vidas futuras, y necesitan comprender que Dios tiene un propósito para cada uno de ellos. Tienen que ser guiados para encontrar ese propósito y saber que "donde está su tesoro, allí estará también su corazón " (Mateo 6:21). Su corazón debe estar con Cristo Jesús.

Los jóvenes adultos necesitan apropiarse de las verdades de la Biblia. Necesitan discutir cómo se aplicarán esas verdades a la vida cotidiana y cómo vivir la fe que profesan. Necesitan un plan de estudios que permite la discusión de temas de preocupaciones personales y sociales, cómo sostener principios cristianos al llevar el noviazgo y cómo pueden hacer una diferencia en el mundo. Currículo para estos futuros servidores de la iglesia también debería incluir sugerencias para actividades de evangelismo para que alcancen experiencias prácticas de liderazgo.

Adultos

Los adultos deben tener un currículo que les dé alimento para su madurez espiritual. Quieren obtener nuevos conocimientos espirituales en la vida cristiana y el servicio. Su relación con la Iglesia y las enseñanzas sobre la misma en el Nuevo Testamento deben ser estudiadas cuidadosamente. Las epístolas son excelentes libros de texto para este grupo de edad. Comparta con los adultos buenas preguntas y bosquejos y otros materiales para estimular un amplio estudio de la Palabra.

Escribir su propio currículo

Ya que puede parecer una lucha encontrar un plan de estudios viable, algunas iglesias han optado por escribir su propio currículo. Antes de que se lleve a cabo dicha tarea, sin embargo, considere las ventajas y desventajas de escribir su propio material.

Las ventajas

- Estará en completo control de lo que usted les está enseñando a los estudiantes.
- Puede incluir clases para cubrir la doctrina y tradiciones de su iglesia o denominación.
- Usted es la mejor persona para entender las necesidades especiales de sus estudiantes específicos y sus lecciones reflejarían esto.
- Su cultura es ligeramente diferente de los demás y esto puede reflejarse en su escritura.
- Tiene una cierta energía creativa en el diseño de su propio material que se verá reflejado por las personas involucradas en el proceso.
- No tendrá que pagar a alguien por los materiales.

Las desventajas

- Escribir su propio plan de estudios es mucho trabajo. Algunas iglesias más grandes han contratado a escritores a tiempo completo o a tiempo parcial para realizar esta tarea. Casi siempre es más fácil adaptar un plan de estudios publicado en lugar de escribir un currículo desde cero.
- Hasta el individuo más creativo eventualmente se queda sin ideas. (Escribir una lección creativa, bien escrita es mucho trabajo. Escribir la lección número trece o la lección número cincuenta y dos a veces parece imposible).
- Los gastos de fotocopias y la distribución de las lecciones pueden igualar o exceder el costo de comprar estudios publicados.

- El tiempo que tarda una persona (o equipo) para redactar el plan de estudios (incluso si la persona es un voluntario no remunerado) sale de alguna otra área en la cual este talento individual (o estos varios miembros del equipo) tal vez han estado sirviendo en su iglesia. (Esta persona podría ser la persona adecuada para reunir una gran variedad de ideas de los recursos de libros publicados para amenizar el currículo publicado que seleccione).
- No tendrá el beneficio de las pruebas de campo que la mayoría de las editoriales utilizan para ver si una lección funcionará antes de que se determine distribuir.
- A menos que usted sea un educador preparado profesionalmente, no podrá comprobar cuánto necesita conocer para producir una buena lección que otros pueden seguir fácilmente y que satisfaga las necesidades de una variedad de estilos de aprendizaje e intereses.
- Sería difícil igualar las coloridas ilustraciones y los recursos de apoyo que las editoriales pueden ofrecer para que sus recursos sean atractivos.

Evaluación de currículo

Hemos estado considerando juntos las características y requisitos de un buen currículo. Ahora es el momento de evaluar su propio currículo de escuela bíblica y descubrir si es bueno o, más bien diríamos, lo mejor que se puede obtener para sus estudiantes. Si usted contesta las siguientes preguntas o, mejor, las utiliza para la discusión de grupo en la evaluación de su material, usted conseguirá una comprensión clara de donde está en cuanto se refiere a su propia escuela. Recuerde, nunca se puede juzgar a un currículo por una clase o los materiales de un nivel de edad. Un buen currículo abarca una línea progresiva de instrucciones desde la sala de cuna hasta los adultos.

¿Se presenta toda la Biblia?

- ¿Es la Biblia el único libro de texto y autoridad?
- ¿Son las lecciones fieles a la Biblia?
- ¿Se describe y enfatiza la memorización de las Escrituras?
- ¿Se logra tener un dominio riguroso de toda la Biblia?
- ¿Se desarrollan hábitos de estudio de Biblia de por vida?

¿Está centrado en Cristo?

- Se presenta a Cristo en cada lección.
- ¿Está el significado de la salvación presentado con claridad?
- ¿Se enseña sobre la vida triunfante en Cristo?
- ¿Establece la selección de materiales un fundamento firme para vivir como Cristo?
- ¿Edifica paso a paso?

¿Es adecuado para los niños?

- ¿Es pedagógicamente correcto?
- ¿Está cuidadosamente planificado y desarrollado?
- ¿Evita la confusión?
- ¿Evita la repetición?
- ¿Están los mejores métodos educativos empleados en su aplicación a la enseñanza fundamental de la palabra de Dios?

- ¿Existe la variedad en la presentación, métodos, actividades y procedimientos?
- ¿Son convenientes las ayudas visuales sugeridas?
- ¿Proporcionan las lecciones participación activa de los estudiantes?
- ¿Desafían a los estudiantes las páginas de repaso para estudiar?
- ¿Se ajustan las lecciones al tiempo disponible para la clase?
- ¿Es adecuado el material para el nivel?
- ¿Están indicados los objetivos de modo que el maestro entienda qué lograr en cada lección?
- ¿Puede el maestro promedio usar el material con éxito?
- ¿Conducen los planes y procedimientos a la enseñanza dinámica?

13

Planificación a largo plazo

En el funcionamiento de la escuela bíblica, constantemente debes pensar, *¿cómo quiero que sea mi escuela en un año, en cinco años, o incluso en diez años?* A esto le llamaremos planificación a largo plazo. Ningún negocio se lleva a cabo con éxito sin saber cómo se verá dentro de un año. Incluso el maestro que hace planes de domingo a domingo pronto descubrirá que esta forma de enseñanza es una gran carga. Ya para el viernes en la noche el maestro va a pensar, *¡qué horror, otro domingo! La semana pasó volando. Simplemente no puedo enfrentar esa clase otra vez. ¿Qué haré? Sólo tengo que renunciar. No tengo tiempo para hacer bien el trabajo.* Por otro lado, el maestro que planifica la unidad entera de la enseñanza y sabe que en tres domingos habrá una buena película sobre la vida de Pablo se presentará las maravillas del universo, o está listo con un gran desafío misionero al final del trimestre, comienza a planificar y espera que lleguen todos los domingos. Lo mismo es cierto para el pastor de niños o el coordinador del nivel de edad. No hay nada que unifique y fortalezca el programa de una escuela bíblica como la experiencia de hacer planes para el futuro.

No hay nada que unifique y fortalezca el programa de una escuela bíblica como la experiencia de hacer planes para el futuro

Planificar para el futuro evita situaciones como llegar uno o dos domingos antes de Navidad y descubrir que es imposible planificar un programa que honrará el nacimiento de Cristo. No regresará en el otoño después de las vacaciones y encontrarse con la situación imposible de una lista de inscripción muy empobrecida porque las familias se han ido durante el verano y los maestros aún no han regresado a sus puestos de trabajo. Esta falta de preparación hace del liderazgo una pesadilla. Se pierde la alegría del servicio. Cuando usted participa en la planificación a largo plazo, tendrá que establecer y definir los objetivos de la escuela bíblica y determinar cuáles áreas del programa de la escuela bíblica ha de satisfacer sus objetivos, qué proyectos se llevarán a cabo, qué proyectos misioneros se considerarán, cuál es el presupuesto escolar y cuándo es el mejor tiempo para presentarlo, cuándo se ofrecerán las clases para la membresía de los nuevos miembros de la iglesia, entre muchos otros temas que deben ser considerados.

Toda iglesia debe tener al menos un plan de un año presentado ante ellos. Hay un lugar donde normalmente se realiza esto en la iglesia y ese es el presupuesto. Cuidadosamente, la junta oficial determina cuánto dinero esperan recaudar, de dónde procederá el dinero y cómo y cuándo se va a gastar. Este tipo de planificación del presupuesto también debe ser parte de la planificación a largo plazo de la escuela bíblica.

Una vez que el plan de largo plazo este en su lugar, infórmele a cada obrero de la escuela bíblica que hay un calendario de eventos que se ha proyectado por adelantado. Entonces sabrán dónde encajan en el plan. Se establecerán días para reuniones del personal, proyectos misioneros, campamentos y conferencias, retiros del personal, celebraciones de días especiales, periodos especiales de evangelismo, reuniones programadas regularmente del equipo de visitación y así sucesivamente.

Lo más importante que se debe planificar por adelantado es el plan de estudios. ¿Qué va a enseñar cada maestro el año que viene? Este tipo de planificación evita la repetición de año tras año del mismo programa que muchas iglesias han tenido en el pasado. Lleva a la gente en un rumbo de la interminable confusión en la cual la iglesia que no ha hecho planes se encuentra involucrada. Cuando hay una planificación cuidadosa, la gente descubrirá que tiene más tiempo del que piensa para llevar a cabo grandes y mejores proyectos adicionales, programas y actividades de todo tipo.

Consideremos un año en la escuela bíblica y veamos cómo podemos planificar por adelantado. Muchas iglesias comienzan su planificación siguiendo el año del calendario, y generalmente seguiremos ese plan, pasando de temporada a temporada. Si empezamos con el 1 de enero y miramos hacia adelante el año que viene, hay una cierta emoción de un nuevo comienzo.

Uno desea tener un nuevo comienzo. Como Pablo, nos olvidamos de las cosas que están detrás y extendiéndome a esas cosas que están delante de nosotros. Esto debería ser un momento de unificar el liderazgo, recordando que "uno puede perseguir a mil, y dos hacen huir a diez mil". Entonces, también, puede ser un tiempo para que los nuevos maestros ocupen su lugar o para que los maestros anteriores tengan un día de reconocimiento.

Si el grupo ha trabajado por mucho tiempo junto, que este sea un tiempo de renovación de las relaciones. Aquí le damos la oportunidad de poner ante cada voluntario de la escuela bíblica y cada departamento el plan de un año. Verifique que cada voluntario de la escuela bíblica tenga el plan del año en su posesión.

Invierno

La Pascua suele estar incluida en este grupo de meses o viene en el primer domingo o en abril. Este es un momento excelente para el establecimiento de un programa largo y continuo. En realidad, hay pocas interrupciones desde enero hasta junio. Este es un momento excelente para enfatizar las diferentes áreas de la mayordomía.

Atención a la mayordomía

Mayordomía de la vida. Verificar que su enseñanza y formación conducen a tomar decisiones para Cristo y dedicación de la vida en el tiempo de la Pascua. El nuevo sentido del Cristo hace de esta una importante temporada con respecto a invitar a las personas y mantenerlas. Deben invertirse muchos domingos en preparación para esto.

Mayordomía del dinero. Hablar de las inversiones que están haciendo para los desposeídos que acaso haya en la iglesia y en la vecindad y las misiones con el personal de la escuela bíblica. Enfatizar lo bueno que es dar. Días especiales podrían apartarse para considerar las diferentes fases de la obra misionera, y pueden considerar las ofrendas para esa causa. Permita que el personal conozca la importancia de la mayordomía del dinero así como la de la vida.

Mayordomía de la oración. Encargue a alguien de cada clase o departamento para cuidar de la vida devocional de los estudiantes. Esto es imprescindible. Somos propensos a fallar en nuestro programa espiritual en este momento en particular. La gente necesita ser animada constantemente a estudiar y a orar. Las tareas específicas de estudio bíblico y guías de un año de oración a menudo son efectivas para esta parte de su programa.

Mayordomía de servicio. Defina cuidadosamente su programa de servicio. Procure que las clases y departamentos emprendan algo que puedan llevar a cabo durante estos meses. Este es el mejor momento de todo el año para empezar el estudio y ejecución de proyectos para el servicio misionero.

Esté al acecho constante de los misioneros que estén disponibles. Después de haber compartido el mensaje con la iglesia o las clases de escuela bíblica, establezca una relación entre ellos y el departamento antes de que regresen al campo.

Todo nivel de edad debe tener días especiales señalados para los misioneros durante todo el año. En algunas escuelas bíblicas, los días misioneros se llevan a cabo tan a menudo como una vez al mes. Si usted deja esto al azar, descubrirá que su interés por las misiones disminuirá considerablemente. Exhiba fotos de los misioneros de la iglesia o el área. Usted descubrirá que un enorme interés en misiones puede ser provocado haciendo un viaje a uno de los lugares donde laboran los misioneros locales. Por supuesto que esto debe ser cuidadosamente pensado y ejecutado.

Las estaciones misioneras deben ser informadas y hacer un programa antes de hacer sus planes finales para tal proyecto. Un viaje a nuestra estación misionera entre los indios americanos fue uno de los aspectos más destacados de nuestra escuela bíblica. Descubra nuevas formas de aumentar sus ofrendas misioneras. No solo les piden a los niños que aporten para las misiones, sino que conozcan acerca de los proyectos que ha emprendido su grupo de edad. Utilice parodias que traten de los misioneros para hacer realidad las vidas de los misioneros.

Aumentar la asistencia y la membresía

Estos primeros meses del año son excelentes para aumentar la asistencia y la membresía. La época del año que tiene muchos eventos y actividades, incluyendo las fiestas de Acción de Gracias y Navidad que ya han pasado. Ahora hay un período de calma relativa. Si va a tener concursos de asistencia o campañas de visitación de cualquier tipo, este es el momento.

Este también es un buen momento para señalar la amistad y la vida social de los alumnos de la escuela bíblica y el personal. Todos necesitamos socializar. Dios nos ha hecho seres sociales. El compañerismo cristiano es la mayor atracción para aumentar la asistencia y el poder espiritual. Ahora es el momento para las salidas de temporada y las fiestas: Una fiesta del día de San Valentín, actividades para reconocer los cumpleaños de líderes nacionales y muchos otros eventos especiales para fomentar el compañerismo y aumentar la asistencia.

Primavera

Abril a junio es el período cuando ocurren la mayoría de graduaciones. La Pascua ha pasado y ahora se acerca el cierre de las escuelas públicas para niños y tiempo de vacaciones para todos. Este es un tiempo excelente para hacer retiros, para el personal así como los jóvenes. Esto sigue el nuevo impulso espiritual que trae la Pascua a un grupo. Vamos animar su crecimiento pasando un tiempo aparte. Para muchos de nosotros, este tiempo está ocupado alistándonos para las graduaciones.

Entendemos que algunas escuelas bíblicas tienen graduaciones en el otoño, pero si usted está siguiendo el sistema escolar público, tendrá una graduación en la primavera. Incluso si no tienen las ceremonias de graduación de escuela bíblica durante este período, probablemente de alguna manera quiera reconocer las graduaciones de las escuelas públicas que estarán celebrando algunos de sus estudiantes. Fiestas de celebración para los graduados de las escuelas públicas no son inapropiadas en este momento. Reconozcamos lo que están haciendo nuestros jóvenes en su trabajo educativo. Un día de clases para los graduandos de la escuela superior o entregándoles un servicio un domingo, harán una gran impresión en sus padres así como a los estudiantes. Ahora es el momento para una planificación cuidadosa para los meses de verano. Todos los detalles deben ser desempeñados por adelantado si espera un exitoso programa de trabajo.

Los maestros tomarán sus vacaciones y los coordinadores están propensos a estar fuera unos domingos. No deje decaer las clases y los departamentos durante este tiempo. En muchos lugares, los visitantes llegarán a su comunidad y deberían ser invitados a asistir a la escuela bíblica.

Anime a todos los estudiantes a compartir donde irán durante el verano y lo que estarán haciendo. Esto le permitirá mantenerse en contacto con ellos mientras estén ausentes. Cabe agregar que no sólo debe hacer planes para los meses de verano, pero también se debe considerar lo que va a hacer en el otoño, o encontrará que comenzará su trabajo con ninguna preparación a la mano. Es difícil reunir a las personas para planificar en el verano, así que es mejor hacerlo ahora.

Verano

Es un período para campamentos, conferencias y escuela bíblica de vacaciones para todas las edades. Esto significa días ajetreados en la iglesia, pero son días felices y provechosos. Líderes que comienzan la temporada de verano sin preparación sabrán el significado de "flojera estival". El verano puede ser vivo con actividad o muerto sin nada que hacer. Si está en un lugar que atrae a muchos visitantes durante el verano, planifique para que les interese su escuela bíblica.

Hágales saber que son muy bienvenidos a visitar y asistir a la escuela bíblica. No permita que nadie pierda la oportunidad de asistir a la iglesia porque no se les invitó. Este es el momento para los informes del "frente", de aquellos que se han ido de vacaciones. Anime a los maestros a visitar otras clases en otras iglesias durante su tiempo de vacaciones. Esto demostrará ser una reveladora y refrescante experiencia para muchos de ellos.

Otoño

El periodo de octubre a diciembre incluye Acción de Gracias y Navidad. Evaluar su programa a la luz el año pasado y decidir qué desea hacer el próximo año. Ya reconoce que si el año no está previsto más adelante, mucho quedará deshecho o a lo mejor se hará mal. Esta es la temporada de suma importancia. Planifique un tiempo para establecer nuevas metas y mirar hacia adelante.

Reuniones y festividades

Planifique actividades de otoño. Todo debe hacerse para establecer nuevo interés en cada programa. Es hora de regresar a casa. Decida lo que debe hacer el grupo para Acción de Gracias. Este es el momento de "dar gracias por la vida" así como "dar gracias por dar." Anime a que todos hagan algo al respecto. La iglesia debe estar trabajando con un equipo de proyectos de servicio. Los mismos niños deben estar llenando canastas y llevando alimentos a los confinados y los a niños que tienen menos que ellos.

Esto puede ser el comienzo de muchos proyectos de servicio que se lleven a cabo durante todo el año. Planifique con tiempo para la Navidad. A principios de octubre empiece recogiendo regalos para distribuir a los misioneros y las personas necesitadas en la comunidad y alrededor del mundo. Por supuesto este es el tiempo de las fiestas de Navidad.

Planifique con antelación cualquier evento social, pero en todo lo que haga, recuerde que la Navidad es el cumpleaños de Jesús. Enfatice el significado espiritual de la Navidad. Esto debería ser un período de reflexión y dedicación de la vida. Haga de este período muy personal para todos. Busque formas de destacar el hecho de que lo que Cristo quiere más que cualquier otra cosa es el regalo de nosotros mismos para él. Toda iglesia y escuela bíblica deben tener un programa de Navidad. No lo deje pasar. Envíe a casa con los estudiantes una lista y una descripción de todos los programas de Navidad que tiene previsto. Pueden llegar a alcanzar a los padres que toman poco tiempo para pensar sobre el significado de esta temporada.

Presupuesto

Aquellos de ustedes que tienen el año fiscal de su iglesia que comienza el 1 de enero deben planificar para el presupuesto de la escuela bíblica durante estos meses. Es sorprendente y gratificante lo que harían los jóvenes si se les llama a tomar parte en la planificación del presupuesto para el año. Consulte a la junta de su iglesia sobre este importante tema.

Calendarios

Para ayudar a llevar a cabo las sugerencias que acabamos de ofrecer, reparta a cada maestro (y a todos los otros miembros del personal) un calendario en blanco. Los maestros deben sentarse en la primera semana del nuevo año y hacer planes para los próximos meses. Serán sorprendidos por la enorme tarea que se encuentra delante de ellos. Pero al llenar los detalles para el año conducirá al éxito para todos los involucrados. En enero, el personal puede anotar las fechas de cuando muchas cosas están planificadas para llevarse a cabo, sea que los eventos sean en enero, octubre o diciembre. El que el personal rellene el calendario de esta manera realmente no aumentará la carga de trabajo del personal, y permitirá que el personal se familiarice con el año que viene. Cuando alguien conoce el programa general, puede mantenerlo en mente y pensar en ello durante todo el año.

Consideraciones generales

Cuando hace su planificación a largo plazo, hay muchas consideraciones que vienen a la mente e influyen en su manera de pensar. Algunas personas temen que los programas planificados se volverán demasiado reiterativos año tras año, pero un programa planificado no significa que no pueden hacerse cambios. A menudo al mirar el calendario por adelantado, uno puede ver variaciones y cambios que se pueden hacer que ayudarán a mejorar considerablemente el programa general.

En la elaboración de su plan general, determine las funciones y objetivos de cada nivel de edad. Primero es la enseñanza bíblica. No debemos permitir que nada interfiera o tome preferencia sobre esto. Si va a contratar a obreros, debe mirar su programa y ver lo que está haciendo para formar buen liderazgo.

La escuela bíblica debe incluir la capacitación para el liderazgo, verifique si las clases están preparando a los futuros líderes de su iglesia para tomar esos puestos. Recuerde que si no hace esto, su iglesia morirá. La escuela bíblica debe enseñar a todos a ser administradores. Cuesta dinero y tenemos que invertir para mantener el trabajo de la iglesia en movimiento. El entrenamiento adecuado a lo largo de estas líneas es nuestro deber y privilegio. La escuela bíblica es una agencia de evangelismo. Verifique si ha sido egoísta en su planificación o si va a llevar a Cristo a la gente durante los 12 meses.

La escuela bíblica es una agencia de evangelismo. Verifique si ha sido egoísta en su planificación o si va a llevar a Cristo a la gente durante los 12 meses

Si su escuela tiene una misión de ganar almas, verifique si tienen implementado un programa de seguimiento. Luego, el personal estará listo para salir y volver a traer a las personas a la iglesia y escuela bíblica para presentarle a Cristo a tantos niños y padres como fuera posible. No olvide la importancia de insistir en la vida social de los estudiantes y personal.

¿Habrá actividades en su plan que ayudarán a los estudiantes a encontrar a sus amigos en la iglesia? ¿Ha planificado proyectos de servicio para los diferentes grupos de edad? Los jóvenes y los adultos son rápidos para señalar que si no los usamos, los perderemos. Analice su planificación a largo plazo y verifique si están haciendo de la escuela bíblica una parte integral de toda la iglesia con respecto a su membresía, su misión, sus ofrendas y su servicio.

¿Cómo encajan los maestros en toda esta planificación? Los maestros deben estar bien familiarizados con todos los planes y conocer exactamente dónde encajan y lo que deberían hacer en cualquier momento. Si los maestros no realizan estos planes, todo se derrumbará. Cabe señalar que los maestros pueden estar más interesados en la planificación a largo plazo del plan de estudios que en la planificación a largo plazo de las temporadas o los años.

Los maestros deben conocer lo que deben enseñar durante todo el año que está por delante. Deben establecer los objetivos para lo que desean llevar a cabo durante el año, no sólo en cubrir el material de la lección que van a enseñar, sino también en planificar por adelantado lo que harán para que la unidad y las lecciones sean lecciones.

Uno de los objetivos principales de los maestros, por supuesto, es saber lo que esperan lograr en la vida de sus estudiantes. Uno no esperaría hacer un viaje sin considerar primero el destino y la mejor manera para llegar allí. Todo esto se hace antes de comenzar un viaje. Los maestros deben hacer la misma cosa:

Determine a principios del año las metas y luego elija los mejores medios para lograr las metas. Esto dará sentido y significado a cada domingo. Si los maestros no hacen esto, se encontrarán pasando desvíos y adelantando muy poco en cuanto se refiere a logros reales. Planificación a largo plazo significa que debe tener objetivos concluyentes, así como metas inmediatas. Hay cosas que debe hacer este domingo si, en última instancia, quiere estar seguro de que otras cosas se realizarán. Otra vez digo, planifique con anticipación.